Transformation and Upgrade
of Factor Markets
The Evaluation and Inspection of
College Students' Employment Quality

张抗私 刘翠花 ◎ 著

要素市场的转型升级

——大学生就业质量的评价与检验

中国财经出版传媒集团

经济科学出版社
Economic Science Press

前言

　　"推动实现更高质量的就业""做好以高校毕业生为重点的青年就业工作""实现更高质量和更充分就业"等是中国经济发展的国家战略之一，与时俱进，当前对就业质量的判断、评价及其影响机制的研究尤显重要。欧盟等早在80年前先后开始了对就业质量问题评价体系的研究，提出体面劳动等概念，但是由于国情的特殊性，判断标准相差悬殊，国外的一些理论也不能解释中国的问题。21世纪以来，中国开始陆续刊发关于就业质量研究的学术论文，但现有研究还方兴未艾，就业质量概念存在分歧；就业质量指标体系构建尚需完善；宏观经济因素研究不足，并缺乏区域、单位性质、性别差异等微观影响因素的实证研究。特别是高校扩招以来，大学生就业难、高才低用、所学非所用、就业不稳定、收入水平低、过劳过压力等问题层出不穷。研究当前中国大学生就业质量问题，对该领域研究的拓展，对准确判断和提高管理水平，更对整个社会经济发展具有积极的促进作用。

　　本书非常荣幸地得到了国家社会科学基金项目"大学毕业生就业质量与政策研究"（14BSH107）的支持，研究团队收集了大量的资料，对前期研究成果进行了梳理，并做了长时间的田野调查，在此基础之上，几番推敲，构建了口径较全的就业质量评价指标体系，并运用调研数据和相关知名数据库资源进行一系列计量分析和数理检验，深刻剖析了问题的症结，为有效改善就业质量提出了政策建议。本研究认为：大学毕业生平均工资水平不高；工作和生活压力普遍沉重；人力资本对大学毕业生就业质量存在实质的影响；高学位，如硕士和博士毕业生，以及在国企事业单位就业的大学毕业生过度教育问题严重；目前经济增长对大学生就业的拉动作用有限；经济和生源地因素制约大学生省际流动；大学毕业生职业健康水平不高；所有制不同企业就业质量差异巨大；大学毕业生性别工资差异明显，劳动力市场存在明显的歧视问题。大学毕业生是国家宝贵的人力资源，提高和改善其就业质量，为经济发展和社会进步做出应有的贡献势在必行。

全书结构上共 11 章。第 1~3 章，主要阐述导言、研究背景和意义、理论基础；第 4~6 章，主要分析经济增长的总量与结构对就业的影响，新常态下就业从数量观念到质量管理，就业质量全口径评价指标体系构建；第 7~10 章，主要研究过度教育、性别差异与大学生就业难，薪酬、学历、单位性质对就业质量差异的影响，经济因素、生源地因素与就业省际流动，工作特征对大学生职业健康的影响分析；第 11 章为结论与政策含义。本书有理论研究，有实证检验，有西方理论评析，有中国特色问题的思想观点，各部内容交相佐证，逐次递进。

本书由张抗私统筹撰写和修改，其中第 1、2、3、6 章为刘翠花博士生执笔，其他章节内容分别由李善乐、郭琦、丁述磊、王雪青、代馨、周晓蒙等博士生提供了相关论证，博士生刘翠花和王亚迪负责承担了文字校对工作……在此感谢团队各位成员的精诚合作，在研究的过程中，我们的汗水换来了自己成长和学术的收获，为你们感到骄傲。感谢经济科学出版社齐伟娜编辑，是您的鼓励促成了今天的成果，感谢责任编辑和围绕著作出版台前幕后操劳的各位朋友们，是你们辛勤的工作使得本书能够得以顺利出版。

路漫漫兮其修远兮，吾将上下而求索。我们的脚步没有停下来，研究一直在路上……走进新时代，继续铿锵前行！

张抗私

2018 年 3 月 29 日

CONTENTS 目录

第一章 导言 / 1

第二章 研究背景和意义 / 3
　　第一节 文献回顾与评价 / 3
　　第二节 研究意义 / 12

第三章 理论基础 / 15
　　第一节 人力资本理论 / 15
　　第二节 歧视理论 / 17
　　第三节 工资决定理论 / 21
　　第四节 工作搜寻理论 / 25
　　第五节 劳动力流动理论 / 27

第四章 经济增长的总量与结构对就业的影响 / 37
　　第一节 总量经济增长对大学毕业生就业的拉动 / 38
　　第二节 经济增长与大学生就业的结构偏离 / 43
　　第三节 基于宏观数据的就业质量评价 / 54

第五章 经济新常态下就业从数量观念到质量管理 / 68
　　第一节 就业从数量观念到质量管理的转变 / 68

第二节　大学生就业质量的层次分析法 / 71
第三节　结论及建议 / 78

第六章　就业质量全口径评价指标体系构建 / 82
第一节　引言与相关研究述评 / 82
第二节　大学生就业质量全口径评价指标体系的筛选与构建 / 84
第三节　基于调查数据的实证分析 / 89

第七章　过度教育、性别差异与大学生就业难 / 102
第一节　女大学生就业为什么难 / 102
第二节　过度教育发生率及其影响因素的实证分析 / 123

第八章　薪酬、学历、单位性质对就业质量差异的影响 / 147
第一节　就业视角下企业薪酬决定机制的影响效应 / 147
第二节　学历、单位性质与大学毕业生就业质量的影响差异 / 159

第九章　经济因素、生源地因素与就业省际流动 / 178
第一节　大学生跨省就业的影响因素 / 178
第二节　大学生就业的省际流动特征 / 180
第三节　参数估计与贡献率分析 / 186

第十章　工作特征对大学生职业健康的影响分析 / 194
第一节　森的可行能力理论框架下的就业质量研究 / 194
第二节　工作特征对健康的影响研究 / 210

第十一章　结论和政策建议 / 224
第一节　主要结论 / 224
第二节　政策建议 / 239

结语 / 249
附录：大学毕业生就业质量调查问卷 / 253

参考文献 / 257

第一章

导　言

　　自改革开放以来，我国经济飞速发展，经济增长速度令世界惊叹，国民经济的各方面发生翻天覆地的变化，劳动力市场也经历了由"行政控制、按需分配"的传统就业体制转向"市场调节、自主择业"的现代就业体制，使劳动力资源在一定程度上得到优化配置，但与此同时，由于我国经济的市场化历程较短，产业结构不合理、相关制度不完善等问题的存在使得劳动力市场中矛盾日益突出，主要表现在以下几个方面：

　　第一，供求矛盾突出，"用工荒"与"就业难"并存。劳动力市场中有相当数量的劳动者素质与岗位技能需求不匹配，存在着大量"大学生找不到工作，企业又招不到人"的现象。

　　第二，就业岗位不充分，总量就业压力较大。长期以来我国主要采取资本密集型的经济发展方式，岗位需求相对较少，劳动力（尤其是大学毕业生）供给过剩。据测算，20～59岁就业年龄组人口将在2020年达到8.31亿人的峰值，未来一段时期，我国仍将面对巨大的就业增长压力。

　　第三，劳动者权益保障不足，相关制度不健全。部分岗位的工作条件较差，就业环境艰苦，甚至威胁劳动者身体健康，使职业病高发，职业寿命缩短。同时，劳动保障覆盖面有待进一步拓展，保险金水平有待进一步提高。

　　第四，劳动关系不和谐。劳动关系协调机制、纠纷调处机制和劳动监察执法机制有待进一步完善，劳动合同覆盖率特别是中小企业的劳动合同覆盖率不高。

　　第五，劳动力市场存在明显分割，就业歧视现象普遍存在。我国劳动力市场中存在多种分割，如城乡二元分割、行业分割、企业所有制分割，

1

部分薪酬水平与福利待遇较好的行业和企业对劳动者性别、身份、年龄、地域、健康等方面存在就业歧视。

然而，就业是民生之本，我国劳动力市场的种种矛盾已经阻碍了求职者顺利就业以及劳动者生产能力的有效发挥，并得到国家层面的高度重视。党的十八大报告提出"推动实现更高质量的就业"并强调要做好以高校毕业生为重点的青年就业工作，这是继党的十六大报告提出"千方百计扩大就业"，十七大报告提出"实施扩大就业战略"之后，我国提出关于就业的"质"的概念。

自1999年我国高等教育实施扩招政策实施以来，高等院校的招生规模逐年增加，高校毕业生人数由1999年的101万人增长至2015年的749万人，年复合增长率为13.34%，远远超过经济的增长速度。大学毕业生劳动力市场中由卖方市场转为买方市场，劳动力市场中的人才"挤占效应""学历高消费"① 不断升级，高才低用现象屡见不鲜，如大学本科毕业生做洗菜工、清洁工、掏粪工，以及具有博士文凭的求职者应聘保安等；同时，具有相同学历而后进入劳动力市场的高校毕业生获得的薪酬水平减少，高等教育收益率有所下降；此外，由于高校毕业生的供给规模迅速增加，劳动力市场一时难以全部吸纳，使大学生失业及就业不稳定的现象日益突出。在此背景下，研究大学毕业生的就业状况以及如何提高大学毕业生的就业质量具有重要的现实意义。

总结大学生就业质量的理论研究经验和实证分析成果，本书总共分为四篇内容。第一篇为"研究背景与理论基础"，包括第一章导言、第二章研究背景和意义、第三章理论基础；第二篇为"宏观经济因素与大学生就业质量"，包括第四章经济增长的总量与结构对就业的影响、第五章经济新常态下就业从数量观念到质量管理、第六章就业质量全口径评价指标体系构建；第三篇为"微观视角下大学生就业质量问题研究"，包括第七章过度教育、性别差异与大学生就业难、第八章薪酬、学历、单位性质对就业质量差异的影响、第九章经济因素、生源地因素与就业省际流动、第十章工作特征对大学生职业健康的影响分析；第四篇为"结论与政策含义"，包括第十一章主要结论与政策建议。

---

① "学历高消费"是指人才的大材小用或学非所用的现象。

第二章

研究背景和意义

第一节　文献回顾与评价

一、国外就业质量的学术史梳理及综述

（一）就业质量的理论渊源

狭义的就业质量概念指劳动者的内在就业质量，如工作满意度、经济回报、非经济回报、技能和培训、职业发展机会、工作内容、工作匹配程度等。广义的就业质量还包括劳动力市场就业质量，如性别平等、工作健康和安全、工作生活平衡、社会对话、非歧视、劳动力市场中介等。

国外最初对于就业质量的研究并不是始于经济学，而是以"工作质量"为核心术语出现于微观角度的古典管理学理论。19世纪末20世纪初，就业质量的内涵主要体现在就业者的工作效率、就业者与职位的匹配、"刺激性"的薪酬等方面（Taylor，1903；Weber，1911；Fayol，1916）。他们经过大量的研究和试验，用标准化的定额、工具、操作方式代替老的、传统的、单凭经验的方法，大大地提高了劳动强度和劳动效率。但是，科学管理理论把工人只看作"经济人"，因而忽视了人的精神方面的需求和人际关系的重要性，结果使工人的劳动变得紧张而又单调，成了"会说话的工具"，不但劳动积极性受到挫伤，而且引起了工人的强烈不满和反抗。

20世纪20年代至40年代，一些学者认为就业质量不仅是提高劳动生产率和薪酬的改变，而必须应用心理学、社会学的原理把工人作为"社会

人"来重新界定就业质量。其中以"霍桑试验"（Mayo & Fritz，1933）、"需要层次理论"（Maslow，1943）和"双因素理论"（Herzberg，1949）最为著名。梅奥等人（Mayo，et al.，1933）认为就业质量的内涵包括良好适宜的工作环境、合理的工作时间、和谐的工作氛围、心理需求的满足，以及非正式组织和正式组织的相互依存等。马斯洛（Maslow，1943）认为人的需要从低到高分为五个层次，即生理上的需要、安全上需要、社交的需要、受人尊敬和自我实现的需要，就业质量需要涵盖人的不同层次的需要才能不断提高。赫茨伯格（Herzberg，1949）认为对员工的激励包括两个因素，即保健因素和激励因素。如果要使员工进行高效率的劳动，只提供基本的工资收入等保健因素恐怕是难以维持的，只有提供更多的工资之外的激励因素，员工才会努力的工作。这些古典理论存在着共同的理念，即都从微观角度开始关注劳动者的工作质量需求，以及提高工作质量对劳动生产者生产效率产生的影响。

20 世纪 40 年代以后，"工作生活质量工程""职工参与决定""职工参与企业管理"等概念逐渐出现，进一步扩展了就业质量的内涵，内容包括：员工自主、自理和自治的自我管理；培养和提高工人的综合管理能力，鼓励员工参与企业管理；减少工作枯燥感，允许员工扩大工作范围和轮岗；使员工保持健康的身体和心态，建立职工定期休假和休养制度；使员工保持工作积极性，优化劳动环境，改善劳动条件，加强劳动保护。

（二）就业质量定义和内涵研究

国外真正对于就业质量的探讨始于 20 世纪 70 年代，最早美国职业培训和开发委员会提出了"工作生活质量"的概念，之后，国际劳工组织提交了题为《体面劳动》的报告，欧盟提出了"工作质量"的概念，以及近期提出的"高质量就业"和"就业质量指数"。就业质量的内涵逐步地完善和丰富起来。

1. 工作生活质量（quality of work life，QWL）

工作生活质量也称为"劳动生活质量"，其理论基础来源于英国塔维斯特克所提出的社会技术系统，其基本思想是为了提高组织工作效率，不能只考虑技术因素，同时还应考虑人的因素，使技术和人协调一致。后来，QWL 成为工会和管理部门共同合作以改善员工生活福利和工作环境、增加参与决策为手段，达到提高生产效率和员工满意度的一项重要举措。

德拉莫特和竹译（Delamotte & Takezawa，1984）首先提出了工作生活质量概念；卡尔拉和高希（Kalra & Ghosh，1984）对生活工作质量进行了结构划分，提出了包含到位的经济报酬、绩优升迁等 15 个方面的划分；埃弗拉特和叙尔吉（Efraty & Sirgy，1990）则将工作生活质量更细致的分为四个层面，即生存、社会、自尊和自我实现需求。

2. 体面劳动（decent work）

国际劳工组织于 1999 年 6 月提交了题为《体面劳动》的报告，报告中提出"国际劳动组织当今的首要目标是促进男女在自由、公正、安全和具备人格尊严的条件下，获得体面的、生产性的劳动机会"，强调体面工作应该是生产性的工作，工人权利受保护、有足够的工资、享受社会保险，可实现劳工、雇主和政府之间的有效对话等。由此可见，体面劳动是以人为本，更加充分地考虑到劳动就业过程中人的因素，也是对就业质量状况的反映，"体面劳动"的程度反映了就业质量的水平。此后，安克等学者（Anker et al.，2003）进一步拓展了体面就业的概念，他认为体面劳动是"男性和女性获得自由、平等、安全和有尊严的生产性劳动的机会"，他根据体面劳动的定义，建立了基于统计指标的六维度三十指标的综合评价体系。安克同时强调，建立的指标体系不是一成不变的，应该根据时间的推移和不同地区的特殊需求而有所改变。应该说，"体面劳动"的内涵与就业质量有很多相似之处，成为后来学者研究的重要参考依据。

3. 工作质量（quality in job）

法国尼斯欧盟理事会于 2000 年提出"工作质量"的概念并将其推广，所谓的"工作质量"是一个相对的、多维的概念，既包含单个工作的特点，也包括广泛的工作环境的特点，测量劳动力市场如何发挥其整体效用，从而更好地协调劳动力在劳动市场上的流动。2003 年，欧盟提出，改善工作质量成为新欧洲就业战略设立的三个主要目标之一。这个时期工作质量的内涵，不仅考虑有酬就业的问题，同时考虑到了有酬就业的特点。具体包括就业岗位的特点、就业人的特点、就业岗位及就业者的匹配特点，以及就业者对就业岗位的满意度。但是工作质量与就业质量的区别在于工作质量考虑的是已经实现就业的就业人员以及其就业岗位的一些特征，仅包括就业后的情况。而就业质量则要体现出寻找工作到离职后的整个就业过程。

4. 高质量就业（high-quality employment）

就业质量是一个多维的、中性的和综合性的概念，因此可将就业分为高质量就业和低质量就业。高质量就业是指个人在其认为既具有挑战性和又能获得满意感的工作的综合环境中获得谋生所需收入的能力。并强调收入并非高质量就业的唯一衡量标准（Schroeder，2007）。

5. 就业质量指数（employment quality index）

加拿大帝国商业银行为了观察经济中新创造工作岗位的数量和质量而开发了就业质量指数的概念。该银行的经济委员会拟用就业补偿指数、就业稳定性指数和全职就业比重三个指标来测度就业质量指数。其计算公式为：就业质量指数 =0.5×（就业补偿指数 + 就业稳定性指数）× 全职就业比重。

（三）就业质量的评价标准

1. 用工资或工作满意度单一指标来衡量就业质量

新加坡财政当局发表的《新加坡就业质量（1983—1996）》一文中利用工资来衡量就业群体的特点及就业人数和质量；雷恩特迪和斯隆（Leontaridi & Sloane）运用英国家庭面板数据，通过考察职业与非职业类工人的满意度来衡量他们的就业质量。有学者从七个方面的满意度需求来概念化工作质量，研究工作满意度的经济学学说关注通过个体工作和个人特征来解释工人整体工作满意度，如绝对和相对工资、工作时间、经历、性别、教育、婚姻状况、工会身份、公司大小等。当前的研究成果可以分为以下四类：把劳动力作为一个整体来研究工作满意度（Hamermesh，1977；Clark，1996；Clark & Oswald，1996）；集中于研究性别、管理者或机构规模方面（Bartel，1991；Watsonetal，1996；Clark，1997；Idson，1990）；分析工会组织成员影响方面，以及研究学术性劳动力市场等方面（Borjas，1979；Miller，1990；Meng，1990；Bender and Sloane，1998）。

2. 多维度指标来衡量就业质量

比特森（Beatson，2000）通过反映劳动/回报关系的经济契约内容和反映雇主/雇员关系的心理契约内容来衡量就业质量。更深的挖掘工作的外部特征和内部特征，外部特征包括薪酬福利、工作时间、工作与生活平衡、工作保障和发展机会等，内部特征则包括工作内容、工作强度、工伤疾病危害以及同事上级关系等。比特森（2000）认为由于上述特征的多样性导致按照每个工作的质量用单一维度对他们排序是根本不可能的。莫顿（Morton，2004）运用 10 个指标对加纳的微型和小型企业的就业质量展开了研究，这些指标分别是安全和健康、人力资源、管理与组织、劳资关系和结社自由、学徒剥削、保税和童工、薪酬、工作时间和休假、男工和女工的平等机会、职业安全、社会保险等。2007 年由欧洲统计协会赞助的特别小组则分析了九个国家的就业质量。

3. 用指数来衡量就业质量

衡量就业质量的指数包括加拿大帝国银行的就业质量指数（EQI）、基于能力方法的指数、基于经济准则的指数。杰米·鲁伊斯－塔格莱（Jaime Ruiz-Tagle）用通过能力方法考察就业质量，分析了智利就业质量，弗洛罗和梅西尔（Floro & Messier，2011）研究了厄瓜多尔非正规部门人员的就业质量。

二、关于国内就业质量的学术史梳理及综述

（一）就业质量定义和内涵的研究

国内对就业质量的研究起步较晚，在就业质量的基本概念上，目前国内学者还存在着一些争论，不同的学者从不同的出发点和侧重点有不同的概括。国富丽（2009）是较早开始关注就业质量内涵的国内学者之一，她分别对国内和国外提出的与就业质量相关的概念进行了较为系统的梳理，如体面劳动、工作质量、高质量就业等，并且指出了就业质量与这些现存的术语之间有着密切的联系，但是她并没有提出自己的观点，没有对就业质量的内涵进行明确的界定。

在现有的国内文献中，对就业质量内涵的界定大致分为两类：一类是狭义的概念界定；另一类是广义的概念界定。其中，狭义界定一般是指劳动力参与的就业岗位质量的微观界定，包括工作收入、稳定性、劳资关系等。马庆发（2004）认为，所谓"就业质量"，一般可以概括为职业身份、工资水平、社会保障水平、职业发展空间四个方面。李军峰（2003）提出，就业质量与体面工作有密切的关系，高质量的就业应该是非强迫的、机会平等的、安全的和有尊严的。这两位学者对就业质量的理解，与体面工作一样，都是从工作岗位的特点入手，给出了较为狭

义的理解。广义的概念界定认为，就业质量不仅应包括就业岗位质量，还应包括就业前的劳动力市场服务水平，以及退休后的待遇等与工作紧密相关的一系列因素。刘素华（2005）在相关研究中较为清晰的概括了就业质量的含义："就业质量是反映整个就业过程劳动者与生产资料结合并取得报酬或收入的具体状况之优劣程度的综合范畴"。程蹊和尹宁波（2003）则从劳动生产环境、就业者的生产效率、就业者对经济生活的贡献程度三个方面来界定就业质量。在就业质量的狭义定义和广义定义中，大部分学者都倾向于后者。

（二）全口径就业质量评价指标体系的研究

对于全口径就业质量评价指标体系的构建，不同的组织或学者，根据其研究对象和研究需要的不同，有不同的指标组合。

虽然就业质量的概念提出不久，但是之前很多学者对就业质量中的一些元素做了大量的研究，对收入水平的研究一直是就业问题中的热点。另外，对收入差距的研究、对劳资关系的研究、对社会保障的研究、对最低工资的研究都属于对就业质量的研究范畴。这些都是与就业质量相关的问题，但是不能全面地反映就业质量的整体状况。

近几年有学者开始较多的关注于对就业质量的综合性考察，而且大多数都是在国际劳工组织提出的体面劳动指标体系的基础上，根据体面劳动和就业质量的差别，以及我国就业状况的特殊性进行的综合性指标体系的考核。从各位学者的指标构建中可以看出，学者们对就业质量的内涵是没有一致的概括的，因此在选择指标问题上也会有不同的选择。如李军峰和刘素华等学者选择的指标是相对狭义的指标，而赖德胜做的指标则包括非常广泛性的内容。李军峰（2003）提出就业质量的九要素理论，其中包括工作性质、工作条件、安全、个人尊严、健康福利、社会保障、培训、劳资关系和机会平等。但是在文献中，他只是提出了评价就业质量的几个维度，至于用什么样的具体指标、各指标的权重等问题则没有更深入的讨论。刘素华（2005）提出了四个维度17个指标的评价体系，即聘用条件、工作环境、劳动关系、社会保障四个维度，同时她将17个指标分别按其重要程度赋予不同的权重。评价体系比较系统的反映出了就业质量的内容，但是她对各个指标权重的确定完全是凭借个人的主观判断的方法，缺乏客观性和科学性。

随着各类弱势群体的就业问题的凸显，很多学者单独针对农民工、大学生等特殊群体的就业质量问题做出了指标体系。杨河清和李佳（2007）针对北京市大学生群体做出了就业质量的综合评价指标体系。他把就业质量分为工作条件、劳动关系、社会保障三个一级评价要素，包括11个二级评价要素，并结合专家定性评价和层次分析法的定量分析确定各个指数的权重，具有较高的科学性和全面性，可以用于研究其他地区大学生或其他群体就业质量的借鉴参考。张抗私和盈帅（2012）以国际劳工组织、教育部、人力资源和社会保障部以及国家统计局等权威机构典型观点的高频指标为基础，构建了女大学生就业质量全口径评价指标体系，并以"2010年大学生就业问题调查"数据为样本进行了实证检验，得出了影响女大学生就业质量的指标权重排序，为大学及大学生个人充分认识市场、有准备地应对就业提供了参考。

2011年11月，由北京师范大学劳动力市场研究中心主持编写的《2011中国劳动力市场报告》出版，这是国内首部以就业质量为主要关注点的劳动力市场报告。报告中使用了公开出版的官方统计年鉴数据，建立了一个包括就业环境、就业能力、就业状况、劳动者报酬、社会保护、劳动关系六个维度指标，20个二级指标和50个三级指标的全口径就业质量评价指标体系。报告使用主成分分析法对我国30个省，2007年及2008年的就业质量状况进行了系统的研究分析。报告中的指标体系是国内第一个比较系统的就业质量指标体系，对以后关于就业质量的研究具有很大的借鉴意义。但是存在的问题是缺少主观性指标，三级指标不足以完全反映中国劳动力市场的整体就业质量状况。

（三）就业质量评价方法的研究

评价方法和模型的选取会对研究结果的客观性和准确性产生较大的影响，就业质量评价方法的选取也是本研究准备工作中的重要内容。柯羽（2007）、王秋玉和宋兆沛（2008）、韦勇（2009）分别在各自的研究中详细阐述了如何运用层次分析法确定高校毕业生各个就业质量评价指标的权重；王秋玉和宋兆沛（2008）则在运用层次分析法确定就业质量评价指标权重的基础上，通过计算指标得分和综合得分的方法对就业质量进行评价。王邦田（2008）在定性分析整理评价指标的基础上，运用德尔菲（Delphi）法进行专家咨询调查，采取定量分析筛选出关键指标，最终确定出综合评价的指标体系，具有一定的科学性和可行性。张海波（2010）运用的评价方法相对简单，他针对大学生就业质量设计调查问卷，利用走访调研和网络发放两种方式，对宁波15所高校经济管理类毕业生进行调研，并对数据作描述性分析和比较分析而评价结果。王旭明（2009）从模糊数学的角度设计出高校大学生就业质量的模糊综合评价模型，对大学生就业质量做出了公正评价，并结合实例对模型进行了验证。陈韶和何绍彬（2010）构建了高校毕业生就业质量评价系统，将就业质量评价从传统的"人工操作"变为现代化的"系统操作"，力求在减少人力、物力和财力的情况下达到预期的评价效果。

（四）对不同群体就业质量的研究

在中国的特殊背景下，一些不同的群体存在着各自不同的就业特征。如备受关注的农民工就业问题、大学毕业生就业问题等。学者们也更加倾向于结合不同群体的特点，单独分析他们的就业质量特点。陈海秋（2009）、谢勇（2009）等学者对农民工就业质量问题作了相关研究。陈海秋通过对体面工作与就业质量的对比，界定了农民工就业质量的内涵，以及农民工就业质量的评价体系、方法与步骤。谢勇对南京农民工就业质量现状做了调查，并用实证方法证明其影响因素，认为人力资本和社会资本共同影响一个地区农民工的就业质量。在彭国胜（2009）关于就业质量的研究中，他将青年农民工单独的作为一个研究群体，通过问卷调查的方法，专门对青年农民工的就业质量现状及影响因素做了调查研究，认为青年农民工群体的就业质量存在诸多问题，并提出劳动力素质低、劳动力市场信息失衡等因素是就业质量低的内在原因。李军峰（2003）利用统计数据和相关调查数据对不同性别劳动者的就业质量进行了比较，他通过对男女就业的稳定性、收入和工作时间、保险和福利待遇、事务参与情况等方面的综合评价，得出女性的就业质量要远低于男性的结论，并认为人力资本的差异和传统观念的影响是导致这种差异的根源。张勉（2008）以城市贫困群体的就业质量为研究对象，利用相关数据从就业稳定性、工作质量、劳资关系、福利保障和职业发展五个方面说明了目前我国城市贫困群体就业质量低下，并且分析了造成该现象的原因，最后提出了相关政策建议。

秦建国（2007）建立了大学生就业质量的评价指标体系，包括就业前提指标、就业岗位指标、满意度指标、宏观表现指标四个方面。之后，杨河清和李佳（2009）也针对大学生群体的就业质量问题进行了研究，在建立大学生全口径就业质量评价指标体系后，通过调查研究获取数据，对北京市大学生的就业质量进行了实证分析，得出北京大学生就业质量呈下降趋势的结论。同样对大学生就业质量进行研究的还有曾向昌（2011），他对大学生就业质量与就业率做了相关研究，认为就业质量与就业率没有存在很高的关联性。赖德胜（2011）在《2011年中国劳动力市场报告》中，专门对"高校毕业生低收入聚居群体（蚁族）"的就业质量进行了调查研究。这些研究的共同点都认为就业质量已成为高校毕业生就业问题中的突出问题。

三、对国内外就业质量问题研究的分析与评价

国外学者较早开始了对就业质量问题的研究。但是由于各国国情的不同和中国就业问题的一些特殊性，国外的一些理论体系不能完全套用。我国2000年以来才陆续出现了一些成果，但是，由于现存理论缺乏系统性和深入性，因此，目前所能达成的一致共识仅仅是我国不能再单纯的研究和解决就业数量问题。

1. 宏观视角研究不足

很多学者都注意到了就业质量在整个就业问题中的重要性，但是对于中国的就业质量现状没有给出客观的评价。有学者提出的全球化等因素导致了就业质量的日益恶化，但没有通过数据验证。在就业质量的影响因素上，现有文献主要集中在宏观层面和个体层面上，缺乏对中观行业层面的因素分析。而且，对就业质量影响因素的实证研究大多是从一个角度或一个方面进行的，忽视了多层次因素的综合影响，缺乏对各层次因素影响机理的深刻剖析。总之，国内对于就业质量的研究还很有限：一方面，国外的理论体系不能完全适用于我国就业质量的研究；另一方面，国内刚刚起步的研究还未能向纵深开展。所以，当务之急是要尽快对就业质量的影响因素、路径、实证分析等进行充分研究，尽早探索出我国就业质量发展的规律。

2. 概念内涵存在分歧

正如国际劳工组织所说的，"体面劳动"只能给全球各国的相关政策和研究提供借鉴，由于各国国情不同，就业状况的差异，对就业质量的衡量应有所差异。国内学者对就业质量的概念并没有达成一致的意见或比较

权威的解释，导致在制定指标或研究方向上有很大不同，很难完善系统的理论体系。

3. 指标体系构建尚需完善

一是指标选取规则不合理。现有研究没有我国就业环境的角度海选指标，不能体现我国国情下的就业质量衡量标准；二是指标体系不合理。现有综合评价指标体系包含了冗余和无用指标，无法保证综合评价结果的合理性和科学性。

4. 实证分析不足

国外学者对就业质量的研究起步较早，取得了一定的成果。相对来说，国内的学者对就业质量问题的研究起步晚，成果较少。但目前理论界对就业问题的共识是，必须把研究就业质量问题上升到与解决就业数量同等重要位置。国内研究多数都以对国外理论的梳理为主，但由于中国国情和就业问题的特殊性，国外的理论体系不能完全套用。虽然有部分学者对就业质量的内涵、评价指标及影响因素进行了研究，但大都以理论分析为主，严重缺乏数据依据。总体来说，现有研究缺乏系统性和深入性。已有文献中对于就业质量影响因素的研究比较少，而且几乎没有学者对就业质量相关的因素进行实证分析，这导致结论很难具有说服力。

5. 缺乏对区域、典型企业及大学生就业质量的实证研究

经济发展水平不同，区域间就业质量存在显著差异；企业所有制类型不同，就业质量也有明显不同。国内针对区域和典型企业的就业质量研究还存在空白，对大学生群体就业质量的实证分析则更少。

以往研究为本书提供了很好的借鉴作用，对于研究的不足和空白之处，正是本书要加以创新和完善之处。所以本书拟在吸收借鉴以前学者研究的基础上，弥补其研究的空白，完善其研究不深入、不全面和不适用中国特殊国情的地方，创新性地提出具有中国特色的全口径就业质量评价指标体系，并进行大学生就业质量问题的实证检验及分析。

第二节　研究意义

就业是民生之本，党的十八大报告提出要"推动实现更高质量的就业"，党的十九大报告进一步提出"实现更高质量和更充分就业"，为实现这一目标，不仅要重视在经济社会发展的基础上创造更加充分的就业机会，同时，还要注重如何在转变经济发展方式、调整经济结构的过程中不断优化就业结构，不断改善就业质量。

一、理论意义

关于就业质量问题，国外无论理论还是经验研究都渐为成熟，而国内的研究则方兴未艾。从"十二五"之后的更长一段时间内，我国劳动力市场发展趋势将发生一系列变化：一方面，以劳动力数量密集、成本低廉为前提的经济增长模式难以为继；另一方面，随着产业结构的升级，提升劳动者就业质量日趋成为迫切的需要。经济的发展使理论研究空间不断扩大，而理论研究必将为经济发展提供重要的借鉴。本书的理论意义表现在三个方面：

第一，对测评中国就业质量的体系进行研究。国外虽有国际劳工组织等相关指标评价，但是与中国的国情相距很大，国内在该领域的研究相对零散和薄弱，而涉及就业质量，无论是研究还是监管，都离不开测评的统一标准。本书浓墨重笔地研究了具有中国特点的大学生全口径就业质量评价指标体系，是对该领域理论研究有价值的贡献之一。

第二，对影响大学生就业质量的宏观政策实证研究。在调研数据基础上，对诸如经济增长与结构对就业质量的影响效应分析、新常态背景下从数量转变到质量管理，同时对推动实现更高质量的就业政策优化研究。关于政策的多角度细致入微且建立在实证基础上的分析是该领域研究的一个重要补充，由此得出的政策建议是对理论研究有价值的贡献之二。

第三，对人力资本投资及教育资源配置效率影响就业质量的研究，是本书的第三个重要内容，教育是劳动者素质保障的起点，也是保障劳动者就业质量的起点，现行教育政策下教育资源配置结构使劳动力市场供求处于失衡状态，使大学生就业质量难以提高，针对教育政策、要素成长与市场耦合的实证研究能够强化该领域研究的薄弱之处，由此得出的政策建议是理论研究有价值的贡献之三。

二、实际应用价值

本项目作为一项应用性研究，希望以研究成果的形式，为政府有关部门制定和调整有关推动实现更高质量的就业提供新思路、新选择，为我国构建政府、用人单位、大学生三位一体提升就业质量整体设计提供思路和可操作的方法。本书的实际应用价值表现在三个方面：

第一，有助于从宏观和微观的视角全面测评中国大学生就业质量。在全口径指标体系的框架下，在质量指标评价方法的指引下，可对我国大学生就业质量状况进行全面测评，从而使我们对大学生劳动力市场、特别对其就业质量有准确深入的了解和认识，为政府监管和政策提供依据。

第二，有助于对大学生就业质量相关的若干政策的评估。提升就业质量的政策要与我国整体劳动力市场发展目标相一致，也要与我国经济结构与增长、产业政策、教育政策等相互配合，形成合力，共同发挥作用。只有相关政策形成合力，共同发挥作用，才能实现大学生高质量就业的目标。准确认识政策对大学生就业质量的影响因子可以规避政策失误、甚至是政策缺失带来的风险。

第三，有助于深入分析区域、工作特征、单位性质等微观因素对大学生就业质量的影响。在大学生就业市场中，不容忽视生源地因素、区域因素、学历水平、单位性质对大学生就业质量的影响，工作特征也会在一定程度上影响大学生职业健康状况，因此，在调研数据的支撑下，本书着重从以上几个微观视角分析其对大学生就业质量的影响，也是对该研究领域的一个重要应用。

第三章

理论基础

第一节　人力资本理论

　　人力资本的概念最早由亚当·斯密提出，人力资本理论则兴起于20世纪60年代，第二次世界大战以后，许多国家的经济现象无法用传统的经济学理论得到合理解释，例如，战败国德国和日本尽管国内资源贫乏，但经济却迅速恢复，跻身于世界强国之列；经济增长快于生产要素——资本和劳动——的增长率。于是，经济学家将研究视角从物转移到人，研究教育、健康、劳动者技能等因素对劳动生产率和经济增长的影响，形成现代人力资本理论。现代人力资本理论的主要代表人物有雅各布·明塞尔、西奥多·W·舒尔茨和加里·S·贝克尔，他们都不同程度地论证了教育对劳动者人力资本的形成和积累的影响。

一、西奥多·舒尔茨的人力资本理论

　　其代表作为《论人力资本投资》。舒尔茨的人力资本理论有以下五个主要观点：（1）人力资本存在于人的身上，表现为知识、技能、体力（健康状况）价值的总和，一个国家的人力资本可以通过劳动者的数量、质量以及劳动时间来度量。（2）人力资本是投资形成的。投资渠道包括五种：营养及医疗保健费用、学校教育费用、在职人员培训费用、择业过程中所发生的人事成本和迁徙费用。（3）人力资本投资是经济增长的主要源泉。舒尔茨说人力资本的增长无疑已经明显地提高了投入在经济

15

起飞过程中的工作质量，这些质量上的改进也已成为经济增长的一个重要的源泉。（4）人力资本投资是效益最佳的投资。人力投资的目的是为了获得收益。舒尔茨对 1929～1957 年美国教育投资对经济增长的关系做了定量研究，得出如下结论：各级教育投资的平均收益率为 17%；教育投资增长的收益占劳动收入增长的比重为 70%；教育投资增长的收益占国民收入增长的比重为 33%。也就是说，人力资本投资是回报率最高的投资。（5）人力资本投资的消费部分实质是耐用性的，甚至比物质的耐用性消费品更加经久耐用。

　　舒尔茨于 20 世纪 60 年代挑战新古典经济学的权威地位，首次系统地阐述了人力资本投资理论，被西方学术界誉为"人力资本之父"。他不仅明确了人力资本概念与形成途径，同时对教育投资的收益率以及教育对经济增长的贡献做了定量研究。

二、加里·贝克尔的人力资本理论

　　其代表作为《人力资本》《家庭经济分析》。他的《人力资本》被恰当地描述为"经济思想中人力投资革命"的起点，其人力资本的观念主要有以下六方面内容：（1）人力资本投资的目的既要考虑到将来的收益，也要考虑到现在的收益；（2）在职培训是人力资本的重要内容；（3）提出了人力资本投资收益率计算公式；（4）提出了年龄—收入曲线；（5）说明了高等教育收益率，同时也比较了不同教育等级之间的收益率差别；（6）信息的收集也是人力资本的内容，同样具有经济价值。同时，贝克尔还把人力资本研究框架扩展到"家庭经济学"，把家庭的许多行为诸如父母养育孩子、婚姻以及家庭内部分工看成与人力资本有关。

三、雅各布·明塞尔的人力资本理论

　　明塞尔在 20 世纪 50 年代便开始了对人力资本的研究。他对人力资本的理论贡献有以下几点：（1）他最早建立了人力资本投资收益率规模；（2）他最先提出了人力资本挣得函数，认为个人的收入水平是由教育投资和工作经验的积累决定的，刻画了教育投资回报率的概念。（3）将人力资本理论与分析方法应用于劳动市场行为与家庭决策；（4）提出了"追赶"

时期的概念，并用于分析在职培训对终生收入模式的影响。此外，明塞尔还系统地论述了受教育水平较高的工人具有较低的失业发生率，这是由于受教育程度较高的工人对雇佣他们的企业具有较强的依附性以及离职后面临的失业风险较低。他认为受教育程度较高的工人面临的失业风险较低的原因主要有三个：一是受教育程度更高的工人更倾向于进行在职搜寻，是由于在职搜寻成本要比在失业中搜寻的成本低得多；二是教育水平较高的工人对工作信息的获取和处理更有效率；三是厂商为了较少损失，必须进行积极而广泛地搜寻，使高技能职位得到尽快填补，进而分担了一部分的搜寻成本。

第二节　歧视理论

一、个人偏见歧视理论

个人偏见包括雇主偏见和雇员偏见。对于雇主偏见理论而言，如果一个雇主对女性抱有偏见，即使男性和女性具有相同的劳动生产率，他也会选择男性而不选择女性。如果女性想与相同条件下的男性竞争工作机会，她们必须接受更低的工资。接下来，用劳动力市场供求分析来理解该理论的思想。假设劳动力市场上的男性和女性（设为 A 类工人）具有相同的劳动生产率，如果所有雇主因某种原因都不喜欢女性员工，那么女性员工的均衡工资必然较低，因为工资相同就没有人愿意雇用他们。如果女性员工的相对工资是男性员工的 3/4，1/2 或 1 时，雇主也许会雇佣她们，如图 3.1 所示。横轴表示女性工人的数量，如果没有歧视，对女性的需求曲线将是 D_1，如果歧视程度越大，那么对女性的需求曲线下降到 D_2，甚至是 D_3。

如果所有雇主歧视情感不一致，有一些雇主的歧视程度弱，而另一些雇主的歧视程度强，这样对女性工人总的市场需求曲线如图 3.2 所示。相对工资为 1 时，水平部分表示对女性工人没有偏见的企业总需求；向下倾斜的需求曲线表示对女性工人具有歧视的企业总需求，越是向上，歧视程度越弱，越是向下，歧视程度越强。

以上说明，大多数雇员与女性雇员的工资差别的大小依赖于两种因素

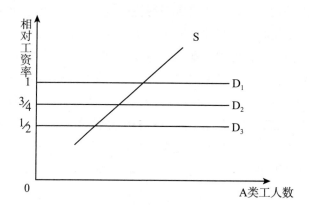

图 3.1 偏好一致的劳动力市场歧视

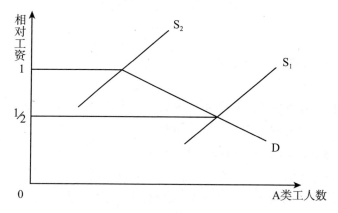

图 3.2 偏好不一致的劳动力市场歧视

的影响：第一因素是女性劳动力的多少。市场上女性的供给量越大，她们的相对工资就越低。第二个因素取决于雇主的歧视程度，如果市场上不存在性别歧视现象，需求曲线就具有完全弹性，反之，性别歧视现象越严重，女性的相对工资就会越低。

二、垄断歧视理论

劳动力市场上的歧视现象与劳动力市场运行有关。有些经济学家认为，劳动力市场不是完全竞争的，而歧视正是由个别企业垄断造成的。歧视的动机往往不是偏见，而是货币收益，这是因为垄断企业不会是劳动力市场上被动的工资接受者，他们有能力决定市场上的工资水平，这种市场运行的力量使制定具有歧视性的工资成为可能，歧视行为能为垄断企业增加利润。在垄断市场结构中，女性劳动者因为缺少可能选择的雇主，只能接受带有歧视的工资。该理论的关键论点是，女性工资歧视导致女性劳动力的供给弹性小于男性劳动力的供给弹性。女性劳动力的供给弹性之所以小于男性劳动力供给弹性，主要理由：一是某些女性比男性在地域和职业方面流动少。由于非工作角色和非工作价值观，导致妻子因丈夫在某地工作，而无法到其他地方寻找工作。同样，由于职业分工，女性的就业机会和职业的选择面远远不如男性那样广泛。由于女性的这种地域和职业的不流动性，某一市场工资水平的变化所引起的职业变动，男性要比女性大，所以女性对工资变化的反应要小于男性，即女性的劳动力供给弹性小于男性。二是女性劳动力供给弹性小于男性与工会有关。男性劳动者比女性劳动者更倾向于加入工会。由于工会可以建立统一的工资，使得劳动力供给曲线在该工资水平上完全具有弹性，限制了垄断雇主对劳动力市场的影响。在这类企业中，没有参加工会的女性劳动力供给弹性小于男性劳动力，由此导致对女性不利的工资差异。

三、就业隔离或排挤理论

性别把劳动力划分为非竞争性集团，形成和维持了某种性别垄断的职业或职业范围。例如，矿工由男性垄断，护士由女性垄断。在性别垄断下，实际上较好的职业或职位被男性垄断，从而女性劳动者受到歧视。

在西方，由于劳动力市场上女性和黑人受到歧视，因此，有人提出了排挤理论。所谓排挤理论是根据简单的供求概念来分析女性和黑人限制在十分有限的就业范围内的后果的理论。如图 3.3 所示，可以帮助描述就业隔离理论。

为了便于解释该理论，先做如下假设：

（1）男性劳动者和女性劳动者数量相等，假定各有 600 万人。

（2）总的劳动力市场由三种职业 X、Y 和 Z 组成，每种职业具有相同的劳动力需求曲线。

（3）男女劳动者在劳动力特征方面完全一致，也就是说，两者在三种职业中具有相同的生产率。

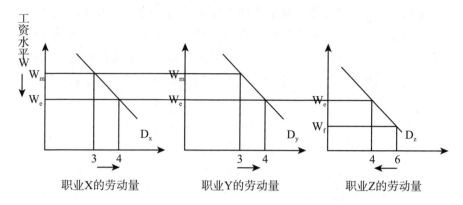

图 3.3　就业隔离下不同职业的劳动力需求曲线

（4）产品市场是完全竞争的，即需求曲线不仅反映边际收益产品（MRP），也反映边际产品价值（VMP）。

（5）由于就业隔离，X、Y 是男性从事的职业，而 Z 是女性从事的职业，即女性被 X、Y 职业排挤，限制在 Z 职业。

从图 3.3 可以看出，男性劳动力将在完全竞争的两个职业劳动力市场中平均分配，其结果是，X 和 Y 两个职业劳动力市场中各有 300 万男性求职者，工资水平为 W_m。尽管男性劳动力可以进入 Z 职业市场寻找工资，但是由于工资过低，他们也不会进入 Z 职业市场。Z 职业市场工资水平之所以低于 X 和 Y，是因为女性劳动者就业受到歧视，很难进入 X 和 Y 职业市场，导致 600 万女性劳动力拥挤在 Z 职业市场，从而获得更低的工资水平 W_f。这种就业隔离的后果显然是男性以牺牲女性劳动力的收益为代价而获得了较高的工资水平。从图 3.3 中可以看出，女性获得的工资水平等于她们的边际劳动收益和她们对社会的贡献边际劳动价值，实际上由于被限制在职业 Z 中，她们的劳动力供给相对大于需求，从而使 W_f 低于 W_m。

该理论认为，如果社会通过立法或其他方式改变人们的行为，人为地消除职业壁垒，这种歧视现象就会必然消失，高工资水平会吸引女性劳动力从 Z 职业向 X 或 Y 职业流动。如果这种转移对女性劳动市场来说代价很小的话，就会更加如此。劳动力在三种职业市场中只要流动，将最终达到均衡状态，如图 3.3 所示，如果有 100 万女性转移到 X 职业市场，另外 100 万女性转移到 Y 职业市场，400 万女性留在 Z 职业市场。这时，所有职业市场都将会有 400 万劳动者。均衡市场工资率将达到 W_e。显然，该均衡状态下的劳动力市场对女性劳动力就业是十分有利的，因为较之以前，平均工资水平上升了，而对男性劳动力则不利，因为工资水平下降了。

第三节　工资决定理论

一、威廉·配第的最低生活维持费工资理论

配第是英国古典经济学的创始人。他认为工资和商品一样，有一个自然的水平，这个水平就是最低生活资料的价值，工资就是维持工人生活所必需的生活资料的价值。如果低于这个水平，就会使工人不能维持最低限度的生活水平，就不能为资本所有者继续生产财富；如果高于这个水平，就会使资本所有者受到损失。

配第的工资理论实际上是将工人的每日劳动划分为必要时间和剩余时间，这一工资理论后来成为古典经济学派关于一般工资理论的基础。

二、亚当·斯密的工资理论

斯密认为，工人、资本所有者和土地所有者这三个阶级构成文明社会的三大主要和基本阶级，与这三个阶级相适应的有三种收入，即劳动的收入——工资；资本的收入——利润；土地的收入——地租。斯密对于工资，有两种理论解释：（1）在没有资本积累和土地私有制的原始社会状态下，全部劳动产品归劳动者所有，没有他人来同他分享。这时劳动者生产出来的全部产品都是它的自然工资。当资本积累和土地私有制发生之后，工资就只是劳动产品的一部分。（2）斯密的第二种工资理论认为，工资是劳动的价格。他认为劳动也是一种商品，同其他商品一样也有价格，即"劳动价格"。他还认为劳动价格也有"自然价格"和"市场价格"之分。劳动的自然价格等于工人为维持自己及其家属所必需的生活资料的价值；而劳动的市场价格则是通过工人和资本所有者双方竞争而订立的契约来规定的。劳动的市场价格围绕劳动的自然价格而变动，这种变动取决于对劳动的需求。

斯密认为有两个原因导致工资之间存在差别：一是"职业本身的性质

不同";二是"政策不让事物完全自由地发展"。职业本身性质在五个方面影响工资差别:(1)职业本身有愉快和不愉快之分;(2)职业学习有难易,费用有高低;(3)工作有安全和不安全之分;(4)职业所需负担的责任有重有轻;(5)工作的前途,即成功的可能性有大有小。社会必须对那些令人不愉快的、学费不高的、不安全的、担负责任重的以及成功可能性较少的职业支付较高的工资,以对这些职业的"微薄金钱报酬给予补偿"。政策方面的原因导致工资差别主要表现在以下三个方面:(1)某些政策限制了某些职业中的竞争人数,使其少于原来愿意加入这些职业的人数;(2)增加另一些职业的竞争,使其超越自然的限度;(3)不让资本和劳动自由流动,使他们不能由一种职业转移到其他职业,不能由一个地方转移到其他地方。

三、边际生产力工资理论

边际生产力工资理论是由约翰·贝茨·克拉克提出来的,"边际生产力论"作为他分析工资的理论基础。他把边际生产力论分为劳动生产力递减和资本生产力递减两方面。用劳动生产力递减来揭示工资的决定(他称之为决定工资的自然标准和工资规律);用资本生产力递减解释利息的决定(他称之为决定利息的自然标准和利息规律)。

克拉克认为工资取决于劳动的边际生产力,或者说工资是由投入的最后一个劳动单位所生产的边际产量所决定的。雇主雇佣的最后那个工人所增加的产量等于付给该工人的工资。如果工人所增加的产量小于付给他的工资,雇主就不会雇佣他;如果工人所增加的产量大于付给他的工资,雇主就会增雇工人。只有在工人所增加的产量等于付给他的工资时,雇主才既不增雇也不减少工人(在决定工资时,不仅最后一个单位工人的工资取决于劳动边际生产力,而且其他每一个单位工人的工资也都由它决定)。

从图3.4中可以看出:边际生产力是先上升而后逐渐下降。其中,AW′为劳动边际生产力曲线,在其他条件已定的情况下,雇4个工人边际产量最大,产量为10个单位,在这之前产量递增;雇工超过4人时则呈递减状,当雇佣第10个工人时,其产量最小,为1个单位。此时,雇主付给的工资是1个单位,他不再雇人也不减人。在雇用10个工人时,全部产量为OAW′M,工资总额为OWW′M,其余的WAW′则用于分配给其他生产要素。

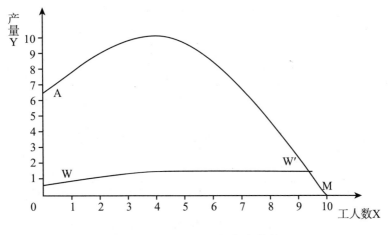

图 3.4   劳动边际生产力曲线

四、均衡价格工资理论

马歇尔在他的均衡价格论的基础上建立起均衡价格工资理论，从劳动力供给和需求两方面来阐明工资的决定，工资水平由劳动要素的均衡价格决定。从劳动的需求看，工资取决于劳动的边际生产力，厂商愿意支付的工资水平是由劳动的边际生产力决定的。从劳动的供给看，工资取决于两个因素：第一，劳动力的生产成本，即工人及家属养活自己与全家的生活费用以及工人所需的培训和教育费用；第二，劳动的负效用，或闲暇效用。

均衡价格工资理论认为，工资水平的决定是生产要素需求和供给两种力量作用的结果。

图 3.5 中，DD 表示劳动力需求曲线；SS 表示劳动力供给曲线；E 是均衡点；OP 是均衡工资率；OQ 是均衡条件下的雇佣量。当劳动供给价格逐渐上升的初期，供给量会逐渐增加。但劳动价格提高到一定程度后，尽管价格还继续提高，劳动的供给量却不再增加，甚至还会减少。这是因为工资提高到一定程度后，工人对货币工资的需求就不那么迫切了。

五、按要素分配的工资生产理论

按投入生产要素分配是西方经济学的一种分配理论，认为各种报酬取

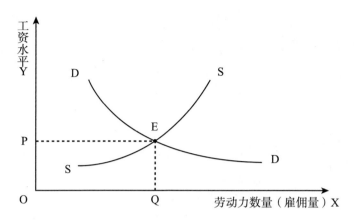

图 3.5　由需求和供给决定的均衡价格工资

决于各种相应的投入，凭投入取得报酬，投入了什么要素就按一定的标准取得相应的报酬。社会各阶层居民之所以有资格取得报酬收入，是因为他们为生产这些"收入"提供了生产要素，即有所"投入"，这些投入才是收入的来源。该理论有以下四个要点：

一是投入什么要素，取得什么报酬。劳动者提供了劳动要素，取得劳动报酬；资本提供者取得红利、利息；土地出租者取得地租；经营管理者有管理报酬；投入技术有技术的报酬；政府税收是政府在社会生产中提供了公共产品和管理劳务的报酬。

二是投入多少，取得多少报酬。这是一种原则，类似多劳多得原则。

三是实现各要素的合理报酬主要通过各要素市场进行。如资本市场形成资本（金）价格；劳动力市场形成劳动力价格——工资。

四是各项要素投入之间的报酬关系，如资本与劳动的报酬关系，资本报酬占多少份额，劳动报酬占多少份额，由各项要素投入所创收入在总收入中所占份额确定，即由各项要素投入的边际生产力确定。

按要素分配的方式主要有三种：劳动分红制度、年薪制和劳动股权计划。劳动分红制度，是指企业每年年终时，从所获得的利润中按预定的比例提取分红基金，按照员工的劳动成果等条件，以红利形式分配给个人的劳动收入；年薪制，指的是对企业经营者实行的一种特定形式的计时工资，一般以一个生产经营周期（多为 1 年）为单位确定经营者的基本报酬，并视其经营成果确定其效益报酬；"职工劳动股权计划"又称"职工股权计划"，是在 20 世纪初国外开始出现的股权分散化、工人持股状况的第一步发展，简单地说，员工股权计划就是公司提供给员工股票的整体奖励计划。

第四节　工作搜寻理论

一、工作搜寻的成本收益比较

工作搜寻会带来一些直接的和间接的成本。直接的成本包括交通费、邮费、电话费、报纸的广告费等。间接的成本（机会成本）则主要包括两个方面：一方面是在工作搜寻所花费的时间里一个人可能从事其他活动所带来的效用或收入；另一方面的机会成本则更加重要，这就是当一个人决定放弃当前已经得到的工作机会继续进行搜寻时所放弃的收入。不难发现，工作搜寻的成本主要是间接成本，由此可以推断，一些旨在降低工作搜寻的直接成本的政策对于工作搜寻并不会产生明显的影响，但间接成本的变化对工作搜寻过程却有重要的影响。失业保险金是典型的与政府政策有关的工作搜寻的间接成本控制措施。失业保险金降低了不接受工作机会而继续搜寻的成本，因此，理论上来说，如果失业保险金水平调低，进行工作搜寻的人和由此而产生的摩擦性失业就会相应减少。

二、工作搜寻的成本收益模型

既然工作搜寻既有成本又有收益，那么，简单的推理就可以告诉我们，最佳的工作搜寻次数出现在搜寻的边际收益与边际成本相等的时候。不妨用图 3.6 来说明工作搜寻最佳次数的决定。

在图 3.6 中，假定搜寻次数是连续的，然后可以分别用向上倾斜的 MC_0 和向右下倾斜的 MR_0 表示工作搜寻的边际成本和边际收益。不难找出一些原因来说明为什么工作搜寻的边际成本是递增的，而边际收益是递减的。边际成本递增的原因在于：第一，工作搜寻一开始总是从成本最低的机会开始；第二，工作搜寻时间越长，一个人已经拥有的工作机会的收入就越高，进一步搜寻的机会成本也就越高；第三，工作搜寻的时间越长，搜寻者越可能耗尽他的失业保险金和储蓄。边际收益递减的原因与此类

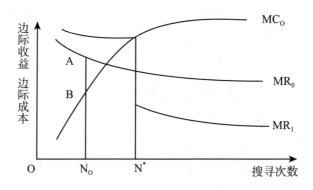

图 3.6 工作搜寻最佳次数的确定

似：第一，工作搜寻往往从最有希望的机会开始；第二，随着搜寻过程中得到的工资越来越高，进一步搜寻获得更高工资的难度也越来越大；第三，工作搜寻的时间越长，搜寻者在剩下的生命周期中享用更高工资的时间也会越来越短。

从图 3.6 来看，当一个人的搜寻次数为 N_0 时，工作搜寻的边际收益要高于边际成本，因此，他会继续搜寻，直到搜寻次数达到 N^* 时，搜寻的边际成本和边际收益相等，进一步搜寻不能让总收益继续扩大，这时的搜寻次数是最佳的。图 3.6 中的边际收益曲线和边际成本曲线是平滑的，这描述的是许多人继续进行工作搜寻的边际收益和边际成本。但是对于单个搜寻者来说边际收益曲线和边际成本曲线却不是平滑的。更为现实的情况是，当一段时间里没有新的工作机会时，搜寻的边际收益下降得很慢，但突然间，来了一个相当好的工作机会，这时候进一步搜寻的边际收益下降至低于边际成本的水平，这种情况在图 3.6 中用一条拐折的曲线 MR_1 表示。显然，搜寻者将在 N^* 次搜寻之后接受最后一个工作机会。

三、单个求职者的最优搜寻模型

针对工作搜寻模型做出如下假设：

假设 1：不完全的市场信息。不同的厂商给求职者的报酬不同，求职者为了得到满意的报酬，需要进行工作搜寻。当厂商提供的报酬大于等于保留工资时停止搜寻。

假设 2：搜寻过程有成本。搜寻成本由直接成本和间接成本构成，直接成本是指为寻找工作所花费的交通、通信等一系列直接的费用。间接成本是指为获得该工作机会而放弃的其他机会所能带来的收益。

假设 3：搜寻时间越长，搜寻成本和搜寻收益均逐渐增加，但边际收益递减，边际成本递增。

假设 4：研究的主体为某一特定的求职者。

针对该求职者单个的搜寻过程，其目标是最大化 $E \sum_{t=0}^{\infty} \beta^t x_t$，其中，$\beta \in (0,1)$ 是折现率，x_t 是 t 时的收入，E 表示期望收益。Richard 等（2004）的模型如下：

$$w_R = b + \frac{\beta}{1-\beta} \int_{w_R}^{\infty} [1 - F(w)] dw \qquad (3.1)$$

其中，b 表示失业保险、闲暇和家庭生产收益，w_R 为保留工资，$F(w)$ 为收入函数。

再假设求职成功的概率为 $H = 1 - F(w_R)$，则 t 时的失业的概率 $(1-H)^{t-1}H$，搜寻时间为：

$$D = \sum_{t=1}^{\infty} t(1-H)^{t-1}H = \frac{1}{H} \qquad (3.2)$$

同时，观测到的工资分布函数为 $G(w) = F(w/w \geq w_R)$。

由式（3.2）可知，对某一求职者个体来说，搜寻时间是保留工资的增函数，提高保留工资，会延长搜寻时间；降低保留工资，会缩短搜寻时间。

第五节　劳动力流动理论

一、刘易斯模型

1954 年，刘易斯发表了一篇题为《无限劳动供给下的经济发展》的论文，首次提出了劳动力流动和经济发展模型。刘易斯认为，新古典经济学中关于劳动力不是无限供给的假设，对于欧洲的情况来说是完全适用的，但是，经济学家却忽视了亚洲等国家的情况。实际上，在大部分亚洲地区以及其他一些地区，劳动力的供给是无限的。刘易斯认为基于斯密和马克思关于"支付维持生活的最低工资就可以获得无限的劳动力供给"的假说，在研究亚洲及非洲等人口众多国家的经济发展是比较适用的。

（一）存在剩余劳动力

刘易斯首先详细阐述了劳动力无限供给的假设，他认为在那些相对于资本和自然资源来说人口如此众多，以至于在这种较大的经济部门里劳动的边际生产率很小或者等于零，有时甚至为负数的国家里，劳动力的无限供给是存在的。

（二）流动者工资的决定

在刘易斯的理论中，一个重要的判断是：现代工业部门在现行某个固定工资的水平上就能够得到它所需要的任何数量的劳动力。那么这个固定工资的水平是多少呢？刘易斯认为，只要支付维持生活的最低工资，即生存工资，就可以获得无限的劳动力供给。

刘易斯将发展中国家的经济划分为两个存在一定联系的部门，也就是说"资本主义部门"和"维持生计部门"。前者主要指工业部门，后者主要指传统农业部门。刘易斯认为在传统的农业部门内部，由于剩余劳动力的存在，在边际生产率递减的规律下，农业劳动者的工资收入必然是非常低的，一般只能够维持自己和家庭最低限度的生活水平。对于资本主义部门必须支付的工资，刘易斯认为其取决于人们在这一部门意外所能赚得的收入，且不低于维持生计部门的工资，即工业部门的工资由传统农业部门的收入决定的，只要略高于农村的生存工资，农村剩余劳动力就会流入工业部门寻找工作。

由于在发展中国家农业部门在整个经济中占有很大的比重，且存在较为丰富的剩余劳动力，因此，在工业部门扩大生产规模的过程中，可以按现行不变的工资水平雇用到所需的任何数量的劳动力。从这种意义上讲，刘易斯认为在存在两部门经济的发展中国家劳动供给是无限的。

（三）劳动力在两部门之间的流动

刘易斯认为经济发展的关键在于了解资本家剩余的使用。按照劳动力无限供给的假设，资本家可以用不变的工资雇佣到所需的劳动力，从而扩大生产规模。假定资本家的利润会全部储蓄起来，以作投资之用。通过这样的资本积累，生产规模将不断扩大，吸引更多劳动力从传统农业部门进入现代工业部门，以便创造更多的资本剩余，资本形成也越来越大，这个过程将继续到剩余劳动力消失为止。但在现实中可能存在阻止资本积累不断扩大的因素，如不利于资本主义部门的贸易条件，以及维持生计部门生产率提高所引起的实际工资的上升，会阻止资本主义部门的进一步扩大。但是，尽管如此，刘易斯认为只要资本家的剩余增长得比人口快，那么必定在某一天，资本的积累会赶上劳动的供给，劳动力短缺的现象会使得工资上升到维持生存水平之上。

刘易斯的劳动力流动过程可以用一个简单的图形来描述，如图3.7所示。

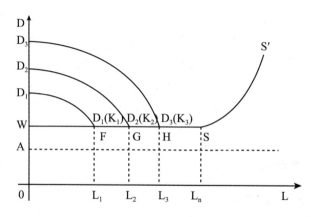

图3.7　劳动力流动过程

图3.7中横轴OL表示劳动投入，纵轴OD表示劳动的边际产品或工资率，OA表示传统农业部门的生存工资，OW表示资本主义工业部门的现行工资水平。按刘易斯劳动力无限供给的假设，在这个稍高于农村生存收入水平的工资水平上，劳动供给是无限的。因此，在经济发展初期或古典发展阶段，劳动供给WS是一条平行于横轴的水平线。假设工业部门初始资本存量为K_1，对应的劳动边际生产率曲线为D_1D_1（K_1）。在边际劳动生产率递减规律下，其向右下方倾斜，并同劳动供给曲线WS交于点F。在资本主义部门生产过程中，由于资本是稀缺的，而劳动是丰富的，资本家不会把资本分散地用在所有的劳动力上。在这种情况下，资本的应用只会达到劳动力边际生产率等于现行工资的程度。在利润最大化条件下，资本家将雇佣OL_1数量的劳动力。所以，在最初时，资本数量为K_1，雇用劳动力

数量为 OL_1，此时资本利润为 WFD_1。假设资本家将利润全部用于投资，资本积累将不断扩大，资本数量也从 K_1 逐渐上升到 K_2、K_3。由于资本存量的增加，劳动者的生产效率也相应地提高了。在图 3.7 中表示为劳动边际生产率曲线不断外移，分别同 WS 线交于 G、H 点。与此同时，所需劳动力数量也从 OL_1 增加到 OL_2、OL_3。这个过程将一直进行到农业部门的剩余劳动力全部被工业部门吸收为止。但是，当劳动力过剩现象消失时，在传统农业部门内部，工资不再停留在维持生存的水平。如果工业部门要得到更多的劳动力，就不得不提高工资水平，与传统农业部门就劳动力展开竞争，从而表现为向右上方倾斜的劳动力供给曲线 SS′。

根据上述想法，刘易斯把存在大量剩余劳动力的发展中国家的经济发展历程分为两个阶段。在第一个阶段，在一个固定工资下，劳动力是无限供给的。随着劳动力从传统农业部门流向现代工业部门，资本规模不断扩大，但是，当资本赶上劳动供给时，劳动力不再是无限供给的，经济发展就进入了第二个阶段。在第二个阶段，包括劳动在内的所有要素都是稀缺的。刘易斯认为，此时古典经济学不再适用了，新古典经济学将发挥效力。

（四）其他理论

1. 资本积累和技术进步

在刘易斯的理论中工业部门的扩大和就业的增加主要来源于资本的积累，同时他也注意到技术进步对经济发展的作用。他认为在技术知识迅速增长或其他机会扩大的社会，会比技术停滞的社会存在更有利的投资出路，它能使储蓄投资于真正的生产领域而不是用来建筑耐用消费品。

2. 收入差距的增大

随着劳动力流动，资本主义部门生产不断扩大，而资本积累和技术进步的全部利益都变成了由资本获得的剩余，而工人的福利并没有提高。由于存在无限劳动力供给，工人的实际工资不变，随着资本主义部门的增长，资本家和其他人之间的收入差距会进一步加剧。劳动力流动在不减少传统农业部门产量的基础上，会引起资本主义部门的扩大，在这一过程中，总是增加了资本家在国民收入中的比例。

3. 通货膨胀的作用

刘易斯认为，从经济发展的角度出发，如果一个社会由于缺乏资本而使现代资本主义部门不能充分利用农村的剩余劳动力，那么通过创造信贷的方式增加资本，从而为资本的扩大提供额外的资金是非常必要的。这样不仅产量不会有损失，新资本也被创造出来，并且它完全可以像用利润形成的资本那样提高产量和就业。当然，刘易斯并不是盲目主张实行信贷扩张，他认为运用银行信贷来创造资本的后果之一是通货膨胀。在刘易斯的理论中，创造资本时所产生的通货膨胀会使价格上涨，从而在短期内引起国民收入再分配，但如果这些新资本投向那些能很快产生大量收入的部门，它所引起的产量增加又会使得价格下降，从而削弱通货膨胀。因此，在一个社会里，如果有这广大的工业资产阶级，那么通货膨胀可以有助于资本的形成；但在工业资产阶级微不足道的国家，通货膨胀过去后，除了开始时的原有投资外，看不到其他什么变化。因此简单打开货币龙头，将是一件危险的事情。

4. 工业部门与农业部门之间的关系

刘易斯认为不利的贸易条件将会制约资本的积累和扩大。为了引入贸易条件，他做了简单的假设，认为维持生计部门主要由生产食品的农民组成，而资本主义部门则主要生产其他东西。由于资本主义部门不生产食物，那么随着其规模的扩大，必然会增加食物的需求，同时也会提高用资本主义产品来表示的食物价格。因此利润会随之减少，所以除非农业生产也同时得到加强，否则，生产日益增多的工业品是不利的。刘易斯认为保持工业和农业之间的平衡发展是十分重要的，并且把农业发展的相对落后视为阻碍现代部门发展的主要因素之一。

二、拉尼斯－费模型

拉尼斯－费是刘易斯模型的最直接的继承者，他们于 1961 年及 1964 年分别发表了题为《经济发展理论》的论文和《劳动剩余经济的发展》一书，在刘易斯经典二元经济模型的基础上，把农业剩余生产力作为分析的起点，提出了以他们名字命名的拉尼斯－费模型。

拉尼斯－费首先明确定义了剩余劳动力的概念，即那些劳动边际生产率为零的劳动力；他们认为传统农业部门的工资水平是固定的，等于平均产品，如果工资低于这个水平的话，劳动者就无法生存，即该收入水平为制度工资，这与刘易斯所说的生存工资概念上是一致的；在剩余劳动力和制度工资的基础上，拉尼斯－费又提出了"隐蔽失业者"的概念，即劳动的边际生产率低于他们所获得的制度工资的那部分劳动者。

拉尼斯－费根据经济发展过程中农业部门的情况，进一步把经济划分为三个阶段：第一阶段，农业边际劳动生产率等于零。这与刘易斯模型没什么区别。但是拉尼斯－费认为，随着劳动力从农业部门流出，农业剩余就产生了，而产生的农业剩余正好可以满足转移到工业部门的那部分劳动力对农产品的需求，所以劳动者的收入仅仅表现为制度工资。当这部分劳动力转移完毕时，经济发展就进入第二阶段。第二阶段，农业劳动力的边际生产率虽不为零，但仍小于不变制度工资，故农业部门中仍然存在"隐蔽失业者"。这一部分劳动力的边际生产率大于零，因此当他们转移到工业部门以后，农业部门的总产量就会下降，这时农产品短缺就会发生，导致农产品价格上升，进而工业部门的工资将上涨，劳动供给曲线表现为向右上方倾斜，劳动力转移受到阻碍。拉尼斯－费将第一阶段和第二阶段的这个交界处称为"短缺点"，表示经济发展到第二阶段时，随着农业劳动力的流出会开始出现农产品短缺现象。第三阶段，由于农业部门中"隐蔽失业者"全部转移到了工业部门，农业劳动生产率将上升到制度工资以上。拉尼斯－费认为此时经济已经进入商业化阶段，并把第三阶段的起点称为"商业化点"。在该阶段，农业实质上已经开始资本主义化了，农业和工业中的工资水平都由劳动边际生产率决定，这时工业部门为吸引更多农民参加工业生产，必须将工资提高到至少等于农业的劳动边际生产率的水平，因此劳动供给曲线比第二阶段上升的更快。

拉尼斯－费对刘易斯模型进行了修正，强调了农业部门的发展是工业部门扩张和劳动力转移的先决条件，只有不断提高农业生产率，才能弥补第二、第三阶段劳动力减少对农业剩余的影响，从而为工业部门发展提供保障，即农业部门与工业部门共同发展才能使劳动力转移得以持续进行，并最终消除农业部门的剩余劳动。

三、乔根森模型

1961 年乔根森根据二元经济结构提出了一个新的劳动力流动模型，抛弃了刘易斯－拉尼斯－费模型中所坚持的农村存在边际产品为零的剩余劳动力和不变生存工资等假定，从新古典出发，基于农业剩余与人口增长来研究二元经济结构和劳动力转移等问题。

乔根森模型研究发展中国家劳动力流动与经济发展的关系时做了一系列假设。首先，他把一国经济分为两个部门：一个是落后的传统农业部门，该部门没有资本积累，农业生产只需要土地和劳动两个要素，且土地要素不变，农业生产仅是劳动投入的函数；另一个是先进的或现代工业部门，该部门需要劳动和资本两种要素，是劳动和资本的函数。两个部门的生产率都随时间而自动增长，其为技术不断进步的结果。

乔根森的二元经济模型主要思想为：（1）农业剩余是农业产出增长超过人口最大增长的结果。人口增长取决于粮食供给的增加，并且农业产出假定都是粮食。当粮食供给使人口达到最大增长率（生理最大量）之前，农业产出的增长会被同时增长的人口所消耗。因此这时没有农业剩余。但是当人口增长达到生理最大量之后，随着农业产出的增长，粮食供给将超过人们的需求，此时产生农业剩余。（2）农业剩余是工业部门产生和增长的前提条件，并且决定了该部门的规模。当不存在农业剩余时，粮食供给不足，劳动力不可能从农业部门转移到工业部门；当农业剩余出现后，就会促使农业劳动力向工业部门转移。随着农业剩余增多，农业劳动力向工业部门转移的规模就会变大，伴随工业资本积累，工业增长也将持续下去。

四、托塔罗模型

1969 年托塔罗发表了《欠发达国家劳动力流动模式和城市失业问题》的经典论文，首次阐述了对当时城市失业与乡—城劳动流动现象并存的看法。1970 年，他与哈里斯一起发表了题为《流动、失业和发展：两部门分析》的论文，从农村劳动力向城市流动的决策及就业概率出发，正式推出了其人口流动模型。

托塔罗模型推翻了传统二元流动模型关于只有农业部门才存在剩余劳动力而城镇部门充分就业的假设，认为城镇也存在着失业和就业不足。在此背景下，他提出城乡之间的就业流动和人口迁移将更多的是迁移者对城乡预期收入差异，而不是实际收入差异，只有当劳动者认为其迁移的预期收益大于其在农业部门的实际收入，就业流动才会发生，而这种预期收益估计取决于两方面因素变量：一是城乡工资水平的差异程度；二是城镇部门的就业概率。此外，托塔罗指出，农村劳动力进入城镇并不是直接进入城镇现代部门（正规部门）工作，而是先进入城镇的传统部门（非正规部门），以此为过渡，逐步进入城镇现代部门工作。

托塔罗的预期收益迁移理论指出，即便城镇存在现实失业风险，但只要迁移者能预期未来城镇收入的现值能大于未来农村收入的现值，他就会做出向城镇部门就业流动的决策，其过程如图 3.8 所示。

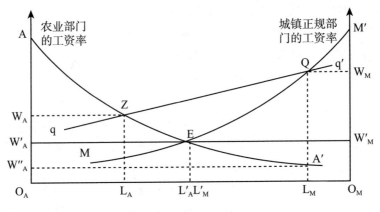

图 3.8　托塔罗模型

图 3.8 中，左侧的纵轴表示农业部门的工资率，右边的纵轴表示城镇正规部门的工资率，横轴代表劳动力总量，曲线 AA′表示农业部门的劳动需求曲线，曲线 MM′表示城镇正规部门的劳动需求曲线。在一个具有灵活工资和充分就业的市场经济中，市场在 E 点达到均衡，均衡工资为 W'_A = W'_M，在农业部门工作的劳动力为 $O_A L'_A$，在城镇正规部门工作的劳动力为 $O_M L'_M$。在城镇正规部门的工资为 W_M 的情况下，在正规部门就业的人数为 $L_M O_M$，如果不存在失业，留在农业部门的就业人数为 $O_A L_M$，农业部门的工资为 W''_A，由于存在着两部门的工资差异（$W_M - W''_A$），农业劳动力有向城镇流动的动机，而且他还必须考虑是否能在城镇找到工作。由于城镇部门只有 $L_M O_M$ 的人数就业，城镇的就业概率为 $L_M O_M / L_M L_A$，那么他做出在城镇就业的决策为：$W_A = (L_M O_M / L_M OA) W_M$，如果（$L_M O_M / L_M OA$）$W_M > W_A$，农村劳动力就会作出进入城镇部门实现就业转移的决策，如果 $W_A = (L_M O_M / L_M OA) W_M$，那么留在农村工作或者进城工作没有多大区别，qq′正是农村劳动力这种就业选择的无差异曲线。在这种情况下，Z 是均衡点，两部门的实际收入差距为（$W_M - W_A$），在农村部门就业的人数为 $O_A L_A$，

L_AL_M 为城镇里的失业者或者在城镇非正规部门就业的人数，L_MO_M 为在城镇正规部门就业的人数。

托塔罗模型能够对广大发展中国家普遍存在的乡—城人口流动和城镇失业并存的矛盾作出解释，此外他还指出不仅农村会存在剩余劳动，城镇也存在失业；预期收入差异而不是现实收入差异是农村劳动者迁移的主要原因，而前者还受就业概率的影响；城镇现代部门的工资水平也会受社会和政治因素影响，往往是上升的，因此不断上升的城镇工资水平会使城乡收入差距扩大，势必引起乡—城人口流动的增加率大于城镇就业岗位的增加率，从而恶化城镇的失业问题。这种旨在加快消化农村剩余劳动力、减轻城镇就业压力并最终消除二元经济的思路，对解决农业大国的失业问题具有特殊的启迪意义。

五、新迁移经济学理论

20 世纪 80 年代以来，"新迁移经济学"流派兴起，这种理论认为迁移决策不完全是由劳动者个人决定的，更多的是基于家庭或家族的考虑，并且受周围社会环境的影响，其代表人物是奥迪·斯塔克（Oded Stark）、爱德华·泰勒（Edward Taylor）。在新迁移经济学中，迁移决策、汇款模型与相对剥夺理论是其主要内容。

（一）迁移决策和家庭汇款

人口迁移决策不由独立的个体决定而由与其内在联系的社会群体（如家庭或家族）决定的观点，是新迁移经济学的标志。该理论认为，人们的迁移决策不仅关注收入的最大化，同时会考虑家庭风险的最小化。斯塔克认为发展中国家农户不像发达国家可以通过保险公司或者政府部门降低农业经营风险，其农业活动受自然灾害、市场价格等不确定因素影响较大；另外发展中国家缺乏完善的信贷市场，部分农户为了克服资本约束，也会将部分劳动力迁往城市，通过流动汇款筹集农业生产所需资本。

新迁移经济学认为，从家庭理性的角度出发，外迁劳动力和留在家中的劳动力会通过"汇款"的方式达成一种"自愿契约"以分享其收益和风险。此处汇款即包括迁移者为留守者提供的家庭消费及风险补偿的资金，也包括留守者给迁移者的汇款以应付城市失业及其他风险，所以这种不完全明确的契约方式会得到强化。

总体来看，在发展中国家，由于农业经营容易受到信贷市场及保险市场的约束，缺乏投资资金和避险工具，迁移决策不再仅由城乡收入差距来决定，而成为一种分担家庭经营风险的策略以及作为一个克服预算约束的资金来源。正是从这种角度，斯塔克提出建立完善的农村保险与信贷市场以及降低农业经营的风险，可以抑制农村劳动者迁移。

（二）相对剥夺理论

"相对剥夺"的概念最初主要应用于社会学、政治学及心理学等领域，其大意是：当一个人看到周围其他人拥有某种商品，同时他认为自己也应该拥有该种商品却无法获得时，就会产生所谓的"相对剥夺"感，导致个人福利上的损失。

斯塔克将"相对剥夺"的概念引入劳动力迁移分析，这时相对剥夺表现为个体的相对贫困感。他认为，在家庭理性下，个体成员之所以加入迁移的行列，其目的既是为了增加家庭的绝对收入，也是为了改善家庭的相对收入水平，从而降低其与其他参照群体相对比的相对贫困程度。在此基础上他与其合作者提出并完善了劳动力乡—城转移的 RD 模型。该模型中，家庭目标是效用最大化，而其效用水平不仅取决于绝对收入，也取决于家庭成员的相对贫困感。效用水平随绝对收入的增加而增加，随相对贫困感的增加而减少。此外，斯塔克等人认为，伴随迁移的进行，收入分布会更加平均，这可能从整体上降低全社会的相对贫困度，同时也可能降低农村家庭间收入不平等，从而减少整个社会的相对贫困感，有可能比消除工农产业之间的收入差距更为有效。

第四章

经济增长的总量与结构
对就业的影响

自 21 世纪以来，中国高等教育进入大众化阶段，高校毕业生数量逐年递增，由 2001 年的 114 万人增长至 2015 年的 749 万人，年复合增长率达 14.39%。与此同时，高校毕业生就业难也因表现出一种长期性和持续性的发展态势而受到广泛关注，如何保证其顺利就业已经成为困扰中国社会的"老大难"问题。

有学者认为高等教育供给规模过大以及高校毕业生的增长速度快于经济的增长速度是高校毕业生就业难的主要原因。另外我们也关注到，尽管近几年我国高校毕业生规模逐渐增加，但与国外发达国家相比仍存在一定差距，2014 年我国高等教育的毛入学率仅为 37.50%①，远低于日本的 48.00% 和美国的 52.00%，每万人中大学生的数量也远远少于美国、韩国、加拿大等发达国家水平，因此，从这个角度来看，我国高校毕业生的就业问题并非简单的表现为"供过于求"。

高校毕业生作为劳动力市场上高级劳动的供给者，其就业问题与一国的经济发展休戚相关，解决大学生就业难的关键就在于高等教育的产出结构能否与经济增长相协调发展。而产业结构不仅是经济发展的基础，同时也是就业的载体，经济增长过程中的技术进步、需求结构变动以及产业政策的调整，使产业结构不断变动进而导致就业结构也不断转变。马廷奇和鹿立等指出产业发展水平制约着高校毕业生的就业总量与结构，各行业由

---

① 查云帆：《教育部：2014 年全国高等教育毛入学率达 37.5%》，http://finance.chinanews.com/gn/2015/07-30/7436963.shtml，2015-07-30。

于所属的产业类型和运行效率不同，导致其对高校毕业生的吸纳能力存在差异。

第一节　总量经济增长对大学毕业生就业的拉动

奥肯定律是宏观经济学中的重要定律，它揭示了经济中产出增长率和失业率之间的关系，并在发达国家中得到经验验证，但其用于对大学生就业的影响研究并不多见，本书基于奥肯定律研究 1998 ~ 2013 年总量经济增长对大学生就业的影响，使用分析工具为 Eviews 6.0。

一、奥肯定律的三种主要表达形式

美国经济学家奥肯（Okun）通过对美国经济的经验观察与实证分析于 1962 年提出奥肯定律，后来随着学者研究视角和分析内容的转变，逐渐演化出其他形式的奥肯定律模型，当前学术界主要存在三种表达形式，分别为差分模型、缺口模型和动态模型。

（一）差分模型

差分模型是奥肯定律的原始模型，1962 年奥肯在《国民生产总值的潜力：它的测量方法和意义》中指出，美国的失业率与产出增长率之间变化方向相反，失业率每降低 1%，实际产出大约增加 3%。该观点是对经济增长和失业关系的原始表述，其具体形式如式（4.1）。

$$U_t - U_{t-1} = \alpha + \beta \frac{Y_t - Y_{t-1}}{Y_{t-1}} \qquad (4.1)$$

其中，U 为失业率变量，$U_t - U_{t-1}$ 反映失业率的变动情况；Y 是实际 GDP，变量 $(Y_t - Y_{t-1})/Y_{t-1}$ 反映实际 GDP 的增长率；β 为奥肯系数，反映产出增长率对失业率变动的影响，理论上 β 为负值，即经济中实际产出的增加会带来失业率的降低。

（二）缺口模型

奥肯通过思考"充分就业与经济产出的对应关系"提出了奥肯定律的

缺口模型,该模型在差分模型的基础上引入了潜在产出和自然失业率变量,模型假设经济中产出与失业的关系是稳定的,在充分就业的情况下经济将达到潜在产出,具体形式如式(4.2)。

$$U - U^* = \alpha' + \beta' \frac{Y - Y^*}{Y^*} \tag{4.2}$$

其中,U 为失业率变量,U^* 为自然失业率变量,$U - U^*$ 反映失业率对自然失业率的偏离,即失业率缺口;Y 为实际 GDP 变量,Y^* 为潜在 GDP,$(Y - Y^*)/Y$ 反映实际产出对潜在产出的偏离,即产出缺口;β' 为奥肯系数,反映产出缺口与失业缺口之间的数量关系,理论上 β' 为负值,即当经济中实际 GDP 低于潜在 GDP 时,产出的增加意味着投入要素增多,就业率上升,失业率与自然失业率之间的偏离将缩小,而当实际 GDP 高于潜在 GDP 时,也表现出相同规律。

(三)动态模型

奥肯定律的差分模型和缺口模型是静态的,仅考虑产出和失业率之间的当期关系,然而经济系统的运行存在惯性,产出和就业不仅与当期信息有关同时也受过去信息的影响,因此学者在缺口模型的基础上引入就业和产出的滞后项,构建了奥肯定律的动态模型,该模型不仅从理论上保证了就业与产出关系的合理性,同时在技术上消除模型变量自相关问题,具体形式如式(4.3)。

$$\frac{Y_t - Y_t^*}{Y_t^*} = \alpha'' + \sum_{i=1}^{p} \alpha_i \frac{(Y_{t-i} - Y_{t-i}^*)}{Y_{t-i}^*} + \sum_{i=1}^{q} \beta_j (U_{t-j} - U_{t-j}^*) \tag{4.3}$$

其中,Y 为实际 GDP 变量,Y^* 为潜在 GDP 变量,$(Y_t - Y_t^*)/Y_t^*$ 反映产出缺口;U 为失业率变量,U^* 为自然失业率变量,$U_t - U_t^*$ 反映失业率缺口;p 和 q 分别表示产出缺口与失业率缺口的滞后期数。

二、基于奥肯定律的中国经济增长与大学生就业关系的分析

(一)基于差分模型的验证

考虑到时间序列数据的平稳性问题,为防止出现伪回归,在进行差分

模型的验证之前，要对"实际 GDP 增长率"与"大学生失业率"① 进行序列的平稳性检验。本书采用 Eviews6.0 对变量进行 ADF 和 PP 检验，检验结果见表4.1。

表4.1   **实际 GDP 增长率与大学生失业率的平稳性检验**

变量	ADF 检验		PP 检验	
	统计量	显著性水平	统计量	显著性水平
实际 GDP 增长率	−1.63	0.45	−1.62	0.45
D（实际 GDP 增长率）	−3.54	0.02	−3.54	0.02
大学生失业率	−1.74	0.39	−1.74	0.39
D（大学生失业率）	−3.64	0.02	−3.64	0.02

由表4.1可以看出，实际 GDP 增长率和大学生失业率这两个时间序列在5%的显著性水平上均为一阶单整，服从 I（1）；而奥肯定律的差分模型要求实际 GDP 增长率为零阶单整，服从 I（0）。因此不能使用差分模型来研究我国经济增长率与大学生失业率的关系。

（二）基于缺口模型的验证

1. 潜在产出增长率②与潜在大学生失业率估计

关于潜在产出和自然失业率的估计方法有很多种，其中 HP 滤波分解法由于具有估计方法简单、精度高的优点而被广泛使用，该方法将时间序列分解为趋势项和周期项，其中趋势项是时间序列中的永久性成分，对应着潜在产出或自然失业率，周期项是时间序列中的暂时性成分，对应着实际产出与潜在产出或失业率与自然失业率的偏离。基于 HP 滤波分解法的产出缺口与大学生失业率缺口见表4.2。

---

① 实际 GDP 增长率数据来源于中国统计年鉴；大学生失业率 =1−初次就业率，其中初次就业率数据来源于教育部公布的统计数据。

② 潜在产出也称潜在 GDP 或潜在国内生产总值，是指在现有劳动力、资本和技术能实现的生产水平，即充分就业条件下所对应的国内生产总值。潜在 GDP 会随人口、要素以及技术进步的不断积累与增长而增加，在长期，潜在 GDP 是一条斜率为正的曲线。所谓充分就业是指凯恩斯在《就业、利息与货币通论》中的概念，即在某一工资水平下，所有愿意工作的人都获得就业，在充分就业条件下经济中的失业率称为自然失业率。

表4.2   产出缺口与大学生失业率缺口估算结果

年份	实际 GDP（亿元）	潜在 GDP（亿元）	产出缺口（Y−Y*)/Y*(%)	大学生失业率（%）	大学生自然失业率（%）	大学生失业率缺口（%）
1998	2373767.26	1982030.04	19.76	23.20	18.30	4.90
1999	2554934.70	2325888.02	9.85	20.70	19.42	1.28
2000	2770002.68	2673663.37	3.60	10.00	20.58	−10.58
2001	3000016.06	3031563.93	−1.04	18.00	21.85	−3.85
2002	3272678.52	3406760.93	−3.94	20.00	23.19	−3.19
2003	3600748.32	3806110.13	−5.40	30.00	24.52	5.48
2004	3963812.23	4235126.46	−6.41	27.00	25.71	1.29
2005	4412174.29	4697271.22	−6.07	27.40	26.71	0.69
2006	4971351.04	5193292.59	−4.27	30.00	27.48	2.52
2007	5675607.54	5721087.76	−0.79	30.00	27.98	2.02
2008	6222390.54	6276334.53	−0.86	35.00	28.18	6.82
2009	6795783.65	6854255.86	−0.85	32.90	28.10	4.80
2010	7505507.98	7449535.31	0.75	23.40	27.80	−4.40
2011	8203567.61	8056271.69	1.83	22.20	27.42	−5.22
2012	8831274.49	8669123.55	1.87	23.00	27.03	−4.03
2013	9508920.89	9284222.40	2.42	28.10	26.65	1.45

2. 变量的平稳性检验

同样为防止出现伪回归，需要对产出缺口与大学生失业率缺口进行平稳性检验，结果见表4.3。

表4.3   产出缺口与大学生失业率缺口的平稳性检验

变量	ADF 检验		PP 检验	
	统计量	显著性水平	统计量	显著性水平
产出缺口	−7.64	0.00	−7.13	0.00
大学生失业率缺口	−2.80	0.01	−2.80	0.01

由表 4.3，ADF 和 PP 检验均表明产出缺口和大学生失业率缺口在 1% 的显著性水平上是零阶单整的，即这两个变量的时间序列数据均是水平平稳的，故可以采用缺口模型来验证实际产出缺口与大学生失业率偏差的关系。

3. 实际产出缺口与大学生失业率偏差的关系验证

回归结果表明，产出缺口模型并不能很好的刻画中国经济增长与大学生失业之间的关系，主要表现为回归模型 F 统计量的值仅为 0.0028，说明模型不是正确设定的；同时，R^2 值仅为 0.0002，模型的解释力度十分有限；另外，DW 统计量为 1.29，模型中存在显著的自相关，见表 4.4。

表 4.4 缺口模型的回归结果

自变量	系数		T 统计量	R^2值	DW 统计量	F 统计量
常数项	$-7.97 * 10^{-5}$		-0.01	0.00	1.29	0.00
产出缺口	0.01		0.05			

（三）基于动态模型的验证

关于产出缺口与大学生失业偏离的估算仍采用 HP 滤波法。关于模型中各变量滞后阶数的确定，利用自相关检验来确定，检验结果表明，在 5% 的显著性水平上，产出缺口序列是二阶自相关的，产出缺口的滞后一期与滞后二期会对当前产出缺口产生影响；在 5% 的显著性水平上，大学毕业生失业率缺口不存在自相关。因此在动态模型中自变量分别为大学生失业率缺口序列、产出缺口的一阶滞后项和二阶滞后项，模型的回归结果见表 4.5。

表 4.5 动态模型回归结果

自变量	系数	T 统计量	R^2值	DW 统计量	F 统计量
常数项	0.01	0.25	0.91	2.20	35.68
大学生失业率缺口	-0.05	-1.04			
AR（1）	1.43	8.49			
AR（2）	-0.57	-5.50			

由表 4.5 可以看出动态模型较好地刻画了产出缺口与大学生失业偏离

之间的关系①。在回归模型中，变量"大学生失业偏离"的系数 T 统计量值较小，说明其对产出缺口的影响是统计不显著的，即我国的经济增长与大学生失业之间没有表现出必然的联系。

三、结论与政策建议

本节基于奥肯定律分析总量经济增长对大学生的拉动作用，结果发现我国 1998～2013 年经济增长数据与大学生失业率没有得到任何一种形式的奥肯定律的验证，这说明我国经济的高速增长并没有带来大学毕业生失业率的降低，奥肯定律"失灵"。

经济增长与充分就业是一国宏观经济发展的主要目标，二者之间关系密切，一般来说某一时期的就业水平取决于经济增长速度，经济的快速增长使劳动力市场的需求增大进而带动就业率增加；而经济增速放缓将导致劳动力市场需求量相对减少进而引起就业率降低。另外，经济增长仅仅是拉动大学生就业的必要而非充分条件，陈帧指出经济增长的就业效应取决于宏观经济环境及经济增长方式。尽管我国的经济增长速度令世界惊叹，但由于自 20 世纪 90 年代末以来，我国主要以发展资本密集型重工业及扩大投资的方式来驱动经济增长，这种经济发展模式并没有引致很多就业需求，故而对就业的拉动作用十分微弱。

第二节　经济增长与大学生就业的结构偏离

"奥肯定律"是一种拇指规则，反映出经济增长率与失业率之间的相关关系，本书第二部分基于奥肯定律的分析结果表明中国经济增长对高校毕业生就业的拉动效果并不明显。为深入考察高校毕业生就业与经济结构的协调性问题，本书进一步研究各产业及行业对高校毕业生就业的吸纳作用②。

----

① 主要表现为 F 统计量较高为 35.6756，说明模型的拟合优度较高；同时，R^2 值为 0.9146，说明自变量可以解释因变量变动的 91.46%；另外，模型的 DW 统计量值为 2.1998，说明模型自相关关系较弱。

② 相关表格和图表数据是根据 EPS 全球统计数据/分析平台中的中国劳动经济数据库和中国宏观经济数据库中的数据整理加工而成。

一、产业与行业层次的划分

中国三次产业的划分中，农、林、牧、渔业属于第一产业；工业和建筑业属于第二产业，其中工业行业包括采矿业、制造业以及电力、燃气及水的生产和供应业；其他行业被划分到第三产业。

其中，第三产业按照国家统计局的划分，包括流通部门、为生产和生活服务的部门、为提高科学文化水平和居民素质服务的部门、为社会公共需要服务的部门四个层次，但在实际操作中这四个层次之间的界限比较模糊。孙凤和谢维和（2008）按第三产业中各行业的功能将其划分为三个层次：（1）社会服务业包括卫生、社会保障和社会福利业，教育，文化、体育和娱乐业，公共管理和社会组织，水利、环境和公共设施管理业，居民服务和其他服务业；（2）流通性服务业包括交通运输、仓储和邮政业，批发和零售业，住宿和餐饮业；（3）生产性服务业包括信息传输、计算机服务和软件业、金融业、科学研究和技术服务业、租赁和商务服务业、房地产业。

本节沿用孙凤和谢维和（2008）的划分方法研究各行业对高校毕业生就业的吸纳作用。表4.6统计了2012年高校毕业生在各行业的分布情况，从中可以看出：（1）社会服务业是吸纳高校毕业生的主要领域，社会中专科、本科和研究生学历人才在该领域就业的比例分别达34.80%、46.70%和49.60%；（2）生产性服务业次之，在该领域就业的专科、本科和研究生劳动者分别占15.20%、19.30%和25.50%；（3）工业行业集中的专科、本科和研究生人才分别占23.3%、16.50%和17.20%；（4）流通性服务业主要吸纳专科学历的劳动者；（5）农、林、牧、渔业和建筑业吸纳的高校毕业生数量较小。

表4.6　　　　　　　2012年大学文凭的劳动者在各行业的分布结构

行业	专科学历（%）	本科学历（%）	研究生学历（%）
农林牧渔业	1.40	0.70	0.30
工业	23.30	16.50	17.20
建筑业	3.60	3.50	1.50

续表

行业	专科学历（％）	本科学历（％）	研究生学历（％）
流通性服务业	21.60	13.30	6.10
生产性服务业	15.20	19.30	25.50
社会服务业	34.80	46.70	49.60

二、各产业人才的比较劳动生产率

比较劳动生产率①又称为相对劳动生产率，是研究产业结构与就业结构协调性的常用指标，产业结构变动对就业的推拉作用。从理论上看，各产业的比较劳动生产率在长期应趋近于 1，而在经济发展过程中，各产业的产出与就业变动幅度往往不一致，进而导致比较劳动生产率存在差异。

（一）第一产业对高校毕业生的比较劳动生产率

2004～2012 年我国第一产业的比较劳动生产率小于 1，表明该产业吸纳的就业人员较多，但其对高校毕业生就业的吸纳作用有限，其对专科、本科和研究生的比较劳动生产率均大于 1，且该值随劳动者学历水平的增加而增大。因此，尽管第一产业吸纳了较多就业，但其就业人员整体素质偏低，对高校毕业生的吸纳能力较弱，如图 4.1 所示。

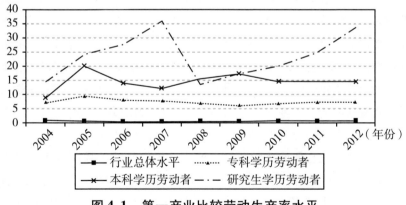

图 4.1　第一产业比较劳动生产率水平

---

① 比较劳动生产率计算公式为：某产业比较劳动生产率 = 某产业 GDP 相对比重/某产业就业相对比重。如果某一产业的比较劳动生产率小于 1，表明该产业吸纳的就业人员较多；反之，若比较劳动生产率大于 1，表明该产业吸纳的就业人员相对较少。

（二）第二产业对高校毕业生的比较劳动生产率

工业对大学毕业生的就业吸纳能力逐渐增强。从工业行业的整体水平看，比较劳动生产率由2004年的1.92下降到2012年的1.53，说明在我国工业对就业的吸纳能力逐渐增强。而对专科、本科和研究生学历劳动者比较劳动生产率的值大于行业整体水平，且也表现出随学历层次提高而增大的趋势，另一方面，该行业对不同学历群体比较劳动生产率是逐年减小的，这意味着其对高校毕业生的吸纳能力不断增强。因此，与行业对全体从业人员的吸纳水平相比，工业对高校毕业生的吸纳能力较弱，但从比较劳动者生产率指标的变动情况来看，该行业对大学毕业生的吸纳能力逐年增加。

建筑业的比较劳动生产率基本稳定在1.1左右，其对高校毕业生的比较劳动生产率也高于行业的整体水平，也随学历增加而增大，其对专科和本科学历劳动者的比较劳动生产率比较稳定，对研究生学历劳动者的比较劳动生产率波动相对大些。因此，与工业和农林牧渔业相比，建筑业对高校毕业生的就业吸纳能力更强，其对专科和本科学历劳动者的吸纳作用更为明显。

（三）第三产业对大学毕业生的比较劳动生产率

流通性服务业的比较劳动生产率在0.65左右，其对劳动者的就业吸纳能力较强。对高校毕业生的比较劳动生产率大于行业整体水平，且随学历层次的增加而增大。对专科学历劳动者的比较劳动生产率由2004年的1.47下降至2012年的0.75，对该群体的就业吸纳能力逐年增强；对本科学历劳动者的比较劳动生产率逐渐减小且趋近于1，说明其对本科学历劳动者的就业吸纳能力不断优化；对研究生学历劳动者的比较劳动生产率始终在2以上，表现为对该群体的就业吸纳作用相对较弱。

生产性服务业行业的比较劳动生产率大于1且波动幅度较大，说明该行业对劳动力的吸纳作用相对较小。但与其他行业相反，该行业对高校毕业生的比较劳动生产率趋近于1且表现平稳，另外，该值随学历层次的提高而下降，这说明该行业对高学历群体的就业吸纳能力高于行业总体水平且相对稳定。

社会服务业的比较劳动生产率小于0.80，说明其在各行业中对就业的

吸纳能力最强。该行业对高校毕业生的比较劳动生产率较为稳定在 0.40 以
下，且随学历层次的提高而减小，说明社会服务业对高校毕业生的就业吸
纳能力高于行业整体水平，且对各学历层次的就业吸纳能力由高到低依次
为研究生、本科和专科。

三、各产业部门的人才就业弹性

要分析高校人才培养结构与产业人才需求的"供需"匹配状况，应细
化产业（行业）的人才需求度量指标，鹿立指出产业（行业）人才就业弹
性系数反映了各行业对高校毕业生的吸纳程度，系数越高，反映其对人才
的吸纳能力及需求程度越高。本节拟采用产业（行业）人才就业弹性系数
来研究高校毕业生的供给结构与产业人才的配置效益问题，同时使用 HP
滤波分解方法分析各产业与高校毕业生就业的长期效应。

（一）第一产业的人才就业弹性

由表 4.7 和图 4.2 可以得出，整体上我国第一产业的就业弹性系
数处于震荡下跌趋势，HP 滤波分解结果表明，趋势项的值不断减小，
说明该产业对就业的拉动效应逐渐减弱，甚至出现负值即产生就业排
挤现象。

表 4.7 第一产业的人才就业弹性

年份	行业整体水平	专科学历	本科学历	研究生学历
2005	12.65	−8.23	−12.56	−5.13
2006	1.53	0.44	4.68	0.54
2007	−0.13	0.11	0.65	−1.83
2008	0.25	0.90	−0.94	10.21
2009	−0.33	3.20	−0.84	−3.47
2010	−2.69	0.82	4.71	2.58
2011	−0.93	1.16	1.91	−0.51
2012	0.25	0.55	0.54	−1.78

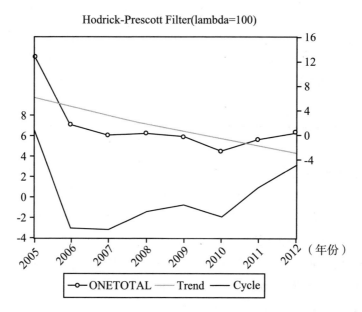

图 4.2　第一产业的整体就业弹性 HP 滤波分解

由表 4.7 和图 4.3、图 4.4 可以看出，第一产业对专科和本科学历劳动者的就业拉动作用优于其对全体劳动力的影响。除个别年份外，我国第

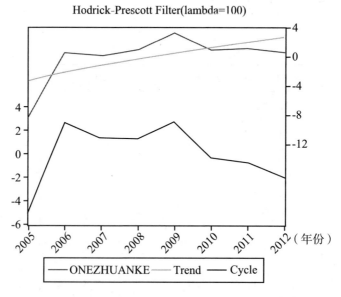

图 4.3　第一产业对专科就业弹性的 HP 滤波分解

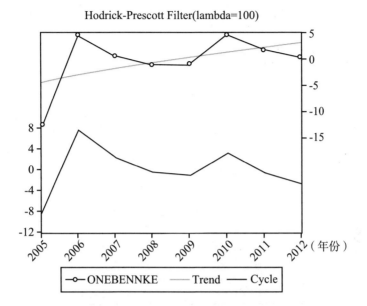

图 4.4　第一产业对本科就业弹性 HP 滤波分解

一产业对专科和本科学历劳动者的就业弹性均为正值，HP 滤波的分解结果表明，我国第一产业对专科和本科学历劳动者的就业弹性系数在长期由负转正且不断增大，甚至趋势值大于 1 的情况，这说明我国第一产业对专科和本科学历劳动者的就业拉动效应逐渐增强且变得富有弹性。

由表 4.7 和图 4.5 可以看出，第一产业对研究生学历劳动者的就业弹性系数变动幅度较大。HP 滤波分解结果表明，趋势项曲线的斜率十分平缓，且长期就业弹性的估计值小于 1，这说明我国长期在第一产业对研究生学历劳动者的就业拉动作用缺乏弹性。

（二）第二产业的人才就业弹性

1. 工业的人才就业弹性

整体上我国工业行业的就业弹性系数值小于 0 且大于 −1，说明从整体上看工业行业对全体劳动者的就业具有微弱的排挤效应。HP 滤波分解结果表明，趋势项的值逐渐减小且由正转负，这说明工业对就业拉动作用在长期不断减弱且逐渐表现出对就业的排挤效应。

工业对专科和本科学历劳动者的就业拉动作用优于其对全体劳动力的影响。除个别年份外，我国工业对专科和本科学历劳动者的就业弹性均为

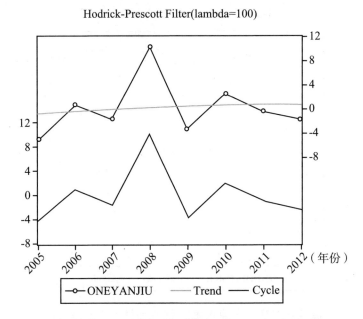

Hodrick-Prescott Filter(lambda=100)

图 4.5　第一产业对研究生就业弹性 HP 滤波分解

正值且从 2009 年开始大于 1，变得富有弹性。HP 滤波的分解结果表明，在长期工业对专科和本科学历劳动者的就业弹性系数不断增加且出现大于 1 的情况，这说明在长期工业对专科和本科学历劳动者的就业拉动作用不断增强且变得富有弹性。

工业对研究生学历劳动者的就业弹性波动较大，HP 滤波分解结果表明，趋势项的值大于 1 且缓慢增加，这说明在长期工业对研究生学历劳动者的就业吸纳作用较为稳定且是富有弹性的。

2. 建筑业的人才就业弹性

我国建筑业行业的就业弹性系数值普遍小于 1，说明该行业对就业的拉动作用较弱。HP 滤波分解结果表明，趋势项的值平稳增加但小于 1，说明在长期建筑业对就业的吸纳效应微弱增加且对就业的影响缺乏弹性。

建筑业对专科学历劳动者的就业弹性震荡增加，HP 滤波分解结果表明，趋势项的值逐年增大由负转正且大于 1，这说明建筑业对专科人才的就业效应由排挤逐渐转化为拉动，进而变得富有弹性。

建筑业对本科学历劳动者的就业弹性基本上是逐年增大的，从 2007 年开始就业弹性大于 0，2009 年开始大于 1 而变得富有弹性。HP 滤波的分解结果表明，趋势项的值逐渐增大且增速较快，这说明建筑业对本科学历劳动者的就业拉动作用逐渐增大且富有弹性。

建筑业对研究生学历劳动者的就业弹性波动较大，HP 滤波分解结果表明，该行业对研究生学历劳动者的就业弹性在长期是逐年增加的且增速较快，这说明建筑业对就业的拉动作用逐渐增大且富有弹性。

（三）第三产业的人才就业弹性

1. 流通性服务业的人才就业弹性

流通性服务业的就业弹性整体上震荡上涨且小于 1，这说明该行业对整体就业的拉动作用比较微弱。HP 滤波的分解结果表明，趋势项的值由负转正且远小于 1，这说明流通性服务业对全体劳动者长期的就业拉动作用比较微弱。

流通性服务业对专科学历劳动者的就业弹性高于行业整体水平且接近或大于 1（个别年份除外），这说明该行业对专科劳动者的就业拉动效应较强。HP 滤波分解结果表明，趋势项的值趋近于 1 且变动平稳，这说明该行业对专科学历劳动者的长期就业吸纳能力较强且较为稳定。

流通性服务业对本科学历劳动者的就业弹性大于专科学历劳动者，且基本大于 1（个别年份除外），这说明该行业对本科学历劳动者的就业拉动效应明显。HP 滤波分解结果表明，趋势项的值缓慢减小，这说明该行业对本科学历劳动者的长期就业拉动作用逐渐减弱。

流通性服务业对研究生学历劳动者的就业弹性明显减小，这说明该行业对研究生学历劳动者的就业拉动作用不断减弱。HP 滤波分解结果表明，趋势项的值不断减小且小于 1，这说明该行业对研究生学历劳动者的长期就业拉动作用逐渐减弱，由富有弹性转变为缺乏弹性。

2. 生产性服务业的人才就业弹性

生产性服务业的就业弹性整体上是震荡增加的，且除个别年份该值均小于 1，这说明该行业对整体就业的拉动作用较弱。HP 滤波分解结果表明，趋势项的值不断增大，实现由负转正并大于 1，这说明该行业对就业的长期拉动作用将逐年增大并富有弹性。

生产性服务业对专科和本科学历劳动者的就业拉动作用与行业整体水平相近，且其对本科学历劳动者的就业拉动效应高于专科学历劳动者。

生产性服务业对研究生学历劳动者的就业弹性系数波动较大。HP 滤波分解结果表明，趋势项的值为正且不断增加并在某一时点大于 1，这说明该行业对研究生学历劳动者长期就业的拉动作用不断增强且富有弹性。

3. 社会服务业的人才就业弹性

社会服务业的就业弹性系数整体上呈逐年增加的趋势，但该值小于 1，说明社会服务业对就业的拉动作用缺乏弹性。HP 滤波分解结果表明，趋势项的值不断增加且由负转正，但小于 1，这说明社会服务业对就业的长期影响由排挤效应转变为拉动效应，但是缺乏弹性的。

社会服务业对专科学历劳动者的就业吸纳作用强于其对全体劳动力的吸纳效应，但是其变动趋势及 HP 滤波分解结果与行业整体水平基本一致。

社会服务业对本科学历劳动者的就业吸纳效应强于其对专科学历劳动者的吸纳作用，但该值基本小于 1，说明其对该群体的就业拉动效应缺乏弹性。HP 滤波分解结果表明，趋势项的值逐渐增大，由负转正且大于 1，这说明社会服务业对本科学历劳动者的长期就业拉动效应不断增强且富有弹性。

社会服务业对研究生学历劳动者的就业弹性较大且存在一定波动。HP 滤波分解结果表明，趋势项的值平缓下降且大于 1，这说明社会服务业对研究生学历劳动者长期就业的拉动作用效应富有弹性且缓慢减弱。

四、结论与政策建议

本节通过分析高校毕业生群体在各行业的分布结构，以及各行业对高校毕业生的比较劳动生产率和就业弹性指标，发现各产业部门对大学生的吸纳能力存在较大差异。

首先，第一产业对高校毕业生就业的吸纳能力最弱，2012 年在该领域就业的高校毕业生占比不足 1% 且表现出随学历层次的提高而减少。第一产业对高校毕业生就业的拉动作用有限，甚至出现在产业发展过程中对高校毕业生的就业"排挤"效应。HP 滤波分解结果表明，第一产业对专科和本科学历劳动者长期就业的拉动效应不断增强且富有弹性，而对研究生学历劳动者长期就业的拉动效应并不明显。

其次，在第二产业中，工业对高校毕业生就业的吸纳能力明显高于第一产业，2012 年在该行业就业的专科、本科和研究生学历劳动者分别占

23.3%、16.5%和17.2%。工业对高校毕业生就业的吸纳作用也不断增加且富有弹性，其对专科人才的就业拉动作用明显高于本科和研究生；高校毕业生在建筑业就业的人数仅多于第一产业，当前其对各学历层次的高校毕业生就业吸纳能力由强到弱依次是专科、本科、研究生，而在长期该行业对各学历层次高校毕业生的就业拉动效应将与当前正好相反。

最后，第三产业吸纳绝大多数的高校毕业生，2012年在该领域就业的高校毕业生占70%以上，该产业内各行业对高校毕业生就业的吸纳能力由高到低依次为社会服务业、生产性服务业和流通性服务业。其中，（1）高校毕业生在社会服务业中的分布较为稳定，该行业对高校毕业生就业拉动效应按学历层次划分由高到低依次为研究生、本科、专科且均表现为缺乏弹性，而在长期社会服务业对专科和本科学历劳动者的就业吸纳效应增强并富有弹性，对研究生学历劳动者就业的吸纳效应逐渐减弱；（2）高校毕业生在生产性服务业的分布也较为稳定，该行业对高校毕业生就业的吸纳效应按学历层次划分由高到低依次为研究生、本科和专科且也表现为缺乏弹性，而在长期生产性服务业对高校毕业生就业的吸纳能力不断增强且富有弹性。（3）高校毕业生在流通性服务业的分布也相对较为稳定，该行业对高校毕业生就业的吸纳效应按学历层次由高到低划分依次为专科、本科和研究生，其对专科和本科学历劳动者的就业拉动效应富有弹性，而在长期对专科学历劳动者就业的拉动作用缓慢增加，对本科学历劳动者的就业拉动效应有所减弱，而对研究生学历劳动者就业的拉动效应由富有弹性转变为缺乏弹性。

在各行业中，我国工业行业对高校毕业生就业的吸纳作用微弱。由于工业是国民经济的核心，对GDP的贡献度较高，相比之下其对高校毕业生提供的工作岗位却与其生产规模差距悬殊，工业行业亟待产业转型与升级，增加行业的技术含量进而拉动高校毕业生就业；同时，高校毕业生在第三产业的分布结构失衡，尽管第三产业是吸纳大学生就业的主领域，但我国高校毕业生主要集中于社会服务业，该行业是政府或各种非营利组织向社会提供服务的部门，不参与社会生产创造经济利益。而生产性服务业与生产直接相关，能够为商业运作提供生产支持，但高校毕业生在该领域分布数量相对较少。这说明我国生产性服务业发展滞后，高校毕业生更多从事参与社会财富的再分配，而从事财富创造的人数较少。

第三节 基于宏观数据的就业质量评价

20 世纪 90 年代后期，中国劳动力市场受到宏观经济衰退和东南亚金融危机的影响，国有企业被迫开始了以减员增效为目的的改革，大量国企工人下岗失业，中国政府在 1999～2002 年实施了消极的就业政策。与此同时，我国高等学校实施了扩大招生的政策，大学毕业生数量由 2000 年的 114 万人增加到 2014 年的 727 万人。大学生的供给数量不断增加，在需求没有实质变化的情况下，导致了供求结构的失衡。大学生就业难问题从 2002 年开始出现，并日益严峻。此外，随着农村生产力的不断解放，大量农民工涌入城市，截至 2013 年，我国农民工的数量达 26894 万人，新生代农民工数量占 46.6%，如何解决农民工的就业问题及伴随而来的城市融入问题变得十分迫切。在此背景下，我国政府自 2002 年开始，实施了扩大就业的积极就业政策，通过职业培训、岗位创造、中小企业扶持、公共就业服务、政府公益性岗位的购买、残疾人就业保障等措施，创造了大量的就业岗位，起到了积极的作用。我国的城镇登记失业率一直维持在 4.1% 左右①。

然而，在就业数量稳步增加的同时，就业质量依然存在诸多问题：性别收入差距不断扩大、性别歧视更加严重；城乡劳动力市场依然存在二元分割，拥有城市户籍的劳动者在社会保障等待遇方面依然优于农村劳动者；非正规化就业现象严重，初次收入分配问题严重扭曲；劳动关系领域问题突出，劳动争议受理案件数量增加，2002 年全国劳动争议案件数为 184116 件，2012 年增加为 641202 件②，"格兰仕员工打砸工厂""广东裕元鞋厂罢工"等罢工事件数量的增加和影响范围的扩大③，充分说明我国就业质量问题突出。宏观数据表明，我国就业质量总体水平不高、就业质量指数偏低，就业质量的区域差别明显。我国的就业质量亟待提高，在

---

① 资料来源：根据中国历年劳动统计年鉴所得。

② 国家统计局人口和就业统计司：《中国劳动统计年鉴》[M]. 北京：中国统计出版社，2013.

③ 凤凰网：盘点近三年制造业大型罢工事件，http://finance.ifeng.com/a/20140526/12410585_0.shtml, 2014 - 05 - 26.

"2004年中国就业论坛"上，中国政府首次把提高就业质量作为政府工作的一项重要任务。党的十八大提出要推动实现更高质量的就业。因此，提高劳动者的就业质量，成为我国就业问题中的一个重要组成部分，如何提高劳动者就业质量的研究变得尤为重要。

就业质量的提高，一方面能提高劳动者工作的积极性，促进我国的经济建设；另一方面也可以减少劳资纠纷、缓解社会矛盾。提高就业质量的前提是建立适用可行、涵盖全面的就业质量的评价体系，并在此基础上对就业质量的现状进行有效评价。基于以上背景，本节另辟蹊径，借鉴信息学"熵"的概念，运用熵权法，基于宏观数据的视角，构造了就业质量评价指数，对在产业结构和就业结构转型升级中具有代表性的辽宁省的就业质量进行了评价，并根据评价结果，提出了相关政策建议。

一、文献回顾

国内外已有文献对就业质量的研究，主要集中在就业质量的含义及其演进、就业质量评价指标及基于宏观、微观视角的就业质量评价三个方面。

在就业质量的内涵方面，国外的研究是基于时间的脉络，从微观、中观、宏观的视角逐渐扩展的。在微观视角，早期的科学管理理论认为就业质量是指劳动者与物质资料的最优组合及最大产出，工作的效率、职位的匹配和刺激性的工作报酬是就业质量的最主要的体现。后来的一些学者发现，这种单纯地把劳动者作为一种可物质激励的生产工具的行为，不但挫伤了劳动者的积极性，还易引起劳动者的反抗。继而，他们把就业质量扩展为良好的工作环境、合适的工作时间、温馨的工作氛围以及心理满足的需要，并重视物质之外的精神激励在提高工作效率中所起到的作用。20世纪40年代以后，随着"职工参与管理"活动的兴起，就业质量在微观上进一步扩展为参与企业管理和自我管理、定期的修养和休假制度、必要的劳动保障和劳动保护。ISSP（1997）通过对OECD19个成员13727个就业者的调查发现，工资水平、工作时间、工作前途、工作难易程度、工作满意度、团队协作是工作质量中不可缺少的六个维度。在中观视角，就业质量主要指劳动力市场运行的有效性，它包括劳动力市场的供求及匹配状况、公共就业服务，以及失业保险的保障作用等。随着劳动力市场问题研究的不断拓展，劳动力市场的歧视、人力资本投资也被纳入中观研究的范围。2000 年，欧盟理事会提出了工作质量的概念，它既包括单个的工作的特点，也包括整个的工作环境的内容，测量劳动力市场如何更好的发挥其整体作用，从而更好地协调劳动力在劳动力市场上的流动。在宏观视角，德蒙特（Delamotte，1984）提出了"工作生活质量"的概念。此后卡尔拉和高希（Kalra and Ghosh，1984）对工作生活质量进行了包括绩优升迁、福利报酬等 15 个层面的划分。此后又有学者将其划分为四个大的层面：生存、自尊、自我实现和社会的需要。随着经济全球化的发展、资本流动性的加快，世界范围内的就业模式和劳动关系发生了深刻的变革，为更好地保护劳动者的权益，国际劳工组织于 1999 年提出了包含可获得性、自由、生产性、公平、安定和人格尊严六个方面的体面劳动的概念，更加充分的考虑到了劳动的过程中人的因素，体面劳动的程度决定了就业质量的高低。2003 年，欧盟把改善工作质量作为新欧洲的三个战略目标之一，这时候的就业质量包括岗位的特点、劳动者的特点，以及岗位和劳动者的匹配情况，还包括就业者对工作岗位的满意度。国内关于就业质量内涵的研究起步较晚，研究文献较少，既有的研究注重基于我国的国情，建立符合我国文化的就业质量内涵。刘素华（2005）对就业质量给出了较为清晰的定义，她认为就业质量是反映整个就业过程中劳动者与生产资料结合并取得报酬或收入的具体状况之优劣程度的综合性范畴。在微观层面，是指与劳动者个人工作状况相关的要素；在宏观层面，指在某个范围之内整个地区的就业状况的优劣程度。李军峰（2003）对高质量的就业与体面劳动做了比较分析，认为高质量的就业应该是非强迫的、机会均等的、安全的以及有尊严的。程蹊和尹宁波（2003）则把就业质量分为劳动生产环境、就业者的生产效率和经济生活，综合了就业质量的宏微观内涵。可见国内学者对于就业质量的定义基于狭义和广义之分的，大多数学者是基于广义概念的研究。

在就业质量的评价指标方面，国外学者的研究经历了从单一指标的考查到多维度指标扩展的过程。尽管大多数国外的研究者认为高质量的就业应该包括工资、工作状况、工作安全、平等和晋升的机会，但在具体的经验研究中，趋于用工资水平或者工作安全来评价就业质量的高低，只有一少部分研究者拓展了就业质量的指标。新加坡财政当局发表的《新加坡就业质量（1983～1996）》一文中利用工资来衡量就业群体的特点及就业人数和质量。雷恩特迪和斯隆（Leontaridi and Sloane，2001）运用英国家庭面板数据，通过考察职业与非职业类工人的满意度对英国的就业质量进行了衡量。比特森（Beatson，2000）通过反映劳动、回报关系的经济契约内容和反映雇主、雇员关系的心理契约内容，用薪酬福利、工作时间、工作与生活平衡、工作保障和发展机会等外部特征和包含工作内容、工作强度、工伤疾病危害以及同事上级关系等内部特征等来衡量就业质量。莫顿（Morton，2003）运用10个指标对加纳的微型和小型企业的就业质量展开了研究，这些指标分别是安全和健康、人力资源、管理与组织、劳资关系和结社自由、学徒剥削、保税和童工、薪酬、工作时间和休假、男女就业的平等机会、职业安全、社会保险等。相对于就业质量含义的研究，国内对就业质量指标的研究较为丰富。从研究对象看，以对大学生群体的就业质量研究居多；有对青年农民工群体的就业质量研究；又有从宏观层面就业质量的测度；还有基于性别比较的研究。从研究方法看主要包括主成分分析法、层次分析法、线性函数加权法。国内学者对于就业质量指标的选取大多源于国际劳工组织"体面劳动"的概念，立足我国的国情做了一定程度的扩展，但是在这些指标扩展之前，很少有基于劳动者层面微观自我认知的调查，另外仍然不够全面。就业质量指标各部分的赋权方面，不够科学。

国外对就业质量的研究起步较早，理论体系较为完备。国内的研究起步较晚，虽然研究内涵逐渐扩展和丰富，指标构建方法不断完善，实际评价运用逐渐增多，但是在就业质量的概念上并不统一，不同的研究者选取的评价指标还有很大的差异，单一群体的就业质量的研究较多，针对典型区域的就业质量评价的研究还很缺乏。

二、指标选取和计算方法

（一）指标的选取

对就业质量的测度，国内学者大都借鉴国外的体面劳动的概念，但是没有一个统一的指标体系。由于选取的研究视角、研究方法的不同，又受到研究数据可获得性的限制，建立覆盖全面的评价指标体系是一件困难的事情。正如国际劳工组织所指出，体面劳动只是给全球各国的相关政策和研究提供借鉴，由于各国国情不同，就业质量有所差异，对就业质量的衡量也有所不同。本节综合了国际劳工组织"体面劳动"的量化指标、欧洲基金会就业质量指标体系和欧盟理事会就业质量定义，主要借鉴了国内学者赖德胜等、刘素华（2005）所建立的指标体系，根据指标体系的完备性、数据的可得性、可度量性、针对性等特点，对部分指标进行了删减和修改，建立了 5 个一级指标、18 个二级指标、49 个三级指标的评价体系。那些数值越大就业质量明显越好的指标，记为正向指标，在指标后面添加"＋"表示；反之，则记为负向指标，在指标后面添加"－"表示。具体见表4.8。

表4.8　　　　　选取的各项指标及计算所得指标权重

一级指标	二级指标	三级指标	熵	一级指标权重	二级指标权重	熵权
就业状况	工作与家庭	每周超时工作时间 －	0.9942	0.1528	0.0059	0.0059
	就业机会	劳动参与率 ＋	0.9996		0.0138	0.0004
		城镇登记失业率 －	0.9878			0.0124
		就业人口占总人口的比率 ＋	0.9991			0.0008
		城镇就业人口中女性就业比率 ＋	0.9998			0.0002
	就业结构	城镇就业人口比例 ＋	0.9997		0.0015	0.0003
		第三产业人口比重 ＋	0.9992			0.0009
		制造业就业人口比重 －	0.9997			0.0003
	就业效率	失业人员成功再就业率 ＋	0.9924		0.0077	0.0077
	就业稳定性	单位职工占比 ＋	0.9994		0.0006	0.0006
	就业公平	单位女性员工数目占比 ＋	0.9998		0.0966	0.0002
		城乡工资收入差距 －	0.9659			0.0344
		行业工资收入差距 －	0.9622			0.0382
		所有制工资收入差距 －	0.9766			0.0237
	就业安全	职业病发生率 －	0.9795		0.0268	0.0208
		工伤事故发生率 －	0.9940			0.0060

续表

一级指标	二级指标	三级指标	熵	一级指标权重	二级指标权重	熵权
劳动报酬	就业报酬	职工平均工资 +	0.9597	0.2512	0.0866	0.0407
		工资增长速度 +	0.9999			0.0001
		工资总额占 GDP 的比重 +	0.9991			0.0010
		工资总额占总收入的比例 +	0.9963			0.0038
		制造业平均劳动报酬 +	0.9595			0.0410
	社会保险	平均社保参保比例 +	0.9964		0.0775	0.0036
		历年城镇职工参保人数增加率 +	0.9305			0.0703
		离退休金水平占平均工资比重 +	0.9965			0.0036
	社会保障	最低工资标准占平均工资比重 +	0.9740		0.0872	0.0263
		城市最低生活保障平均支出 +	0.9495			0.0510
		养老保险覆盖率 +	0.9903			0.0098
劳动关系	工会建设	工会参与率 +	0.9662	0.1014	0.1014	0.03421
		工会调解成功率 +	0.942225			0.0584
		私有企业工会占比 +	0.9913			0.0088
	劳资关系	人均劳动争议发生率 −	0.9664		0.0929	0.0339
		集体劳动争议当事人数占比 −	0.9612			0.0393
		劳动争议结案率 +	0.9988			0.0013
		通过调节仲裁方式结案比率 +	0.9863			0.0139
		通过仲裁裁决方式结案比率 −	0.9954			0.0046
就业能力	教育发展水平	就业人员专科以上学历比例 +	0.9891	0.2153	0.0938	0.0110
		教育经费占 GDP 的比例 +	0.9181			0.0828
	培训	技工学校毕业人数 +	0.9837		0.1216	0.0165
		就业训练中心个数 +	0.9926			0.0075
		民办培训机构年培训人数 +	0.9695			0.0308
		职业技能鉴定人数 +	0.9339			0.06680

一级指标	二级指标	三级指标	熵	一级指标权重	二级指标权重	熵权
就业环境	经济发展与就业	人均 GDP 水平 +	0.9463	0.1864	0.0548	0.0543
		城镇居民家庭恩格尔系数 −	0.9996			0.0004
	职业介绍	职业介绍平均指导人数 +	0.9904		0.1098	0.0097
		职业介绍机构平均服务效率 +	0.9904			0.0097
		长期失业者占比 −	0.9105			0.0904
	劳动力市场分割	城乡就业人口比例 −	0.9989		0.0011	0.0011
	劳动力供需	劳动力需求与供应比例 +	0.9798		0.0207	0.0204
		劳动年龄人口占比 +	0.9998			0.0002

（二）计算方法

对于就业质量的综合指数的测算，关键在于客观、有效的确定各指标的权重，熵权法源于信息理论"熵"的概念，根据各指标传递的信息量大小来确定各指标的权重，相对于主观赋予权重的方法，精度更高，客观性更强。本节运用熵权法来确定各指标的权重，还可以有效地避免人为因素对指标取值的干扰问题。

由于选取的指标，一部分是与就业质量指数是正相关，另一部分与就业质量指数负相关，为了消除符号的不同对计算的影响，同时为了消除各项指标由于量纲不同对于计算的影响，我们首先运用线性函数对所观测指标值进行处理。设 p_{ij} 为第 i 个指标，第 j 年的原始统计数据（$i = 1, 2, \cdots, m$；$j = 1, 2, \cdots, n$），打分处理完的值为 q_{ij}。对正向指标采用以下公式进行打分处理

$$q_{ij} = \frac{p_{ij} - \min_{(1 \leqslant j \leqslant n)}(p_{ij})}{\max_{1 \leqslant j \leqslant n}(p_{ij}) - \min_{1 \leqslant j \leqslant n}(p_{ij})} (i = 1, 2, \cdots, m) \tag{4.4}$$

对负向指标采用以下公式进行打分处理：

$$q_{ij} = \frac{\max_{(1 \leqslant j \leqslant n)}(p_{ij}) - p_{ij}}{\max_{1 \leqslant j \leqslant n}(p_{ij}) - \min_{1 \leqslant j \leqslant n}(p_{ij})} (i = 1, 2, \cdots, m) \tag{4.5}$$

其次，计算各个指标的熵值。设 f_{ij} 为第 i 个评价指标第 j 年的特征比

重，e_i 为第 i 个评价指标的熵值，则有：

$$f_{ij} = p_{ij} \Big/ \sum_{i=1}^{n} p_{ij} \tag{4.6}$$

$$e_i = -\frac{1}{\ln n} \sum_{i=1}^{n} f_{ij} \ln f_{ij} \tag{4.7}$$

设 ω_i 为第 i 个指标的熵权，则

$$\omega_i = \frac{1 - e_i}{\sum_{i=1}^{m} (1 - e_i)} \tag{4.8}$$

最后计算第 j 个评价年份的总得分，

$$s_j = \sum_{i=1}^{m} \omega_i q_{ij} \times 100 \tag{4.9}$$

三、实证计算结果

本节所测算的是宏观层面的就业质量的变化，故采用的数据为国家权威机构发布的出版数据，主要包括《中国劳动统计年鉴》《中国统计年鉴》《辽宁统计年鉴》《中国人口和就业统计年鉴》。部分指标值是根据年鉴数据进行加权计算所得。首先运用以上原始数据和公式（4.6）、公式（4.7）求得各三级指标的熵值和熵权；其次，对各相应的三级指标加总，得到各二级指标、三级指标的权重；最后，利用公式（4.4）、式（4.5）和式（4.9）计算各规范化得分和各二级指标的乘积加总之和。

（一）指标权重的总体状况

运用上述方法，我们可以得到各一、二、三级指标的权重，见表4.8。由表4.8可知，我们所选取的指标的值均大于91%，说明我们所选取的指标包含了绝大部分的原始信息。三级指标权重值占前五位的分别是长期失业者占比（0.090418）、教育经费占 GDP 的比例（0.082785）、历年城镇职工参保人数增加率（0.070263）、职业技能鉴定人数（0.066795）、工会调解成功率（0.058384），指标权重值居于后五位的分别是工资增长速度（0.000126）、单位女性员工占比（0.000215）、城镇就业人口中女性就业比率（0.000227）、劳动年龄人口占比（0.000230）、制造业就业人口比重（0.000295）。前五位的指标权重之和占 49 项三级指标总权重的比例约为

36.87%，而后五位的指标权重仅占0.11%，可见就业质量评价的不同指标权重差别较大。各项指标的具体排名情况见表4.9。

表4.9　　　　　　　三级指标权重排名情况

名次	指标名称	名次	指标名称	名次	指标名称
1	长期失业者占比	18	职业病发生率	35	离退休金水平占平均工资比重
2	教育经费占GDP的比例	19	劳动力需求与供应比例	36	劳动争议结案率
3	历年城镇职工参保人数增加率	20	技工学校毕业人数	37	城乡就业人口比例
4	职业技能鉴定人数	21	通过调节仲裁方式结案比率	38	工资总额占GDP的比重
5	工会调解成功率	22	城镇登记失业率	39	第三产业人口比重
6	人均GDP水平	23	就业人员专科以上学历比例	40	就业人口占总人口的比率
7	城市最低生活保障平均支出水平	24	养老保险覆盖率	41	单位职工占比
8	制造业平均劳动报酬	25	职业介绍机构平均服务效率	42	城镇居民家庭恩格尔系数
9	职工平均工资	26	职业介绍平均指导人数	43	劳动参与率
10	集体劳动争议当事人数占比	27	私有企业工会占比	44	城镇就业人口比例
11	行业工资收入差距	28	失业人员成功再就业率	45	制造业就业人口比重
12	城乡工资收入差距	29	就业训练中心个数	46	劳动年龄人口占比
13	工会参与率	30	工伤事故发生率	47	城镇就业人口中女性就业比率
14	人均劳动争议发生率	31	每周超时工作时间	48	单位女性员工数目占比
15	民办培训机构年培训人数	32	通过仲裁裁决方式结案比率	49	工资增长速度
16	最低工资标准占平均工资比重	33	工资总额占总收入的比例		
17	所有制工资收入差距	34	平均社保参保比例		

通过对各相应包含的三级指标加总，可以得到各二级指标的权重，权重大小见表4.8，二级指标的大小更为直观的排序见图4.6。在各项二级指标中，培训所占权重最大，所占权重比为0.121581；居于第二位的为职业介绍，比重为0.109785；而工会建设以0.101408的权重值占据第三位，以上三项指标的权重值都超过了10%。从第四位的就业公平到第九位的社会保险，指标权重值依次微弱递减。而从权重值第十位的经济社会发展与就业开始，各二级指标的权重值下降幅度变大。就业稳定性、劳动力市场分割、就业结构三项指标的权重值占据指标权重的后三位。

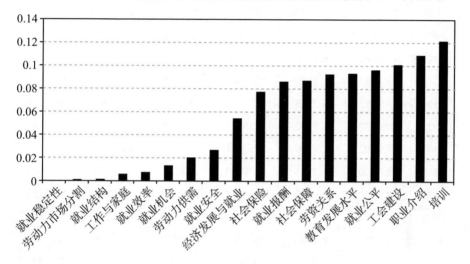

图4.6　各二级指标权重大小

最后，五项一级指标中，占比最大的是劳动报酬，比值为0.251203；权重大小排名第二位、第三位的为就业能力和劳动关系，比值分别为0.215338、0.194333；排名四位、五位的为就业环境和就业状况，数值分别为0.186350、0.152776。从对各一级指标的分解来看，劳动报酬包含就业报酬（0.086566）、社会保险（0.077468）和社会保障（0.087169）三个二级指标，其分别占据二级指标的第七位、第八位、第九位，三项指标的均匀分布使得劳动报酬的权重值大大增加。而就业能力指标包括培训（0.121581）和教育发展水平（0.093758）两项具有较大权重的指标，故其综合权重排名为第二位。就业状况包含就业公平（0.096554）、就业安全（0.026830）工作与家庭（0.005877）、就业机会（0.013816）、就业结构（0.001458）、就业效率（0.007654）、就业稳定性（0.000615）等七项二级指标，指标的数目增加了其总体的权重。

（二）各指标的年度得分情况

运用公式计算，得到辽宁省就业质量综合指数（2001～2012年）以及五项一级指标历年的得分情况，见表4.10。

表4.10　　　　2001～2012年一级指标得分情况及
就业质量指数

年份	就业状况	劳动报酬	劳动关系	就业能力	就业环境	就业质量
2001	14.5599	3.0519	12.3028	3.2730	0.7679	33.9555
2002	11.4982	3.7574	11.4703	5.3358	2.8913	34.9529
2003	9.6017	4.9595	6.5086	1.8476	11.4477	34.3651
2004	9.4372	6.2779	10.8725	3.1165	11.1655	40.8698
2005	10.0132	12.9350	7.9035	8.5898	11.7085	51.1500
2006	9.2182	8.9199	12.5381	10.4339	10.7303	51.8404
2007	8.7490	9.7334	8.0643	8.6796	5.8417	41.0680
2008	8.0480	13.9066	8.4553	12.9633	8.0553	51.4286
2009	7.2997	10.6004	10.7592	14.6710	8.9209	52.2512
2010	5.9459	14.0356	10.5629	16.4632	9.2378	56.2456
2011	4.4574	17.7252	23.5281	10.0797	11.3523	67.1427
2012	2.3806	18.0174	20.7643	17.3617	14.2143	72.7383

1. 辽宁省就业质量总体情况

2001～2012的12年间，除2012年辽宁省的就业质量指数为72.74，2011年指数为67.14之外，其余年份的就业质量指数均未超过60。这与指数标准的最高值100相比差距较大，辽宁省总体的就业质量指数不高。

2. 辽宁省就业质量指数的趋势

除个别年份下降外，辽宁省就业质量指数总体呈上升趋势，经历了2001～2002年的缓慢增长，2003年就业质量指数稍有下降。而这是由于劳动关系和就业能力得分在本年度大幅度下降所致。查找原始数据发现：2003年，辽宁省的私有企业工会数目占比和该年度技工学校的毕业学生人数为十二年来最低。2003～2005年就业质量指数快速增长，而在2007年，就业质量指数大幅度下降，为相近时期的最低值，而后经历了 2009～2012 年的又一快速增长时期，至 2012 年就业质量指数达到最高值。相比 2006 年，2007 年就业质量指数大幅度下降是由劳动关系、就业能力、就业环境的得分值大大下降导致的。而在 2008 年，这三项指标的得分快速增长，这也使得 2008 年的就业质量指数迅速增长。从二级指标看，指标权重分别占前两位的培训和职业介绍的得分，相比相邻年份大幅度下降，是 2007 年就业质量指数偏低的主要原因。2010～2012 年，就业环境逐渐改善、就业报酬不断提高，随着各项劳动法规的监管的加强，劳资纠纷有所减少，就业质量指数平稳增加。

3. 一级指标得分情况

劳动报酬的得分呈现逐年增加的趋势，这与辽宁省近年来大力增加各项社会保险覆盖率，稳步提高社会保障水平，合理上调最低工资水平分不开的。而劳动关系的得分变化并没有固定的趋势，总体上呈波状，这说明我国劳动关系领域还存在一些突出问题亟须解决。随着产业结构的转型升级，对于技术型工人的需求增加，职业培训学校和职业技能受训人数增加，技术型工人的就业能力增加；再加上我国教育经费占 GDP 的比例不断提高，就业能力的指标的总体得分，呈逐年上升的趋势。

然而就业状况的得分值呈现逐年递减，其所含的各项二级指标的得分情况见表 4.11。由表 4.11 看出，由于二级指标就业公平所占权重较大，其得分值远远大于其他各项二级指标。就业公平得分值的快速递减直接导致了就业状况得分逐年递减。行业收入差距、城乡收入差距、所有制收入差距逐年扩大已是不争的事实，并加剧了就业的不公平。就业机会的得分值从 2001～2004 年一直是递减的，到 2004 年为最小值，此后一直呈逐年增长的趋势。就业结构得分值自 2005 年之后，一直稳步增长，可见伴随着的产业结构的调整，就业结构的调整也初见成效。由于数据可得的限制，对就业稳定性的单一衡量指标为单位员工占比，其得分值逐年下降。这一方面说明辽宁省的就业市场更为灵活、就业渠道更为多样化；另一方面也反映出辽宁省的就业稳定性不高。就业安全、就业效率并没有表现出明显一致的增长或下降趋势，这充分说明我国的就业安全情况依然严峻，就业效率依然有待提高。工作与家庭的衡量指标为每周的超时工作时间数，由表 4.11 可以看出，2008 年、2009 年居于第一、第二位，可见这与当时的情况是相吻合的。

表 4.11　　　　　　**2001～2012 年就业状况二级指标得分情况**

年份	工作与家庭	就业机会	就业结构	就业效率	就业稳定性	就业公平	就业安全
2001	0.5326	1.3197	0.030512	0.283065	0.061459935	9.652323	2.680288
2002	0.4775	0.0612	0.040336	0.003043	0.052196194	8.765966	2.097993
2003	0.4408	0.0464	0.033649	0	0.050450195	7.613593	1.416863
2004	0.4224	0.0175	0.052563	0.132751	0.04548788	7.083431	1.683132
2005	0	0.3928	0.021259	0.765414	0	6.843156	1.990537
2006	0.0918	0.5811	0.042641	0.343683	0.049623142	6.177845	1.931509
2007	0.4224	0.8928	0.061733	0.459413	0.03317399	4.891726	1.987793
2008	0.5877	1.0274	0.07021	0.3297	0.110273649	3.522382	2.400401
2009	0.5693	1.0639	0.094928	0.448826	0.052196194	2.738441	2.332097
2010	0.1469	1.0743	0.093667	0.402935	0.019114099	1.789791	2.419229
2011	0.2938	1.12638997	0.098999	0.440171	0.056239561	0.909511	1.532285
2012	0.2755	1.18890176	0.126393	0.442269	0.036390304	0.019085	0.292058

四、结论和政策建议

以国家权威机构发布的宏观数据为基础，运用熵权法对在就业结构转型过程中，具有典型特征的辽宁省就业质量进行了评价，发现 2001～2012 年辽宁省总体就业质量指数在增加，但又具有不同的增长速度和增长特点。此外，不同的指标对于就业质量的影响具有显著的差异，提高劳动者的就业质量须有针对性的采取措施。

第一，劳动报酬在就业质量一级指标中权重最大，权重值为 0.2513。劳动报酬水平的上升，能大大地提高我国的就业质量指数。组成劳动报酬的二级指标就业报酬、社会保障、社会保险权重差异很小。因此，提高就业质量，一方面要提高职工的工资水平，完善职工工资长效增长的法律机制，增加职工工资总额占 GDP 的比例；另一方面，要增加社会保障水平，扩大社会保障覆盖率，切实提高社会保障的公平性，提高城镇企业人员、农民工群体的养老金水平，解决他们的后顾之忧，提高就业心理安全感，促进整体的就业质量水平的提高。

第二，就业能力权重占比为 0.2153，居于一级指标中的第二位。其所包含的二级指标教育发展水平和培训所占的权重分别为 0.0938 和 0.1216。由此可知，增加对教育和培训这两种主要的人力资本投资方式的投入，能够有效地提升我国整体的就业质量水平。首先，进一步加大教育和培训经费的支出，尤其是增加广大农村地区的教育投入，能有效地改善农村地区的教育质量，提高农村劳动者的就业能力。其次，加强对劳动者正规教育之外的职业技能的培训，增加对技能培训机构的财政补贴，完善培训资金在国有和民办培训机构中的分配体系。

第三，劳动关系也是衡量就业质量的一个重要组成部分，占比为 0.1014。工会建设和劳资关系权重基本相等。通过工会的组织建设和制度建设，发挥工会在参与企业管理、劳资纠纷解决和维护工人权益中的重要作用。探索工会独立发挥职能的体制建设，使工会在维护职工权益中更有话语权，有效提高企业工人的就业质量。加大对劳动法律、法规的实施力度，充分法律的监管和保障作用，更好地从源头上，减少劳资纠纷，维护工人的利益。

第四，就业公平在就业质量中所占的权重较大，对就业质量的影响显著。查找原始数据发现，就业公平得分一直在恶化，主要表现为基于行业、城乡、区域的收入差距逐年扩大。就业公平不但对劳动者的就业积极性有重要的影响，长期的就业不公平还会引发社会问题。国家应该采取更有力的措施遏制高收入者的收入过快增长，提高低收入者收入水平的增长速度。

第五，长期失业者的比重在三级指标中对就业质量的影响最大。失业期限过长，不但使失业者的生活失去保障，影响他们的再就业的信心，同时使得自身的就业技能迅速折旧，再就业变得困难。完善劳动力市场供需信息的及时发布机制，消除劳动力流动的壁垒和障碍，建立高效的劳动力就业服务体系，使失业者能够及时地再就业，是提高劳动者就业质量的又一必然选择。

由于在选取指标的过程，遵循了数据可得的原则和宏观数据本身所具有的缺憾性，一些必要的指标可能未被纳入指标体系。另外，就业者对就业质量的微观感知，也十分重要。以上两点，正是笔者后续要研究的内容。

第五章

经济新常态下就业从数量
观念到质量管理

　　本章采用层次分析法构建大学毕业生指标评价体系，并分别从学位层次与单位性质的角度，对大学毕业生的就业质量进行比较。结果表明，学位层次与大学毕业生的就业质量之间存在正相关关系，但是博士毕业生在劳动关系因素上的就业质量评价偏低，并不符合以上正向关系；并且单位性质的不同会使大学毕业生的就业质量产生差别，其中，国有企业和三资企业的就业质量最高，而政府部门和民营企业的就业质量偏低。

第一节　就业从数量观念到质量管理的转变

一、引言

　　就业作为重大的民生问题，其与经济发展的形势紧密相关。随着我国经济增长步入新的发展阶段，增长速度明显放缓，就业增加问题更加引起人们的关注。虽然我国就业弹性在逐渐降低，就业增长对经济增加的依赖程度逐渐减弱，就业供求数量与结构对比发生变化，使得我国的就业目前处于较稳定的增长形势，但是就业的总量矛盾和结构性矛盾仍然同时存在。因此，我们基于就业优先的发展理念追求就业总量目标的同时，更应该注重质的提升，实现新常态下更高质量的就业目标。

　　作为特殊群体之一的大学毕业生，其就业问题一直备受关注。2015 年大学毕业生的就业形势仍然不容乐观，就业需求也存在结构性变化。为此，国家也出台了一些政策，并采取了一系列的优惠措施，鼓励大学毕业生下基层就业、中西部地区实现就业以及选择自主创业等。然而就业应包括"量"和"质"两个方面，就业质量同样是就业活动的重要组成部分，是反映整个就业过程中劳动者与生产资料结合并取得报酬或收入的具体状况之优劣程度的综合性范畴（刘素华，2005），并且就业质量的提高会对就业数量的增长起到正面的促进作用。多亚尔和高夫（Doyal and Gough，1984）认为足够数量和质量的就业机会成为满足劳动者更高社会需求的途径。因此，不能仅仅以提高就业率作为促进大学生就业的唯一目标，更要从就业质量的角度来考虑和分析大学毕业生深层次的就业问题。而对于大学毕业生来说，其所做出的教育和就业选择会对其今后的就业质量有着重要的影响。所以，通过建立就业质量指标评价体系，对大学毕业生的就业质量进行综合评价，并分别从教育与就业选择的角度进行比较分析，对其就业"质"和"量"的双方面提高具有一定的理论指导意义。本章将通过层次分析的方法，从主观和客观两个方面建立大学毕业生就业质量指标评价体系，分别从学位与单位性质的角度，对不同学位层次的大学毕业生和就业于不同性质单位的大学毕业生的就业质量进行比较分析，以期从提高就业质量的角度，为大学生的学位和单位选择提出合理的建议。

二、相关研究综述

国外的国际组织和学者们对就业质量的研究，基本是在国际劳工组织（ILO）于 1999 年提出了体面劳动的概念后才广泛展开的，并逐渐开始尝试用多维度指标，对不同的国家或地区、不同的就业群体或行业的就业质量进行评价和分析。弗洛伦斯·邦内特等人（Florence Bonnet et al.，2003）提出了工作安全指数、劳动安全指数、收入安全指数以及话语权安全指数等 7 个测量体面劳动的指标。安可尔（Anker，2003）进一步拓展了体面就业的概念，并建立了基于 30 个因素指标的综合评价体系。达兰·盖伊（Dharam Ghai，2003）从权利、就业平等、社会保障和社会对话计算体面劳动指数并进行了排序。凯茜（Cathy，2007）利用 2000 年的公用事业微观数据（PUMS），比较分析了芝加哥、洛杉矶和华盛顿三大都市的低技术就业者的就业结构与就业质量。纳亚尔（Nayyar，2012）从工资、工作安全以及社会保障三个方面，利用 1993～2004 年的相关数据综合分析了印度服务行业的就业质量。

国内学者对于就业质量的研究相对国外开始的比较晚，但是最近这些年针对就业质量指标评价的研究也已经广泛开展起来，但是由于学者们对就业质量的内涵尚未有一致性的概括，在指标选取上有所不同，得出的结论也存在不同程度上的区别。刘素华（2005）认为建立就业质量指标评价体系应该依据指标体系、标准和评分表三项重要内容，并构建了四个维度共 17 个指标的就业质量评价体系。赖德胜等（2011）从宏观的层面比较全面的构建了六个维度、20 个二级指标和 50 个三级指标的就业质量评价指标体系，并对我国 30 个省（市、自治区）的就业质量状况进行了测算。苏丽锋（2013）从微观层面出发，构建了包含 15 个指标的个人就业质量评价体系，在综合评价的基础上，进而从性别、户口状况、工龄等方面对不同群体的个人就业质量做了比较研究，得出了相应的结论。国内学者还侧重于对我国特殊社会群体的就业质量进行研究，主要体现在农民工、女性、大学生等社会群体。钱芳（2013）采用德尔菲法构建了包括 5 个一级指标、12 个二级指标的评价体系，对我国农民工群体的就业质量进行了综合测度，并分别从性别和就业变化次数方面对农民工的就业质量进行了分组比较分析。林竹（2013）通过对江苏省问卷调查数据的因子分析，对新生代农民工的就业质量进行了测量。李军锋（2003）从年收入、工作时间、福利待遇、职业安全等 7 个指标分别对男性女性的就业质量进行了比较，但并没有性别角度就业质量的综合比较。张抗私（2012）通过对"2010 年大学生就业问题调查"数据的实证分析，对影响女大学生就业质量的指标权重进行排序，构建了女大学生就业质量全口径评价指标体系。

国内学者们对于大学生就业质量的研究逐渐涌现出来，一般从评价指标体系的构建、就业质量综合评价、影响因素、性别比较、人力资本以及专业差异等方面进行分析。秦建国（2007）依据就业质量评价指标选择的八个原则，建立了大学生就业质量指标体系，但是在此基础上并未进行实证分析。史淑桃（2010）通过建立 15 个指标的就业质量评价体系对大学生就业质量进行测评，并做了就业质量的性别比较，认为大学生的就业质量性别差异在逐渐明显。孟大虎等（2012）对人力资本投资与大学生就业以及就业质量的关系进行了实证分析，认为能够积极影响就业的人力资本变量，并不一定会对就业质量起到同样的积极作用，进而主张应该分别从人力资本的结构和质量两个方面来提高顺利就业的概率。史淑桃（2010）通过对河南省 2001~2007 届的毕业生进行问卷调查，分析了管理、工科及文科的本科毕业生就业质量的变动趋势，得出了平稳中有所降低，趋势下行的结论。综合来看，上述学者们对于大学生就业质量评价指标的选取主要可从宏观、微观角度，主观、客观层面来划分，而将主客观层面相结合来确定评价指标的选取，可以更为全面和准确地对就业质量进行测算、评价与比较分析。并且大学毕业生学位的高低和所就业单位的性质不同，对其就业质量的高低有着极为重要的影响，但是这方面的实证研究却相对较少。因此，本章运用层次分析法，从主观和客观两个层面，选取了 5 个维度 15 个二级指标，分别从学位和单位性质两个方面，对大学毕业生的就业质量进行比较分析，并提出了相应的政策建议。

第二节　大学生就业质量的层次分析法

一、数据来源与指标选取

本章所用数据源自国家社会科学基金项目《大学毕业生就业质量与政策研究》的大学毕业生就业质量问卷调查。东北财经大学课题组此次调查样本所属地区包括全国东、中、西部地区 13 个省（市、自治区），调查对象采取在以上省市随机抽样的方法确定，并采取当面访谈的形式完成问卷。此次回收问卷 3208 份，有效问卷 2737 份，有效回收率为 85.3%，具体的统计性描述详见表 5.1。本次调查样本结构合理，具有较好的代表性和典型性，可较为准确地作为大学生就业质量评价的理论分析依据。

表 5.1　　　　　　　　样本数据统计量描述

变量名称		频数（个）	百分比（%）
性别	男	1325	48.4
	女	1412	51.6
婚否	是	1280	46.8
	否	1457	53.2

续表

变量名称		频数（个）	百分比（%）
学位	专科	539	19.7
	本科	1750	63.9
	硕士	423	15.5
	博士	25	0.9
单位性质	政府部门	116	4.2
	事业单位	271	9.9
	国有企业	1107	40.4
	民营企业	976	35.7
	三资企业	211	7.7
	集体企业	56	2.0

结合此次调查问卷的内容，考虑就业质量综合性、广泛性的概念特点，依据科学性、系统性、全面性、可比性、独立性的原则，本章从主观和客观两个方面构建了5个维度15个二级指标的大学毕业生就业质量评价体系。就业质量指标评价的5个维度包括工资与福利、职业发展、就业稳定性、就业条件和劳动关系。其中工资与福利所包括的二级指标为月收入、收入增加和福利待遇；职业发展所包括的二级指标为专业匹配、岗位培训和晋升机会；工作稳定性所包括的二级指标为离职意愿、解雇风险和职业危机；就业条件所包括的二级指标为工作时间、工作安全和工作感受；劳动关系所包括的二级指标为管理公平、同事关系和制度阻碍。

选取的15个就业质量评价指标还可以按照客观与主观两个层面划分，客观层面包括月收入、专业匹配、岗位培训、工作时间和工作安全5个指标。其中月收入指标对应的是大学毕业生的每月平均收入的范围，分为3500元以下、3500～5000元、5000～7500元、7500～10000元、10000元以上5个月收入层次，以此分别按照0、1、2、3、4赋值打分。专业匹配指标对应的是大学毕业生的专业与目前工作是否对口，"对口"赋值为0，"相关"赋值为1，"不对口"赋值为2。岗位培训指标对应的是大学毕业生是否参加过目前工作的岗位培训，"是"赋值为0，"否"赋值为1。工作时间指标对应的是大学毕业生的平均周工作时间，具体由平均每周工作天数与平均每天工作小时数计算得出。工作安全指标对应的是大学毕业生的目前工作是否存在安全隐患和风险，"有"赋值为0，"没有"赋值为1。其余的主观层面指标，包括收入增加、福利待遇、晋升机会、离职可能和解雇风险等10个指标，对应的均是调查问卷中的就业满意度的内容，选项都有6个层次构成，分别为"非常不同意""一般不同意""有点不同意""有点同意""一般同意""非常同意"构成，依次按照0、1、2、3、4、5赋值打分。

上述的15个指标的赋值量化结果可用Xj表示，其中j＝1,2…15，并且在选取的大学毕业生就业质量评价指标中，分别对正向指标和负向指标的数量级进行标准化处理，以获得横向的可用性与可比性。

正向指标标准化计算公式如下：

$$x_{ij} = \frac{X_{ij} - Min(X_j)}{Max(X_j) - Min(X_j)} \quad (5.1)$$

负向指标标准化计算公式如下：

$$x_{ij} = \frac{Max(X_j) - X_{ij}}{Max(X_j) - Min(X_j)} \quad (5.2)$$

其中，Xj表示第j个指标的量化结果；$Max(X_j)$为第j个指标各样本点上的最大取值；$Min(X_j)$为第j个指标各样本点上的最小取值；X_{ij}作为第i个样本点在第j个指标的标准化取值，变量标准化之后，样本点在各个指标上的取值都服从区间［0，1］。

二、建立就业质量指标层次框架及判断矩阵

（一）构建就业质量指标层次构架

运用层次分析法对大学生就业质量进行评价，首先应该构建就业质量指标层次框架。该框架模型包括三个层次：目标层、因素层、指标层。目标层就是就业质量综合评分，因素层是影响就业质量高低的主要因素，指标层是隶属于各个因素的评价指标。具体的就业质量指标评价框架详见表5.2。在大学生就业质量指标层次模型中，A表示目标层就业质量，也表示因素层的判断矩阵。Bi代表因素层的各个因素，也表示指标层的各个判断矩阵，其中i＝1,2,3,4,5，Bij代表隶属于第i个因素的第j个指标，其中j＝1,2,3。

表 5.2　　　　　　　　　大学生就业质量指标层次模型

就业质量 A														
工资与福利 B₁			职业发展 B₂			就业稳定性 B₃			就业条件 B₄			劳动关系 B₅		
月收入 B_{11}	收入增加 B_{12}	福利待遇 B_{13}	专业匹配 B_{21}	岗位培训 B_{22}	晋升机会 B_{23}	离职意愿 B_{31}	解雇风险 B_{32}	职业危机 B_{33}	工作时间 B_{41}	工作安全 B_{42}	工作感受 B_{43}	管理公平 B_{51}	同事关系 B_{52}	制度阻碍 B_{53}

（二）确立判断矩阵，进行一致性检验

建立指标层次模型之后，为提升指标权重确定的客观性和准确性，根据专家打分法得出判断矩阵，如下所示：

$$A = \begin{vmatrix} 1 & 2 & 2 & 2 & 3 \\ 1/2 & 1 & 2 & 1 & 2 \\ 1/2 & 1/2 & 1 & 1 & 2 \\ 1/2 & 1 & 1 & 1 & 2 \\ 1/3 & 1/2 & 1/2 & 1/2 & 1 \end{vmatrix}, \quad B_1 = \begin{vmatrix} 1 & 2 & 2 \\ 1/2 & 1 & 1 \\ 1/2 & 1 & 1 \end{vmatrix},$$

$$B_2 = \begin{vmatrix} 1 & 2 & 1/3 \\ 1/2 & 1 & 1/6 \\ 3 & 6 & 1 \end{vmatrix}, \quad B_3 = \begin{vmatrix} 1 & 2 & 2 \\ 1/2 & 1 & 1 \\ 1/2 & 1 & 1 \end{vmatrix}, \quad B_4 = \begin{vmatrix} 1 & 1/3 & 1/2 \\ 3 & 1 & 2 \\ 2 & 1/2 & 1 \end{vmatrix},$$

$$B_5 = \begin{vmatrix} 1 & 2 & 1 \\ 1/2 & 1 & 1/2 \\ 1 & 2 & 1 \end{vmatrix},$$

其中，A 表示就业质量目标层判断矩阵，B1 表示工资与福利因素的判断矩阵，B2 表示职业发展因素的判断矩阵，B3 表示就业稳定性因素的判断矩阵，B4 表示就业条件因素的判断矩阵，B5 表示劳动关系因素的判断矩阵。

上述 6 个判断矩阵的一致性指标 CR 的数据均小于 0.1，因此，6 个判断矩阵均为有效矩阵，在此基础上构建模型，便可以得出各个因素和各个指标的较为合理的分配权重。

三、实证分析过程

(一) 模型构建

上述判断矩阵通过一致性检验后，就得出了层次总排序权重，在这里即为大学生就业质量综合评价指标权重。因此，可以通过指标权重构建大学生就业质量指标评价模型，进而对大学生就业质量进行综合评价和比较。大学生就业质量指标评价模型具体构建如下：

$$A = \sum_{}^{5} a_i \sum_{}^{3} b_{ij} B_{ij}, (B_i = \sum_{}^{3} b_{ij} B_{ij}, i = 1,2,\cdots,5, j = 1,2,3) \quad (5.3)$$

其中 A 表示综合评价的大学生就业质量；B_i 表示影响就业质量的第 i 个因素（即前面所述的维度）；a_i 表示第 i 个因素的分配权重。B_{ij} 表示隶属于第 i 个因素 B_i 的第 j 个指标，b_{ij} 表示该指标的分配权重。结合各分配权重得出了具体大学生就业质量指标评价模型，如下所示：

$$A = 0.1737B_{11} + 0.0868B_{12} + 0.0868B_{13} + 0.0470B_{21} + 0.0235B_{22} +$$
$$0.1409B_{23} + 0.1203B_{31} + 0.0285B_{32} + 0.0113B_{33} + 0.0301B_{41} +$$
$$0.0992B_{42} + 0.0546B_{43} + 0.0390B_{51} + 0.0195B_{52} + 0.0390B_{53} \quad (5.4)$$

(二) 就业质量的综合评价与比较

以上通过层次分析法得出了判断矩阵及指标权重，并由此构建了大学毕业生就业质量指标评价模型，在此基础上就可以进行不同组别的就业质量比较。本章拟从学历及单位性质两个方面将样本进行分组，分别将不同学历和不同单位性质的大学毕业生，在就业质量总体得分上和各因素得分上进行比较，以判断大学生就业质量是否存在上述两个方面的组间差别。

1. 学位比较

结合大学毕业生就业质量调查问卷，将大学生的学位水平分为由低到高四个层次，分别为专科、本科、硕士和博士。本章拟从这四个层次将大学生的就业质量进行总量和各因素的评价与比较，以期对大学生就业质量的学位差别进行较为客观地证明。经计算具体得分情况详见表5.3。从就业质量的综合得分来看，从专科、本科、硕士到博士，随着学历层次的提高，大学生的就业质量得分是逐渐增加的，即学位层次与大学生就业质量之间存在明显的正相关关系，这说明大学生进行教育方面的人力资本投资，可以带来就业质量提升的回报。但是，对于各个因素得分来说，并不是都存在着与学位层次之间的正向变动关系。因此，应该对于不同学位层次的就业质量在各因素上进行比较。

表 5.3　　　　　　　　各学位层次的因素及综合得分

因素变量	得分			
	专科	本科	硕士	博士
工资与福利	0.3232	0.3741	0.4333	0.5210
职业发展	0.5482	0.5561	0.5833	0.6364
就业稳定性	0.6209	0.6431	0.6654	0.7208
就业条件	0.6261	0.6215	0.6376	0.6975
劳动关系	0.6278	0.6224	0.6234	0.5488
综合得分	0.5038	0.5253	0.5582	0.6125

首先，对于工资与福利因素来说，学位层次的高低与大学生就业质量之间存在非常明显的正相关关系，且学位不同造成的工资与福利因素的得分差距是所有因素中差距最大的。也就是说，对于大学生来说，毕业之后不直接就业而选择继续深造的话，工资与福利会有比较大的提升。对于招聘单位来说，针对高学位的求职者一般情况下都会提供相应高的工资收入与福利待遇，这也是许多大学生作此选择的重要原因之一。

其次，就职业发展、就业稳定性和就业条件因素来看，学位层次与它们之间基本都存在着比较明显的正相关关系，即学位层次越高的大学生，在职业发展、就业稳定以及就业条件方面体现的就业质量越高。具体来说，学位层次的提升会增加大学生在择业机会方面的优势，较高的学位更有利于使其从事与自己专业相关性强的工作，也有利于其选择就业条件好的工作单位，并拥有更大的职业发展空间，因此，上述优势会使高学位大学生的离职与被解雇的可能降低，其就业的稳定性就会更强。

最后，对于劳动关系因素来看，就业质量的组间差别与上述的那些因素有所区别。专科、本科、硕士这三个学位层次，在劳动关系因素上体现的就业质量差别不大，即此时学位层次的高低对劳动关系因素上的就业质量没有明显的影响。但是，博士生的就业质量在劳动关系因素上却出现了下降的现象。这主要是因为博士生在教育上的投资较高，具有较高的知识水平，其自身的高学历使其在管理的公平、在单位的地位以及制度安排方面产生较高的期望。同时，多年来在知识学习上投入大量的精力，可能会使其在人际关系处理方面的能力较弱，导致博士生的高学位对其劳动关系方面的就业质量反而产生了负面影响。

2. 单位性质比较

根据本次大学生就业质量调查问卷，将大学生就业的单位性质划分为政府部门、事业单位、国有企业、民营企业、三资企业和集体企业共六个类别。对大学生就业质量从这六个方面分组进行评价和比较。结合正向标准化后的指标变量均值，利用大学生就业质量指标评价模型，计算得出各个学位层次大学生的就业质量的各因素得分以及综合得分。

从表5.4中不同单位性质的就业质量综合得分来看，就业于国有企业的大学生就业质量是最高的，其次是三资企业，最后是事业单位、政府部门和民营企业的大学生就业质量依次略有降低。近些年，国有企业以其较高的工资收入、更完善的福利待遇、较好的工作稳定性以及企业的良好发展前景，吸引着广大的大学毕业生就业意愿，而与事实相一致的是，就业于国有企业的大学毕业生就业质量是最高的。三资企业虽然吸纳人才的热度稍有降低，但是其先进的技术、科学的管理以及较好的工资待遇，仍然给大学生们带来了比较高的就业质量。民营企业一直位于大学生就业选择列表上的末端，同时也经常作为大学生们就业的临时选择，从比较中可以看出，就业于民企的大学生的综合就业质量得分是最低的。还有一个比较特别的现象是政府部门大学毕业生的就业质量同样是比较低的，这与这些年的"考公务员热"的现象确是不一致的。说明大学毕业生就业所热衷的政府部门并没有带来较高的就业质量，这与政府部门较低的工资水平、晋升机会的不足、缺乏灵活的管理制度是分不开的。下面再来分别比较一下六类单位性质在各个因素上的区别。

表5.4   **各单位性质的因素及综合得分**

因素变量	得分					
	政府部门	事业单位	国有企业	民营企业	三资企业	集体企业
工资与福利	0.3237	0.3621	0.4224	0.3205	0.4297	0.3250
职业发展	0.4814	0.5472	0.5936	0.5303	0.5781	0.5325

因素变量	得分					
	政府部门	事业单位	国有企业	民营企业	三资企业	集体企业
就业稳定性	0.6803	0.6140	0.6815	0.5999	0.6308	0.6504
就业条件	0.6613	0.6155	0.6008	0.6651	0.5990	0.5965
劳动关系	0.6410	0.6071	0.6295	0.6207	0.6176	0.5800
综合得分	0.5071	0.5120	0.5530	0.5022	0.5472	0.4957

首先，从工资与福利和职业发展因素来看，国有企业和三资企业是最高的，事业单位居中，政府部门和民营企业最低。这两个因素在就业质量评价中占比较高的权重，而国企和外企在此方面的优势促使大学生们表现出比较高的就业意愿。同时政府部门和民企的工资福利待遇与职业发展都处于劣势，但是大学生对其选择的意愿却有所区别，这与官本位的思想与求稳的铁饭碗模式是有紧密联系的。

其次，对就业稳定性而言，国有企业和政府部门在此因素上体现的就业质量是最高的，这与现实情况也是相符合的，同时也是大学毕业生对国企和政府部门趋之若鹜的原因之一。在这六种性质的单位中，民营企业的就业稳定性因素的就业质量是最低的，这是因为很多大学毕业生将民企的工作作为跳板，同时很多民企更为注重的是追求自身的利润，而对于就业大学生的长远职业发展并不看重，所以会使就业者产生较高的职业危机感和离职意愿。

最后，从就业条件和劳动关系这两个因素看，政府部门和民营企业在就业条件因素上体现的就业质量最高，同时政府部门在劳动关系因素体现的就业质量也是最高的，这是由于政府部门在工作时间、工作安全和同事关系方面占有优势。而集体企业在这两个因素上的就业质量都是最低的。

第三节　结论及建议

本章采用国家社会科学基金项目《大学毕业生就业质量与政策研究》的大学毕业生就业质量问卷调查数据，构建了 5 个维度、15 个二级指标的大学毕业生就业质量指标评价体系，并运用层次分析法确定指标权重，对大学毕业生就业质量进行综合评价，进而分别从学位和单位性质两个方面对其进行了组间比较，发现在就业质量的综合评价和各因素的就业质量评价上，这两个方面都存在着一定的组间差别。

一、主要结论

（一）学位层次与大学毕业生就业质量之间存在着正相关关系

通过上述的比较分析发现，从专科、本科、硕士到博士，随着学位层次的提高，大学毕业生综合就业质量得分也随之增加，这说明对于大学毕业生来说，毕业后选择继续进行人力资本的教育投资，是可以从整体上提高其就业质量水平的。

（二）学位层次在工资与福利因素上的组间差距

学位层次在工资与福利因素上所体现的组间差别较大，博士毕业生在劳动关系因素上出现了低就业质量的特殊情况。随着学位层次的不断提高，大学毕业生的收入和福利所体现的就业质量水平会得以较大幅度的提高。这个结果的产生主要源自月收入的学历差距较大，若以专科生月收入均值为基数，本科生、硕士生和博士生的月收入分别是其 1.68 倍、2.49 倍和 3.86 倍。因此，这也就成为很多大学毕业生选择继续深造的主要原因之一。另外，与其他学位层次相比较，博士毕业生在劳动关系上出现了低就业质量的情况。这是一个比较特殊的表现，与学历和就业质量综合得分之间的正相关关系相背而驰。究其原因，可能是博士生投入了大量的金钱和时间成本，所以对管理和制度因素以及自身在单位所处的地位期望过高，反而造成了主观评价上的就业质量偏低的情况。另一方面，很多博士生一直对于知识的学习投入精力较多，可能会忽略人际交往能力的提高，导致在劳动关系方面的就业质量得分较低。

（三）大学毕业生就业质量在单位性质上存在比较明显的组间差距

其一，大学毕业生由于所在单位的性质不同，其整体就业质量存在比较明显的区别。其中，国有企业的大学毕业生就业质量最高，其次是三资企业，最后是事业单位、政府部门、民营企业和集体企业依次降低。近些年，国企和外企一直是大学毕业生就业首先考虑的就业选择，这与得出的就业质量排序结果是一致的。但是比较反常的是"考公务员热"也一直是温度不减，但结果显示就业于政府部门的大学毕业生就业质量并不高，究其原因是由于官本位的思想和铁饭碗的求稳模式，使得了大批毕业生加入了考取公务员的大军，但是在实际就业中却发现政府部门虽然稳定，但是工资待遇却远低于国企和外企，并且个人晋升与职业发展方面也受到限制，因此就业于政府部门的大学毕业生就业质量整体偏低。

其二，单位性质在一些因素上的就业质量也存在比较明显的差别。其中，国有企业和三资企业的工资与福利待遇因素就业质量最高，这也是大学毕业生们首选国企的主要原因之一；政府部门的职业发展因素体现的就业质量最低，由于政府部门的管理和晋升制度与企业有所区别，很多大学毕业生在这些方面不具优势，自身的发展往往会受到诸多限制，因此导致了此因素上的低就业质量的存在；政府部门和事业单位的就业稳定性体现的就业质量最高，这个结果也是与实际情况相一致的，同样也是二者吸引大学毕业生就业的主要优势所在。

二、相关建议

根据以上得出的结论，本章针对大学毕业生就业质量提出如下几点建议：

第一，对于毕业后是否继续深造，大学生应结合自身实际情况理性选择。学位层次与整体就业质量水平是正向相关的，学位越高相对应的就业质量就越高，但这并不能说明大学毕业生就一定要选择继续深造而放弃直接就业。这是因为，继续深造会产生大量的金钱和时间成本，虽然可以得到更高就业质量的回报，但是回报率的高低却由个人能力和具体情况而定。所以不要因为逃避就业或者盲目跟风而去选择考研、考博，要综合考虑家庭和自身的情况做出适合自己的理性选择。

第二，博士毕业生应脚踏实地，充分提高各方面素质和能力。博士毕业生在教育投资方面较高成本的投入，使其在拥有了较高知识水平的同时，也存在对就业的过高期望，希望自己的高学历在单位的重视和晋升方面能有所体现。但是高学历和高知识并不一定代表高能力，由于博士毕业生把大部分精力都用在学习知识上，却容易忽略了人际关系等其他社会能力的培养和提升，当遇到与自己的期望不相符的情况，就会在主观因素上产生较低的就业质量评价。所以，对于博士毕业生来说，对于自身的学历和就业应该正确认识，脚踏实地的工作，努力提高自身的综合素质，以自己的工作能力和个人魅力来赢得单位的认可与重用，拥有更加广阔的职业发展空间。

第三，大学毕业生应采取主观与客观相结合的二元择业策略。根据就业质量在不同单位性质的比较与排序，国企和外企的整体就业质量水平最高，这与现实中大学毕业生的选择意愿是相一致的。但是国企和外企吸纳就业的能力毕竟有限，而且国家为鼓励大学毕业生到基层就业、实行自主创业所做的政策上的倾斜，可以在一定程度上促进其就业质量的提高。因此，大学毕业生应采取主客观相结合的二元择业策略，即在考虑主观意愿的同时，也应注重客观情况把握时机，放弃那些"非国企、外企不嫁"的择业观，到一些发展前景比较好、工资待遇比较高的民营企业就业不失为一个明智的选择。而对于政府部门和事业单位的选择则需要冷静对待，虽然其就业稳定性较高，但是实际整体的就业质量却处于较低的层次，而且其竞争激烈程度不亚于国企，因此"考公务员热"确实需要冷却一下了。目前为了配合养老保险制度改革，国家计划实施机关事业单位调薪政策，希望会对其从业人员的就业质量有所改善。

第四，民营企业应依照国家的优惠政策，提高自身吸纳大学生就业的能力。民营企业作为创造就业的潜力大军，应切实利用鼓励大学生就业的补贴优惠政策，采取措施提高自身吸纳大学生就业的能力。民企应结合自身实力及发展状况，尽量提供较高的工资与福利待遇，积极实施大学生的岗位培训制度，为其制定合理的职业发展规划，建立公正严格的管理模式，提高大学毕业生在民企的就业质量，以改变其对就业于民企的被动观念，并增强其就业于民企的信心，从而在为企业自身吸纳和培养人才的同时，也有助于为国家分担大学生就业难的压力。

第六章

就业质量全口径评价
指标体系构建

本章以人力资源和社会保障部、国家统计局等权威机构的指标为基础，构建了大学毕业生就业质量的全口径评价指标体系。并以"2014年大学生就业质量调查问卷"的数据进行了量表分析和一般性问题的统计性分析，得出影响大学生就业质量重要因素的顺次排列为：对企业的满意度、对同事的满意度、发展机会、薪酬等，并非"收入和待遇中心论"。在此基础上，本章提出建议：企业应为大学毕业生提供更多交流合作的机会，建立生涯培训体制和职业规划，设置公平的职位晋升机制和工资标准；大学毕业生应注重提升自身的交流沟通能力，树立良好的心态、拒绝盲目攀比等，为大学毕业生就业质量提升以及企业和政府监管提供经验研究的依据。

第一节　引言与相关研究述评

一、引言

近年来大学毕业生就业形势一直不容乐观，从数量上看，大学毕业生的人数持续增长。从质量上看，大学毕业生不仅收入偏低，而且工作压力过大。麦可思研究院发布的《2014中国大学生就业蓝皮书》显示，大学生毕业半年后月收入增幅仍低于城市居民收入同期增长速度，相关报道如

"刚毕业大学生连换四份工作、感觉压力大"[①]"大学生上班不足半年精神失常"[②] 等也不鲜见。杨河清和李佳（2007）通过建立大学生全口径就业质量评价指标体系，对北京市大学毕业生的就业质量进行了实证分析，认为就业质量呈下降趋势。曾向昌（2011）研究了大学毕业生的就业质量与就业率的关系，认为就业质量与就业率并不存在高相关性。

胡锦涛同志在党的十八大报告中提出，在改善民生和创新管理中加强社会建设，要推动实现更高质量的就业。关注大学毕业生就业率固然重要，而大学生的就业质量问题更不容忽视。什么是就业质量？如何评价就业质量？大学毕业生全口径就业质量指标体系是怎样的？经验数据检验得出了怎样的结论？这些基础研究非常重要却又尚显不足，大学生作为整个社会中最具活力和创造力的群体，是国家最为宝贵的人力资源，其就业质量不仅关系到他们个人的生活质量，而且对企业发展及社会进步都有积极作用，毋庸置疑，研究大学毕业生就业质量问题极具现实意义。

二、相关研究评述

国外对就业质量的探讨始于 20 世纪 70 年代，国外学者对就业质量的衡量主要集中于以下三个方面：（1）单一指标。新加坡财政当局在《新加坡就业质量（1983~1996）》一文利用工资衡量就业群体的特点、人数和质量。（2）多维度指标。莫顿（Morton，2004）利用 10 个指标研究了加纳小微企业的就业质量。（3）指数。本亚明·塔尔（Benjamin Tal）利用就业质量指数（EQI）分析了加拿大的就业质量。

国内对就业质量的研究起步较晚，近几年学者才开始对就业质量进行综合性、群体性考察。秦建国（2007）建立了包含四大类指标的大学生就业质量的评价指标体系。张抗私（2012）以国际劳工组织、教育部等权威机构典型观点的高频指标为基础，构建了女大学生就业质量全口径评价指标体系。上述指标体系存在一些不足，如指标选取规则不合理、指标体系

---

① 新浪重庆：《23 岁大学生今年刚毕业连换四份工作感觉压力大》，http：//cq. sina. com. cn/news/social/2011－11－17/8066. html，2011－11－17。

② 搜狐健康：《工作压力大大学生上班不足半年精神失常》，http：//health. sohu. com/20071026/n252881287. shtml，2007－10－26。

不合理等。为了更加全面、合理地评价大学毕业生的就业质量，本章尝试构建大学毕业生就业质量全口径评价指标体系。

第二节　大学生就业质量全口径评价指标体系的筛选与构建

一、筛选原则

国外前期关于就业质量指标体系的研究无疑对我们有很好的借鉴和指导作用，但由于经济发展阶段不同，劳动力市场发展状况不同以及对高质量就业的具体细则认识不一等原因，还需构建符合我国大学毕业生劳动力市场特征的就业质量指标体系。国内研究虽更贴近中国现实问题，但不够全面，有些指标是否可度量也存在质疑。为此，本章在前人经验的基础上，结合中国宏观经济发展的特点、劳动力市场运行状况和个人对就业质量的不同主观心理感受，构建中国大学毕业生就业质量全口径评价指标体系，其指标选取原则有以下四个方面。

（一）科学性原则

要求指标的设计应符合经济发展规律和道德文化传统，具体含义应明确，统计的计算方法要规范标准，指标要能够反映不同区域、行业多人群的就业质量内涵，并联系实际问题，保证评估方法的科学性和评价结果的真实性、准确性。

（二）前瞻性原则

随着社会的不断进步，毕业生就业质量是一个动态的发展过程，其包含着较为鲜明的时代特征，内涵也会不断提升并趋于丰富，所以设计的指标体系既要考虑当前的实际，又应当具有一定的前瞻性特色，从而能够为管理层作出决策和调控提供一些具有超前的信息。

（三）主客观指标相结合的原则

设计的指标体系既要注重相互分工、各有侧重，又要相互补充、相互配合，并从主客观不同角度来分析毕业生就业质量状况。在毕业生就业质量的评价中，他们的主观感觉起到了极为重要的作用，因此我们坚持主客观指标相结合的原则是较为科学合理的。由于目前我国社会的物质生活不够丰富，劳动立法等体系不够完善，因此本章中设计的指标体系是以客观指标为主体，主观指标充当不可忽视的辅助作用。

（四）宏微观指标相结合的原则

一方面，由于每一位毕业生所追求的生活目标和心理的承受能力程度不同，当其面对同样的就业机会，个人的认同感就存在着差异。另一方面，政府、社会和经济发展的状况也对毕业生就业质量起到了很强的制约作用。政府通过刺激经济增长，提供更多的就业机会；通过完善相关的劳动立法，规范企业行为和保护劳动者的合法权益；通过发展社会事业、公益事业、提供良好的医疗保健服务，提高了人力资本的质量，这些都为毕业生就业质量的提升提供良好的平台。

在以上这些原则的指导下，本章针对调查问卷的统计结果对筛选得出的指标进行一系列的逻辑分层，建立了由目标层、准则层、指标层构成的大学毕业生就业质量全口径评价指标体系。

二、构建准则

（一）就业机会评价指标的构建

1. 指标原则

就业机会关系到大学生能否顺利找到工作，它不仅与大学生的个人能力有关，还与就业服务密切相关。因此，本章构建了包含就业能力、就业搜寻、就业服务3个二级准则，学历、工作能力现状等4个具体指标层的就业机会评价指标体系。

2. 指标筛选

（1）依据万远英和尹德志（2003）的《大学生综合素质层次分析评价指标体系及其数学模型》、吴哲敏等（2006）的《高校毕业生质量评价指标体系的构建模型》筛选出反映就业能力的学历和工作能力现状指标。

（2）依据参考陶韶菁和王坤钟（2009）的《高校就业服务学生评价指标体系构建的实证研究》筛选出反映就业搜寻的获得工作渠道指标和反映就业服务的参与岗位培训情况指标。

（二）就业激励评价指标的构建

1. 指标原则

就业激励不仅关系到大学生的基本生活保障，而且还关系到能否对积极工作起激励作用，不仅包括物质的，而且还应包含其他的激励形式。因此，构建了包含工作收入、工作条件2个二级准则，5个具体指标的就业激励评价指标体系。

2. 指标筛选

（1）依据王邦田（2010）的《基于集值统计法高校毕业生就业质量评价指标权重的构建》、黄建（2005）的《构建毕业生就业指标体系》、徐倩和孙海泉（2006）的《高职教育优质就业评价指标体系初探》分别筛选出反映工作收入和工作条件的工资水平、工作时间等5个指标。

（三）就业环境评价指标的构建

1. 指标原则

就业环境是指劳动者所处的与工作相关的环境，不仅包括由硬件等基础设施所决定的硬性环境，还应包含工作氛围、发展空间等软环境。因此，构建了包含工作环境、就业安全、发展机会3个二级准则，8个具体指标的就业环境评价指标体系。

2. 指标筛选

（1）依据史淑桃（2008）的《高校毕业生就业质量态势实证研究》、王邦田（2010）的《基于集值统计法高校毕业生就业质量评价指标权重的构建》筛选出反映工作环境的职业危机感、工作的可替代性、工作发展空间指标。（2）依据黎登辉（2013）的《试论大学生就业安全保障体系的构建》筛选出反映就业安全的工作对健康的影响、工作风险性指标。（3）依据黄建（2005）的《构建毕业生就业指标体系》、徐倩和孙海泉（2006）的《高职教育优质就业评价指标体系初探》筛选出反映发展机会的涨薪机会、自身晋升机会和他人晋升机会指标。

（四）就业满意度评价指标的构建

1. 指标原则

就业满意度是用来衡量大学生就业质量的主观满意程度，其包括个人、企业、家庭等三个方面的评价，直接反映大学生的就业质量状况。本章构建了个人满意度、企业满意度、家庭满意度 3 个二级准则，16 个具体指标的就业满意度评价指标体系。

2. 指标筛选

（1）依据人力资源和社会保障部以及国家法律法规等高频原则筛选出反映个人满意度的专业对口度、工作整体满意度、薪酬满意度、发挥特长程度等 8 个指标。（2）依据国际劳工组织和国家统计局等权威机构筛选出反映企业满意度的工作被客观评价与否、企业制度满意度、福利待遇满意度等 7 个指标。（3）依据黄娟（2010）的《家庭背景对大学毕业生就业的影响研究》筛选出反映家庭满意度的职业阶层满意度和追求的生活方式实现情况指标。

（五）劳动保障指标的构建

1. 指标原则

劳动保障是指以国家法律和企业制度等形式为劳动者提供的一些具体保障措施或制度，主要包括工作稳定性、劳资关系和社会保障三个方面。因此，构建了工作稳定性、劳资关系、社会保障 3 个二级准则，10 个具体指标的劳动保障评价指标体系。

2. 指标筛选

（1）依据杨益成（2014）的《大学生就业质量研究综述》筛选出反映工作稳定性的合同类型、解雇风险等 4 个指标。（2）依据秦建国（2007）的《大学生就业质量评价体系探析》、史淑桃（2008）的《高校毕业生就业质量态势实证研究》分别筛选出反映劳资关系的集体劳动争议当事人占比、工资拖欠等 3 个指标和反映社会保障的最低工资标准占比、城市最低生活保障覆盖率等 2 个指标。

根据以上筛选原则与具体构建准则，构建了一个包含了 5 个一级指标、14 个二级指标以及 42 个三级指标的评价体系，具体见表 6.1。

表 6.1　　　　　大学毕业生就业质量全口径评价指标体系

目标层	序号	一级 准则层	二级 准则层	指标层	指标 正负项	指标选 取依据
中国大学生就业质量评价指标体系	1	就业 机会	就业能力	学历	正向	1.2 (1)
	2			工作能力现状	正向	1.2 (1)
	3		就业搜寻	获得工作渠道	——	1.2 (2)
	4		就业服务	参与岗位培训情况	正向	1.2 (2)
	5	就业 激励	工作收入	工资水平	正向	2.2 (1)
	6			工资增长情况	正向	2.2 (1)
	7			带薪休假	正向	2.2 (1)
	8		工作条件	工作时间	负向	2.2 (1)
	9			工作激励期望	正向	2.2 (1)
	10	就业 环境	工作环境	职业危机感	负向	3.2 (1)
	11			工作的可替代性	负向	3.2 (1)
	12			工作发展空间	正向	3.2 (1)
	13		就业安全	工作对健康的影响	负向	3.2 (2)
	14			工作风险性	负向	3.2 (2)
	15		发展机会	涨薪机会	正向	3.2 (3)
	16			自身晋升机会	正向	3.2 (3)
	17			他人晋升机会	负向	3.2 (3)
	18	就业 满意度	个人 满意度	专业对口度	正向	4.2 (1)
	19			福利提升空间	正向	4.2 (1)
	20			工作整体满意度	正向	4.2 (1)
	21			工作安排变动	负向	4.2 (1)
	22			工作压力程度	负向	4.2 (1)
	23			薪酬满意度	正向	4.2 (1)
	24			发挥特长程度	正向	4.2 (1)
	25		企业 满意度	工作被客观评价与否	正向	4.2 (2)
	26			企业制度满意度	正向	4.2 (2)
	27			员工忠诚满意度	正向	4.2 (2)

续表

目标层	序号	一级准则层	二级准则层	指标层	指标正负项	指标选取依据
中国大学生就业质量评价指标体系	28	就业满意度	企业满意度	福利待遇满意度	正向	4.2（2）
	29			同事满意度	正向	4.2（2）
	30			领导对下属意见重视度	正向	4.2（2）
	31			下属对领导的主观满意度	正向	4.2（2）
	32		家庭满意度	职业阶层满意度	正向	4.2（3）
	33			追求的生活方式实现情况	正向	4.2（3）
	34	劳动保障	工作稳定性	合同类型	—	5.2（1）
	35			转换工作次数	负向	5.2（1）
	36			转换工作原因	—	5.2（1）
	37			解雇风险	负向	5.2（1）
	38		劳资关系	集体劳动争议当事人占比	—	5.2（2）
	39			工资拖欠	负向	5.2（2）
	40			劳动争议结案率	正向	5.2（2）
	41		社会保障	最低工资标准占比	正向	5.2（2）
	42			城市最低社会补助覆盖率	正向	5.2（2）

第三节　基于调查数据的实证分析

一、就业质量满意度量表分析

本项调研在国家社科基金《推动实现更高质量就业的指标体系与政策研究》（14BSH107）的支持下，针对大学毕业生，在上海、江苏、湖北、江西、陕西、四川等全国东部、中部、西部十几个省份进行了"大学毕业生就业质量问卷"调查。问卷具体情况如下：男、女分别占比50.1%、49.9%，接近1∶1，可以在一定程度上排除性别差异的影响；所调查大学毕业生平均年龄为27.63岁，说明所调查的大学生毕业时间平均在4年以内；已婚与未婚分别占比41.4%、58.5%，可见未婚者多于已婚者；政治面貌中，党员占比34.2%，近1/3；毕业院校类别中，重点本科、普通本科、专科分别占比25.6%、61.7%，11.8%，可见所调查的大学毕业生绝大多数毕业于普通本科院校；就业岗位分布中，第一、第二、第三产业分别占比4.4%、22.8%、72.8%，说明所调查的大学毕业生绝大多数就业于以服务为主要特征的第三产业。

对问卷结果进行处理需要对指标进行打分，评价指标打分包括：正向指标打分、负向指标打分等。

（一）正向指标打分

正向指标是指数值越大表明状况越好的指标。设：x_{ij}—第 i 个评价地区第 j 个指标的隶属度，v_{ij}—第 i 个评价地区第 j 个指标的值，m—被评价地区的个数。根据正向指标的标准化公式，则 x_{ij} 为

$$x_{ij} = \frac{v_{ij} - \min_{1 \le i \le m}(v_{ij})}{\max_{1 \le i \le m}(v_{ij}) - \min_{1 \le i \le m}(v_{ij})} \qquad (6.1)$$

（二）负向指标打分

负向指标是指数值越小表明状况越好的指标。负向指标的标准化公式为：

$$x_{ij} = \frac{\max_{1 \le i \le m}(v_{ij}) - v_{ij}}{\max_{1 \le i \le m}(v_{ij}) - \min_{1 \le i \le m}(v_{ij})} \qquad (6.2)$$

本次调查问卷量表部分设计了对同事满意度、办事能力满意度、薪酬满意度等15个影响大学毕业生就业质量的因素，调查对象根据自己的判断选择"非常同意""一般同意""有点同意""有点不同意""一般不同意""非常不同意"。根据正向打分，本章把选择"非常同意"的赋值6，把选择"一般同意"的赋值5，"有点同意"的赋值4，"有点不同意"的赋值3，"一般不同意"的赋值2，"非常不同意"的赋值1。利用SPSS软件，得出调查对象的15个指标的统计性描述，并以均值的降序排列，见表6.2。

表6.2　　　　　影响就业质量满意度的指标统计描述

序号	三级指标层	均值	方差	结果解释
1	对同事满意度	4.73	1.312	由于对同事满意度平均为4.73，接近于5，故认为大学毕业生一般情形下对与同事的相处是比较满意的
2	薪酬满意度	4.30	2.767	由于对薪酬满意度平均为4.30，接近于4，故认为大学毕业生还是有点满意工作的薪酬水平
3	工作整体满意度	4.28	2.415	由于对工作整体的满意度平均为4.28，接近于4，故认为大学毕业生对工作整体来说较为满意
4	职业阶层满意度	4.06	1.666	由于对职业阶层满意度平均为4.06，接近于4，故认为大学毕业生对所处的职业阶层还是有点满意的
5	他人晋升机会	3.97	3.001	由于对他人晋升机会的平均满意度为3.97，接近于4，故认为大学毕业生较为满意他人的晋升机会
6	员工忠诚满意度	3.81	1.839	由于对员工忠诚的满意度平均为3.81，接近于4，故认为大学毕业生对于员工忠诚度是有点满意的
7	发挥特长程度	3.77	2.066	由于对发挥特长程度的满意度平均为3.77，接近于4，故认为大学毕业生有点满意自身特长的发挥程度
8	福利待遇满意度	3.77	1.815	由于对福利待遇的满意度平均为3.77，接近于4，故认为大学毕业生对于福利待遇水平是有点满意的
9	工作发展空间	3.74	1.815	由于对工作发展空间的平均满意度为3.74，接近于4，故认为大学毕业生有点满意工作发展空间
10	自身晋升机会	3.71	2.858	由于对自身晋升机会的平均满意度为3.71，接近于4，故认为大学毕业生较为满意自身的晋升机会

序号	三级指标层	均值	方差	结果解释
11	企业制度满意度	3.66	2.864	由于对企业制度的满意度平均为3.66，接近于4，故认为大学毕业生较为满意企业的制度安排
12	涨薪机会	3.46	1.978	由于对涨薪机会的平均满意度为3.46，接近于3，故认为大学毕业生不太满意涨薪机会
13	领导对下属意见重视度	2.66	1.991	由于对领导对下属意见的重视程度的满意度平均为2.66，接近于3，故认为一般情形下领导对大学毕业生下属的意见不太重视
14	解雇风险	2.59	1.943	由于对解雇风险的满意度平均为2.59，接近于3，故认为大学毕业生不太满意工作中所面临的解雇风险
15	下属对领导的主观满意度	2.52	3.446	由于下属对领导的主观满意度平均为2.52，接近于3，故认为大学毕业生主观上对领导不太满意

由表6.2可知：第一，对同事满意度排在首位，均值为4.73，而薪酬满意度排在第二位，均值为4.30，表明目前大学毕业生在对就业质量满意度中，与薪酬满意度相比较，更为关切的是与同事之间是否和谐相处。

第二，对工作整体满意度、职业阶层满意度、他人晋升机会、员工忠诚满意度、发挥特长程度、福利待遇满意度、自身晋升机会、工作发展空间及企业制度满意度等均值接近于4，表明大学毕业生对以上这些方面是有点满意的态度，但满意程度特别是企业制度满意度并不太高，因此企业还需要进一步改善工作环境、发展机会及制定更加合理的企业制度。

第三，对于涨薪机会、领导对下属意见重视度、解雇风险、下属对领导的主观满意度等均值接近于3，表明大学毕业生对这些方面是不太满意的态度，因此企业应制定有效的工资奖励机制，合理界定解雇风险及注重构建上下级之间和谐的沟通交流和人际关系。

二、影响就业质量满意度的指标权重分析

该部分进行定量分析的过程中，按照每一类别中信息含量（权重）最大的一个指标，将这一指标作为二级指标的一个代表反映。并把工作发展空间、涨薪机会、对同事满意度和职业阶层满意度等 15 个影响大学毕业生就业质量指标的总体权重设为 1，令每一指标的均值除以 15 个指标均值之和得到该指标的权重，见表 6.3。

表 6.3 就业质量指标权重分析

序号	三级指标层	均值	方差	权重系数
1	对同事满意度	4.73	1.312	0.0794
2	薪酬满意度	4.30	2.767	0.0721
3	工作整体满意度	4.28	2.415	0.0718
4	职业阶层满意度	4.06	1.666	0.0681
5	他人晋升机会	3.97	3.001	0.0666
6	员工忠诚满意度	3.81	1.839	0.0639
7	发挥特长程度	3.77	2.066	0.0633
8	福利待遇满意度	3.77	1.815	0.0633
9	工作发展空间	3.74	1.815	0.0627
10	自身晋升机会	3.71	2.858	0.0622
11	企业制度满意度	3.66	2.864	0.0614
12	涨薪机会	3.46	1.978	0.0581
13	领导对下属意见重视度	2.66	1.991	0.0446
14	解雇风险	2.59	1.943	0.0434
15	下属对领导的主观满意度	2.52	3.446	0.0423
16	合计	59.61		1

由表 6.3 可知，对于就业质量满意度中排在前三位的是对同事满意度、薪酬满意度及工作整体满意度，其权重系数（重要性）依次递减排列，排在后三位的是领导对下属的意见重视度、解雇风险、下属对领导的主观满

意度，表明在大学毕业生就业质量满意度中特别不满意领导与下属之间的关系和工作中的解雇风险问题。其中，发挥特长程度和福利待遇满意度的权重系数相同，表明对大学毕业生而言在就业质量满意度中对两者的主观满意程度相同。他人晋升机会的权重系数超过自身晋升机会的权重系数，表明大学毕业生更加在意他人是否在工作中得到了晋升，如果他人得到晋升而自身未得到晋升则会降低就业质量的满意度水平，即存在一定的攀比心理。工作发展空间的权重系数超过涨薪机会的权重系数，表明与是否涨薪相比，大学毕业生更加注重工作的未来提升和发展空间，因此毕业生表现出具有一定的前瞻性和考虑问题的长远性特质。

在此基础上，首先，把表6.3中的15个三级指标按照本章构建的大学毕业生就业质量全口径评价指标体系分别归类到工作环境、发展机会、个人满意度、企业满意度、家庭满意度、工作稳定性6个二级指标中，并保留每一准则中信息含量最大也即其系数最大的一个指标。其次，把6个二级准则的总体权重设为1，则每一准则的权重等于该准则的系数除以6个准则的系数之和，指标准则权重的大小可以反映出对大学毕业生就业质量的影响高低，见表6.4。

表6.4　　　　　　　　二级准则—就业质量满意度准则权重

二级准则	三级指标中信息含量最大的因子	信息含量最大的因子的权重系数	权重系数
企业满意度	对同事满意度	0.0794	0.2024
个人满意度	薪酬满意度	0.0721	0.1838
家庭满意度	职业阶层满意度	0.0681	0.1736
发展机会	他人晋升机会	0.0666	0.1697
工作环境	工作发展空间	0.0627	0.1598
工作稳定性	解雇风险	0.0434	0.1107
合计		0.3923	1

由表6.4可知，在所涉及的6个二级准则中对大学毕业生就业质量满意度影响按权重大小依次为企业满意度、个人满意度、家庭满意度、发展机会、工作环境、工作稳定性，即对毕业生就业质量而言最注重的是企业满意度，其次是个人、家庭满意度，对发展机会和工作环境的重视程度相

差不大，影响最小的是工作稳定性。

其中，最能代表企业满意度的三级指标是对同事满意度。由表6.2可知对同事的满意度平均为4.73，接近于5，依据统计结果有35.3%的大学毕业生选择一般同意，有28.8%的选择非常同意，有22.2%的选择有点同意，可见绝大部分的大学毕业生对与企业中同事的相处是比较满意的。

最能代表个人满意度的三级指标是薪酬满意度。由表6.2可知薪酬满意度平均为4.30，接近于4，依据统计结果有26.8%的大学毕业生选择有点满意，有24.1%的选择非常同意，有23.6%的选择一般同意，可见总体来说将近75%的大学毕业生比较满意工作薪酬水平。

最能代表家庭满意度的三级指标是职业阶层满意度。由表6.2可知职业阶层满意度平均为4.06，接近于4，依据统计结果有30.0%的大学毕业生选择有点满意，有26.9%的选择一般同意，有17.1%选择有点不同意，表明从家庭角度来看超过一半的大学毕业生对所处的职业阶层还是较为满意的态度。

最能代表发展机会的三级指标是他人晋升机会。由表6.2可知他人晋升机会的满意度均值为3.97，接近于4，依据统计结果有25.8%的大学毕业生选择有点同意，有28.0%的选择一般同意，有19.1%的选择有点不同意，表明一般情况下大学毕业生对于他人的晋升发展机会是较为同意的态度，但也有近1/5的毕业生是有些不同意的态度。

最能代表工作环境的三级指标是工作发展空间。由表6.2可知工作发展空间满意度均值为3.74，接近于4，依据统计结果有25.8%的大学毕业生选择有点满意，有24.1%的选择一般同意，有23.9%的选择有点不同意，表明接近一半的大学毕业生对工作发展空间是较为满意的态度，同样也有大部分的毕业生对工作发展空间感到不太满意。

最能代表工作稳定性的三级指标是解雇风险。由表6.2可知解雇风险的满意度均值为2.59，接近于3，依据统计结果有20.1%的大学毕业生选择有点不同意，有27.1%的选择一般不同意，有27.1%的选择非常不同意，表明绝大多数的大学毕业生对解雇风险是不同意的态度，即不太满意工作的稳定性。

三、一般性问题分析

针对问卷的一般性问题，利用SPSS软件处理问卷答案数据化的结果，得出统计结果和分析。统计结果主要包括均值和方差两个描述性指标，以及对均值结果的简单解释，见表6.5。

表6.5 问卷一般性问题的统计结果

三级指标	均值	方差	数据说明	结果解释
学历	1.92	0.404	1：专科；2：本科；3：硕士研究生；4：博士研究生	由于均值为1.92，接近于2，故大学毕业生的平均学历为本科
工作能力现状	2.00	7.847	1：需要进一步的培训；2：现在的能力足以应对我的工作；3：有能力应对更高要求的工作；4：其他	由于均值正好为2，故大学毕业生平均认为现在的能力足以应对自己的工作
获得工作渠道	1.44	0.754	1：应聘；2：家人或朋友介绍；3：学校或机构推荐	由于均值接近于1，故大学毕业生平均是通过应聘获得工作的
参与岗位培训情况	1.31	7.223	1：是；2：否	由于均值接近于1，故大学毕业生平均参加过岗位培训
工资水平（月收入，元）	1.95	1.022	1：3500元以下；2：3500~5000元；3：5000~7500元；4：7500~10000元；5：10000元以上	由于均值接近于2，故大学毕业生的平均月工资为3500~5000元
工资增长情况	1.70	0.576	1：增加；2：不变；3：下降	由于均值接近于2，故大学毕业生平均认为今年工资没有变化
带薪休假	10.51	310.606	每年享受的实质性带薪休假天数	由于均值接近于10.5，故大学毕业生平均每年所享受到的实质性带薪休假天数为10.5
职业危机感	1.87	0.704	1：经常有；2：偶尔有；3：没有	由于均值接近于2，故大学毕业生平均认为偶尔有职业危机感

续表

三级指标	均值	方差	数据说明	结果解释
工作的可替代性	2.41	0.859	1：不可替代；2：较难替代；3：很容易被新入职员工替代	由于均值接近于2，故大学毕业生平均认为工作较难被替代
工作时间（周工作时数）	44.26	180.682	周工作小时数	由于均值约等于44.3，故大学毕业生平均周工作小时数为44.26
工作激励期望	2.58	2.895	1：提高工资；2：授予荣誉称号；3：物质奖励；4：职务晋升；5：领导重视	由于均值接近于3，故大学毕业生平均期望的工作激励形式为物质奖励
工作对健康的影响	2.39	0.561	1：积极影响；2：消极影响；3：无影响	由于均值接近于2，故大学毕业生平均认为工作对健康有消极影响
工作风险性	1.70	0.242	1：有；2：没有	由于均值接近于2，故大学毕业生平均认为工作没有风险
专业对口度	1.88	0.775	1：对口；2：相关；3：不对口	由于均值接近于2，故大学毕业生平均认为工作与所学的专业相关
福利提升期望	3.50	2.771	1：少加班；2：带薪休假；3：实物或现金福利；4：集体活动；5：提职或加薪；6：被客观评价	由于均值位于3和4中间，大学毕业生平均期望的福利提升为实物、现金福利或集体活动
工作安排变动	1.93	0.982	1：不会；2：是的，及时得到通知；3：是的，提前得到通知	由于均值接近于2，故大学毕业生平均认为工作安排会发生变动且及时得到通知
工作压力程度	1.70	12.515	每周向家人或朋友倾诉的次数	由于均值接近于2，故大学毕业生平均每周向家人或朋友倾诉的次数为2，说明工作压力程度较大

三级指标	均值	方差	数据说明	结果解释
工作被客观评价与否	1.97	1.033	1：是；2：否；3：部分是	由于均值接近于2，故大学毕业生平均认为工作没有得到客观评价
追求生活方式的实现情况	2.21	0.501	1：能；2：基本能；3：不能	由于均值接近于2，故大学毕业生平均认为现在的工作能帮助自己实现所追求的生活方式
合同类型	1.22	0.370	1：劳动合同；2：劳务派遣合同；3：临时合同	由于均值接近于1，故大学毕业生平均所签的合同类型为劳动合同
转换工作次数	0.93	1.754	在这之前换过工作的次数	由于均值约等于1，故大学毕业生平均转换工作的次数为1
影响工作变化的因素	3.13	2.277	1：新的工作流程或技术被引进；2：大规模的重建或重组；3：宏观经济政策；4：其他	由于均值接近于3，故大学毕业生平均认为近三年宏观经济政策对工作变化的影响较大

　　根据统计结果，结合各选项占比分析如下：（1）学历。调查对象的平均学历为本科，且本科生的比例为61.1%，因此问卷结果可反映大学毕业生的就业质量状况。（2）工作能力现状。大学毕业生平均认为现有能力足以应对现在的工作，这部分人的比例为32.4%，加上有能力应对更高要求工作的20.1%，则有一半以上的人对现有工作能力有自信。这与多数大学毕业生不太满意工作发展空间矛盾，可能的一种解释是这种自信与能力并不匹配。（3）获得工作渠道。大学毕业生平均通过应聘获得工作，与69.1%的占比一致，说明多数人通过正规就业渠道获得工作。家人或朋友介绍的比例高于学校或机构推荐，说明亲戚或朋友关系是重要的非正规就业渠道。（4）参与岗位培训情况。大学毕业生平均参加过岗位培训，与75.4%的占比一致，与需要进一步培训的40.6%矛盾，可能原因是一部分

人非自愿参加培训。（5）工资水平及增长情况。大学毕业生的平均月工资
为 3500～5000 元，这部分人的比例仅为 37.0%，低于 39.2%，说明多数
大学毕业生的月工资低于 3500 元，且他们平均认为今年工资没有变化，这
会直接影响薪酬满意度。（6）带薪休假。大学毕业生平均每年能享受实质
性带薪休假 10.5 天，低于 5 天的 32.9%，没有休假的占 23.1%，可见带
薪休假制度还没真正落实。（7）工作时间。大学毕业生平均周工 5.3
天，天工作 8.4 小时，周工作 44.26 小时，与"周五工作制"基本吻合，
但也存在加班现象。（8）工作激励期望。大学毕业生平均期望的工作激励
形式为物质奖励，这部分人仅占 15.9%，低于希望授予荣誉称号的
28.2%，更低于希望得到领导重视的 38.0%，说明大学毕业生更加看重的
不是物质奖励。（9）职业危机感与工作的可替代性。大学毕业生平均认为
偶尔有职业危机感，与 53.6% 的占比一致，加上经常有的 30.5%，就有多
于 84% 的认为存在职业危机感，这与工作的可替代性有关。（10）工作对
健康的影响及工作风险性。大学毕业生平均认为工作对健康有消极影响，
这部分人仅占 30.6%，低于认为无影响的 54.2%，说明多数人认为工作对
健康没有影响，这与工作风险性的统计结果是一致的。（11）专业对口度。
大学毕业生平均认为工作与所学的专业相关，与 70.1% 的占比一致，其中
对口的占 42.8%，说明近一半的大学毕业生的工作与专业对口。（12）工
作安排变动。大学毕业生平均认为工作安排会发生变动且及时得到通知，
与 58.8% 的占比一致，但认为工作安排变动不会得到通知的占 41.0%，这
会直接影响工作满意度。（13）工作被客观评价与否。大学毕业生平均认
为工作没有得到客观评价，这部分人仅占 17.0%，低于认为得到客观评价
的 43.6%，说明多数大学毕业生的工作能得到客观评价。（14）追求生活方式
的实现情况。大学毕业生平均认为现在的工作能帮助自己实现所追求的生活
方式，与 65.3% 的占比一致，但有 34.5% 的认为不能，说明多于 1/3 的大学
毕业生认为现有工作无助于实现所追求的生活方式。（15）合同类型。大学
毕业生平均所签的合同类型为劳动合同，与 85.5% 的占比一致，但也有不
足 15% 签的是劳务派遣与临时合同，这也解释了一部分大学毕业生对解雇
风险不满意的原因。（16）转换工作次数。大学毕业生平均每年转换 1 次
工作，这部分人仅占 23.7%，低于没有的 50.2%，说明有一半多的大学毕
业生没有转换过工作。（17）影响工作变化的因素。大学毕业生平均认为
近三年宏观经济政策对工作变化的影响较大，这部分人仅占 16.4%，低于

新的工作流程或技术被引进的 17.5%，也低于其他的 53.5%，说明新的工作流程或技术被引进与其他因素对工作变化的影响比较大。

四、小结

本章主要依据国际劳工组织、人力资源和社会保障部、国家统计局和教育部等权威机构以及国内外各学者的就业质量指标为基础，以科学性、前瞻性、主客观指标相结合、宏微观指标相结合为原则构建了企业满意度、个人满意度、家庭满意度、发展机会、工作环境、工作稳定性等 14 个二级准则，总共 42 个三级准则的大学毕业生就业质量全口径评价指标体系，并以 2014 年大学生就业质量调查问卷的统计数据进行实证检验，得出如下结论：

第一，影响大学毕业生就业质量满意度高低的二级准则依次为：企业满意度、个人满意度、家庭满意度、发展机会、工作环境、工作稳定性，它们的权重分别为：0.2024、0.1838、0.1736、0.1697、0.1598、0.1107。

第二，企业满意度是影响大学毕业生就业质量满意度的最重要因素，尤其是对同事满意度、福利待遇满意度、企业制度满意度、领导对下属意见重视度、下属对领导的主观满意度。

第三，个人满意度中的薪酬满意度对大学毕业生就业质量满意度有重要影响。

第四，对同事满意度对大学毕业生就业质量满意度的影响超过薪酬满意度。

第五，在发展机会对大学毕业生就业质量满意度的影响中，他人晋升机会的权重超过自身晋升机会。

在此基础上本章建议如下：

其一，在大学毕业生就业质量满意度中，对同事满意度排在就业质量满意度权重分析的首位，超过了薪酬满意度，这打破人们以工资薪酬为重的传统观点，表明新一代大学毕业生更加看重与同事之间的关系。因此，企业应充分认识到同事之间关系的重要性，充当好组织者、协调者的角色，为大学毕业生提供更多交流合作的机会；同时，大学毕业生也要提升自身的交流沟通能力，善于与同事进行日常工作中的沟通，构建出和谐健康的人际关系。

其二，由表6.3指标权重分析可知，企业满意度中的领导对下属意见重视度和下属对领导的主观满意度的排名均较低，表明在实际工作中领导对大学毕业生的意见不够重视致使大学毕业生对领导主观满意度不高。因此，企业的领导层要认识到新一代大学毕业生的特点，了解他们个性化的需求；尊重大学毕业生的表达权，允许他们提出不同的意见和建议，对于意见要予以及时的回应，对于合理的建议要予以认可、采纳；可通过建立与大学毕业生进行定期座谈的制度，及时了解他们的动向，加强沟通交流。

其三，薪酬满意度对大学毕业生就业质量满意度中的个人满意度有重要影响，说明大学毕业生还是很看重薪酬的，这可能与大学毕业生的起薪较低、涨薪机会较少等有关。对于大学毕业生较低的起薪，企业不应因为大学毕业生初进工作岗位就给较低的工资，而应根据他们能力水平的高低来制定相应的工资标准；企业应根据大学毕业生的工作绩效、公司的业绩及时调整他们的工资水平，使其工资得到合理的增长，工资增幅符合自身的预期。

其四，他人晋升机会对大学毕业生发展机会满意度的影响超过自身晋升机会，表明大学毕业生更加在意他人是否得到了晋升，如果他人得到晋升而自身未得到晋升，则会降低就业质量的满意度水平，即存在一定的攀比心理。因此，企业应建立公平合理的职位晋升机制，让那些真正有能力的大学毕业生得到提拔，任人唯贤，降低因晋升不公导致的对发展机会的不满；同时，大学毕业生应树立良好的心态，拒绝盲目攀比，立足自身实际，不断提升业务水平和工作能力，依靠实力赢得上级和同事的认可，从而得到职位上的晋升。

第七章

过度教育、性别差异与
大学生就业难

2010 年全国妇联《女大学生就业创业状况调查报告》显示，56.7%的被访女生在求职过程中感到"女生机会更少"；91.9%的被访女生感到用人单位存在性别偏见；四成被访女生认为女生找工作比男生困难。大学生就业性别差异已成为无法回避的社会现实。大学生就业性别差异为什么如此严重？国内外研究更多关注的是大学生就业难和性别工资差异，鲜有对男女大学生就业的对比分析以及婚恋、生育等女性自身因素对就业差异的影响研究。笔者所带领的课题组对全国 63 所大学毕业生进行了问卷调查，以实地数据统计性地分析男女大学生就业性别差异及婚恋生育等专属性问题对就业差异的影响，为更好地解决女大学生就业问题提供理论研究的依据。因此，本章利用微观调研数据，分析了过度教育发生率及其影响因素以及女大学生就业为什么难得问题。

第一节　女大学生就业为什么难

性别差异和大学生就业一直是劳动力市场倍受关注的问题。本书通过对全国 63 所大学的调查发现，就业性别差异明显存在，同等条件下，女大学生比男大学生更容易遭受就业歧视，其受到歧视的概率高于同类男生20% 以上。不同类型的女大学生面临不同程度的就业歧视，她们的基层就业意愿、自我评价也有差异。在此基础上，本书进一步剖析了女大学生自身关于婚恋、生育等女性专属性因素对就业影响的看法。以全国范围实地调查数据为依据的统计与分析，有助于认识大学生就业性别差异和性别歧视等事实，更有利于准确把握大学生，尤其是女大学生就业的困境，从而为解决该问题提供对策依据。

一、性别就业差异及相关解释

就业的性别差异普遍存在于国内外劳动力市场。国际劳工局 2010 年公布的关于体面劳动的报告显示男性的劳动参与率普遍高于女性，即使接受同等的教育，男性的劳动参与率也高于女性。女性在劳动力市场中的不利地位有三种形式：其一，获得职位的机会不均等。1988～2002 年我国已婚女性的就业明显下降（丁赛，2007），同时，性别因素增加了女大学生就业搜寻的次数，她们在工作搜寻过程中受到了性别的负面作用（张抗私等，2012）。其二，性别工资差异，即"同工不同酬"。随着我国市场化水平的提高，男女之间的工资差异有不断扩大的趋势（张丹丹，2004；张抗私，2009）。非国有部门的性别工资差异高于国有部门，公共部门的工资高于非公共部门（尹志超等，2009）。王美艳（2005）、郭凤鸣和张世伟（2010）证实了歧视是造成性别工资差异的主要原因。除此之外，李利英和董晓媛（2008）发现企业在性别工资差异中也起着非常重要的作用。其三，就业分割。我国城镇劳动力市场的职业性别分割现象很明显，2000年，职业性别隔离指数为 0.407（吴愈晓等，2009）。市场歧视和性别偏好使得女性的非正规就业比例高于男性。控制其他变量，农村女性劳动力比男性从事非正规就业的可能性大 71.34%（刘妍等，2007）。

当前，国内外对性别差异问题的研究集中于性别工资差异（Gustafsson，2000；西蒙娜，1998；Liu, et al.，2000；Rozelle，2002；李春玲等，2008），而对大学生就业性别差异的研究深度不够，多停留在定性及初级的定量分析上。

关于就业性别差异，经济学和社会学的研究由来已久：经济学者主要从理性效用最大化的角度来解释性别差异，研究视角有以下几种：其一，比较优势是劳动分工的思想基础（葛玉好等，2011），男性劳动参与率高是因为其具有市场性工作的优势；而女性具有家务劳动的比较优势，使得她们更多地参与到家庭生产中来（贝克尔，1998）。其二，搜寻及雇佣成本。尽管劳动力市场上并不是所有的雇主都有歧视偏好，但只要存在这样的雇主，女性的工作搜寻成本就高于男性（Mauer-Fazio，2002）。叶文振（2002）发现劳动力市场对女大学生歧视的主要原因是高雇佣成本，女大学生一入职就面临着生育问题，其单位不得不为此支付直接及间接成本。其三，人力资本理论。伊兰伯格（1999）指出男人或女人之所以对自己的时间和收入采取不同的分配方式，是因为他们不仅仅考虑当前，还为将来能持续地就业和更多的报酬。同时，明塞尔（2001）发现女性人力资本的折旧速率也要高于男性。这些都说明对男性的人力资本投资风险更小，回报更高。

社会学者认为性别差异带着历史文化传统、社会习俗、教育教化等的深刻烙印，有着浓重的社会属性。私有制后，两性由分工不同而逐渐强弱分明，以至约定俗成为顽固的性别观念。女性历史与现实的孱弱以及被歧视的直接原因不是生理特征，而是父权文化长期干预的结果（Meng，1998）。近年来，关于性别差异新的研究视角不断出现，包括行为经济学、互动理论（Tilly，et al.，1998；Ridgeway，et al.，1997）等，他们从传统文化、社会制度等方面研究男女就业的不平等。不可避免地，也并不是所有的学者都认为"女大学生就业难"和"性别歧视"之间存在必然的联系。潘锦棠（2004）认为优先录用男大学生恰恰是"性别正视"；文东茅的研究也发现大学生就业中并不存在明显的"性别歧视"，男女大学生在起薪方面的区别主要是由专业、从事职业等方面的差异所造成的。

国内外的相关研究，多是个案或区域调查，少有全国范围调查；多是大学生群体分析，少有女性专属性问题研究；多是性别工资差异，少有就业机会对比。即目前对大学生就业问题研究的深刻性、男女大学生就业机会差异、女性专属性因素对就业的影响程度等方面的实证研究还尚显薄弱。基于此，在国家社会科学基金的支持下，笔者带领课题组成员[①]对全国范围内 63 所高校的 6000 余名大学毕业生进行了实地调查，旨在解决以下三个问题：一是大学生就业搜寻过程中，是否存在性别差异。如果存在差异的话，女生是否会退而求其次，更多的选择基层就业；二是不同群体的女大学生面临的就业歧视是否一致；三是经验认为，婚恋、生育对女性

---

① 朱力凡、李洁、李善乐、孙颖、滕雅楠、孙昌华等同学参与了调研及文章讨论，在此表示感谢。

就业有负面作用。然而，女大学生自身对该问题是如何看待的？不同类型的女生对婚恋、生育影响就业的担忧是否一致。

二、问卷调查与数据处理

（一）问卷设计

2010年10月至2011年6月，课题组成员对我国东北、华东、华中、西部、华北、华南和西南七大区域的各类型大学进行了大规模调研。调查对象是全国重点院校、区域性知名院校以及其他普通院校的大学毕业生，共发放问卷6220份，回收有效问卷5694份，有效回收率为91%。数据利用SPSS16.0软件分析处理。问卷内容分为以下四个方面：一是人力资本变量，包括性别、学历、毕业院校类型、专业、参加实习、学习成绩、各种证书、实习经历、政治面貌、学生干部、求职技巧、个性特征等。二是家庭背景变量，主要包括父母的意愿、人际关系、生源地、户籍、父母的社会地位等。三是工作搜寻变量，包括意向单位、意向起薪、意向就业地区、专业对口度、毕业去向、投递简历次数、参加面试次数、就业信息获取渠道、创业帮助渠道、是否异地就业、工作搜寻过程中得到的帮助等。四是结果变量，主要指是否遭遇就业歧视以及是否愿意创业、基层就业意愿等。

（二）样本统计描述

被调查调查样本的统计量描述见表7.1。

表7.1 　　　　　　　　　　**调查样本的统计量描述**

指标		男	占全部男生比例	女	占全部女生比例
民族	汉族	2522	92.90%	2635	88.50%
	少数民族	193	7.10%	344	11.50%
学历	本科	2089	76.90%	2330	78.20%
	硕士研究生	574	21.20%	622	20.90%
	博士研究生	52	1.90%	27	0.90%

续表

指标		男	占全部男生比例	女	占全部女生比例
生源地	省会及以上大城市	453	16.70%	414	13.90%
	中小城市	1059	39%	1281	43.00%
	农村等其他地区	1203	44.30%	1284	43.10%
学校类型	全国重点院校	1596	58.80%	1322	44.40%
	区域知名院校	505	18.60%	816	27.40%
	其他普通院校	614	22.60%	841	28.20%
歧视	遭遇过就业歧视	978	36.02%	1732	58.14%
	未遭遇就业歧视	1737	63.98%	1247	41.86%
基层就业	愿意基层就业	1656	60.99%	1988	66.73%
	不愿意基层就业	1059	39.01%	991	33.27%

资料来源：依据调查问卷整理而得。

（三）问卷数据处理

在进行计量回归之前，对调查问卷的数据做如下处理：

首先，生成"就业歧视"变量。就业歧视与性别、毕业院校类型、学历层次、生源地相联系，而且性别、毕业院校类型、学历层次、生源地可能对就业歧视这一因变量产生交互影响。本研究中，性别变量分为男性与女性两类，毕业院校类型变量分为全国重点院校毕业生、区域性知名院校毕业生、其他院校毕业生三类，学历层次变量分为本科、硕士与博士三类，生源地变量分为来自省会及以上大城市、来自中小城市、来自农村等其他地区三类，则可将受访者划分为 54 类群体（2×3×3×3＝54）。在对受访毕业生就业歧视问题进行的实证分析中，结果显示区域性知名院校与其他院校对受访者是否会遭遇就业歧视无显著作用，本科生、博士生均与硕士生之间存在显著差异，但前两者差异不显著，故将区域性知名院校毕业生与其他院校毕业生合并为非全国重点院校毕业生，将本科生与博士生合并为非硕士生，因此最终将 54 类受访者合并为 24 类（2×2×2×3＝24）。

其次，生成"基层就业"变量。在对受访者基层就业意愿进行的实证分析中，结果显示硕士生、博士生均与本科生之间存在显著差异，但硕士生与博士生之间差异不显著，故将硕士生与博士生合并为本科以上毕业生，因此最终将54类受访者合并为36类（$2 \times 2 \times 3 \times 3 = 36$）。

三、女大学生就业搜寻中遭到性别歧视

（一）女大学生比男大学生更容易遭受就业歧视

采用 logistic 模型考察可能影响毕业生就业遭遇及就业态度的因素，设定性别、民族、毕业院校、学历层次及生源地类型为可能影响因素。表 7.2 列出了对受访者属性相关变量的赋值情况。

表 7.2　　　　　　　就业性别差异 logistic 模型赋值情况

分析因素	赋值状况
性别	男性为 1，否则为 0
民族	汉族为 1，否则为 0
全国重点院校	全国重点院校为 1，否则为 0
区域知名院校	区域知名院校为 1，否则为 0
本科毕业生	本科毕业生为 1，否则为 0
硕士毕业生	硕士毕业生为 1，否则为 0
来自省会及以上大城市	生源地为省会及以上大城市为 1，否则为 0
来自中小城市	生源地为中小城市为 1，否则为 0
是否受到就业歧视	遭遇过就业歧视为 1，否则为 0

资料来源：依据本课题调研问卷整理而得。

以"是否受到就业歧视"为因变量，以上述其余 8 个因素为自变量，采用 logistic 模型进行回归分析，采用 Forward LR 方法筛选变量，最终保留了 5 个变量，见表 7.3。

表7.3 是否遭遇就业歧视保留变量

保留变量	回归系数	标准差	Wald统计量	自由度	p值	回归系数的自然指数
全国重点院校（x_1）	-0.216	0.061	12.355	1	0.000	0.806
性别（x_2）	-0.908	0.058	244.386	1	0.000	0.403
硕士毕业生（x_3）	0.407	0.074	30.496	1	0.000	1.502
来自省会及以上大城市（x_4）	-0.516	0.087	35.446	1	0.000	0.597
来自中小城市（x_5）	-0.287	0.062	21.319	1	0.000	0.750
常数项	0.600	0.058	106.871	1	0.000	1.822

数据来源：表中数据依据 SPSS 统计分析软件输出结果整理而得。

由表7.3可知，基于就业歧视问题的 logistic 回归模型包含5个显著自变量，即全国重点院校（x_1）、性别（x_2）、硕士毕业生（x_3）、来自省会及以上大城市（x_4）、来自中小城市（x_5）等5个变量将对大学生是否会在就业过程中遭遇就业歧视有显著的影响，模型形式如公式（7.1）所示，回归模型 HL 统计量 p 值为0.403，则在5%显著性水平下说明模型拟合程度较好。

$$\ln\left(\frac{p}{1-p}\right) = \alpha + \beta_1 x_1 + \beta_2 x_2 + \beta_3 x_3 + \beta_4 x_4 + \beta_5 x_5 \tag{7.1}$$

公式（7.1）中 p 为毕业生在就业过程中遭遇就业歧视的可能性，α 为所有5个保留变量取0时的常数项。当5个保留变量同时取0值时，为对照组毕业生，该毕业生所满足的条件包括：毕业于非全国重点院校、性别女、非硕士研究生学历、来自农村等其他地区。

将公式（7.1）两边取反对数，化为公式（7.2）所示模型形式：

$$\frac{p}{1-p} = e^{\alpha} \times e^{\beta_1 x_1} \times e^{\beta_2 x_2} \times e^{\beta_3 x_3} \times e^{\beta_4 x_4} \times e^{\beta_5 x_5} \tag{7.2}$$

进一步变形得公式（7.3）：

$$p = \frac{e^{\alpha} \times e^{\beta_1 x_1} \times e^{\beta_2 x_2} \times e^{\beta_3 x_3} \times e^{\beta_4 x_4} \times e^{\beta_5 x_5}}{1 + e^{\alpha} \times e^{\beta_1 x_1} \times e^{\beta_2 x_2} \times e^{\beta_3 x_3} \times e^{\beta_4 x_4} \times e^{\beta_5 x_5}} \tag{7.3}$$

令 $x_1 = x_2 = x_3 = x_4 = x_5 = 0$，可得对照组毕业生遭遇就业歧视的概率

$p^* = \frac{1.822}{1+1.822} = 0.6456$，即对照组毕业生遭遇就业歧视的概率

为 0.6456。

若 logistic 模型自变量回归系数的自然指数大于 1，说明事件发生的概率会提升；反之，若小于 1 则说明事件发生概率会降低。由表 7.3 可知：$e^{\beta_1} = 0.806 < 1$ 说明非全国重点院校毕业生比全国重点院校毕业生更容易遭受就业歧视；$e^{\beta_4} = 0.597 < 1$ 与 $e^{\beta_5} = 0.750 < 1$ 说明农村生源的毕业生比生源地为省会及以上大城市和中小城市的毕业生更容易遭受就业歧视；$e^{\beta_2} = 0.403 < 1$ 说明女大学生比男大学生更容易遭受就业歧视；$e^{\beta_3} = 1.502 > 1$ 说明硕士生比非硕士生更容易遭受就业歧视。

由表 7.3 所保留的 5 个变量，可以将大学生划分为 24 类（24 = 2 × 2 × 2 × 3）。根据表 7.3 与公式（7.3）可求得这 24 类毕业生遭遇就业歧视的概率，见表 7.4。

表 7.4　　　　基于影响因素分组的各类大学毕业生遭遇就业歧视概率测算

群组	毕业院校类型	性别	学历层次	生源地类型	概率	男女差距
组1	全国重点院校	女	硕士毕业生	省会及以上大城市	0.5684	0.2217
组2	全国重点院校	男	硕士毕业生	省会及以上大城市	0.3467	
组3	全国重点院校	女	硕士毕业生	中小城市	0.6233	0.2233
组4	全国重点院校	男	硕士毕业生	中小城市	0.4000	
组5	全国重点院校	女	硕士毕业生	农村等其他地区	0.6881	0.2175
组6	全国重点院校	男	硕士毕业生	农村等其他地区	0.4706	
组7	全国重点院校	女	非硕士毕业生	省会及以上大城市	0.4672	0.2061
组8	全国重点院校	男	非硕士毕业生	省会及以上大城市	0.2611 (min)	
组9	全国重点院校	女	非硕士毕业生	中小城市	0.5241	0.2167
组10	全国重点院校	男	非硕士毕业生	中小城市	0.3074	
组11	全国重点院校	女	非硕士毕业生	农村等其他地区	0.5949	0.2231
组12	全国重点院校	男	非硕士毕业生	农村等其他地区	0.3718	
组13	非全国重点院校	女	硕士毕业生	省会及以上大城市	0.6203	0.2233
组14	非全国重点院校	男	硕士毕业生	省会及以上大城市	0.3970	

续表

群组	毕业院校类型	性别	学历层次	生源地类型	概率	男女差距
组 15	非全国重点院校	女	硕士毕业生	中小城市	0.6724	0.2197
组 16	非全国重点院校	男	硕士毕业生	中小城市	0.4527	
组 17	非全国重点院校	女	硕士毕业生	农村等其他地区	0.7324（max）	0.2079
组 18	非全国重点院校	男	硕士毕业生	农村等其他地区	0.5245	
组 19	非全国重点院校	女	非硕士毕业生	省会及以上大城市	0.5210	0.2162
组 20	非全国重点院校	男	非硕士毕业生	省会及以上大城市	0.3048	
组 21	非全国重点院校	女	非硕士毕业生	中小城市	0.5774	0.2223
组 22	非全国重点院校	男	非硕士毕业生	中小城市	0.3551	
组 23	非全国重点院校	女	非硕士毕业生	农村等其他地区	0.6456	0.2222
组 24	非全国重点院校	男	非硕士毕业生	农村等其他地区	0.4234	

　　注：表中数据依据课题数据计算整理所得，为了更精确地说明问题，本表概率数值选取小数点后 4 位。

　　表 7.4 共 24 组，有 12 组对比值。可以看出①，同等条件下，女生比男生容易遭受就业歧视，并且受到歧视的概率高于同类男生 20 个百分点以上。另外，表 7.4 中有两个极值，各类受访者中，最容易受到就业歧视的是来自于其他普通院校、农村等其他地区的女硕士毕业生，她们遭遇就业歧视的概率为 73.24%，居最高位；全国重点院校、省会及以上大城市的非硕士男生，在工作搜寻过程中遭遇就业歧视的概率最低，为 26.11%。

（二） 女大学生基层就业明显多于男生

　　为解决大学生就业问题，政府积极推行大学生基层就业计划，包括基层社区、支援西部、大学生村官等。既然研究结果显示，同等条件下，女生比男生容易遭受就业歧视，那么，女生是否会退而求其次，转向基层就业？男女大学生的基层就业意愿是否一致呢？本书基于性别、民族、学历层

---

　　① 表 7.3 与表 7.4 所呈现出的分析结果基本符合常识。但表 7.4 显示，同等条件下，硕士毕业生相对于非硕士毕业生遭遇就业歧视的概率更大，这个结果需要认真考察，单纯从原始数据进行分析，暂时无法解释该现象。

次、学校类型、生源地 5 项指标对大学生基层就业意愿问题进行了 logistic 回归分析，结果见表 7.5。

表 7 – 5　　　　　是否愿意去基层工作分析保留变量一览

保留变量	回归系数	标准差	Wald 统计量	自由度	p 值	回归系数的自然指数
全国重点院校	− 0.684	0.078	76.081	1	0.000	0.504
区域知名院校	− 0.400	0.088	20.681	1	0.000	0.670
性别	− 0.180	0.058	9.480	1	0.002	0.835
本科	0.355	0.071	25.393	1	0.000	1.427
省会及以上大城市	− 0.245	0.085	8.321	1	0.004	0.783
中小城市	− 0.156	0.063	6.127	1	0.013	0.855
常数项	0.971	0.101	91.590	1	0.000	2.642

注：表中数据依据 SPSS 统计分析软件输出结果整理而得。

由表 7.5 可知，大学生基层就业意愿的 logistic 回归模型包含 6 个显著自变量，即全国重点院校（y_1）、区域知名院校（y_2）、性别（y_3）、本科毕业生（y_4）、省会及以上大城市（y_5）、中小城市（y_6）。模型形式如公式（7.4）所示，回归模型 HL 统计量 p 值为 0.148，则在 5% 显著性水平下说明模型拟合程度较好。

$$\ln\left(\frac{p}{1-p}\right) = \alpha + \beta_1 y_1 + \beta_2 y_2 + \beta_3 y_3 + \beta_4 y_4 + \beta_5 y_5 + \beta_6 y_6 \tag{7.4}$$

公式（7.4）中 p 为毕业生愿意去基层工作的可能性，对照组为毕业于全国重点院校及区域知名院校以外的普通院校、性别为女、非本科学历、来自农村等其他地区的毕业生。

将公式（7.4）所示模型取对数，化为公式（7.5）所示模型形式：

$$p = \frac{e^{\alpha} \times e^{\beta_1 y_1} \times e^{\beta_2 y_2} \times e^{\beta_3 y_3} \times e^{\beta_4 y_4} \times e^{\beta_5 y_5} \times e^{\beta_6 y_6}}{1 + e^{\alpha} \times e^{\beta_1 y_1} \times e^{\beta_2 y_2} \times e^{\beta_3 y_3} \times e^{\beta_4 y_4} \times e^{\beta_5 y_5} \times e^{\beta_6 y_6}} \tag{7.5}$$

令 $y_1 = y_2 = y_3 = y_4 = y_5 = y_6 = 0$，可得对照组毕业生愿意接受基层就业岗位的概率 $p^* = \dfrac{2.642}{1 + 2.642} = 0.7254$ 即对照组毕业生愿意到基层就业的概率为 0.7254。

由表 7.5 可知：$e^{\beta_1} = 0.504 < 1$ 与 $e^{\beta_2} = 0.670 < 1$，说明全国重点院校与区域性知名院校毕业生的基层就业意愿较其他普通院校毕业生要低，其中全国重点院校比区域性知名院校毕业生的基层就业意愿更低，说明院校知名度越高，毕业生的基层就业意愿越低；$e^{\beta_3} = 0.835 < 1$ 说明女生的基层就业意愿高于男生；$e^{\beta_4} = 1.427 > 1$ 说明本科生的基层就业意愿高于硕士生或博士生；$e^{\beta_5} = 0.783 < 1$ 与 $e^{\beta_6} = 0.855 < 1$，说明农村生源毕业生的基层就业意愿高于城市生源的学生，其中，中小城市生源的基层就业意愿高于省会及以上大城市的学生。

基于表 7.5 中保留的 6 个变量，可以将受访者分为 36 类（$36 = 3 \times 2 \times 2 \times 3$）。各类型受访者的基层就业意愿见表 7.6。

表 7.6 各类受访者的基层就业意愿

毕业生群组	学校类型	性别	学历	生源地	概率	男女差距
组 1	全国重点院校	男	本科	省会及以上大城市	0.5540	-0.0440
组 2	全国重点院校	女	本科	省会及以上大城市	0.5980	
组 3	全国重点院校	男	本科	中小城市	0.5757	-0.0433
组 4	全国重点院校	女	本科	中小城市	0.6190	
组 5	全国重点院校	男	本科	农村等其他地区	0.6134	-0.0418
组 6	全国重点院校	女	本科	农村等其他地区	0.6552	
组 7	全国重点院校	男	本科以上	省会及以上大城市	0.4654（min）	-0.0450
组 8	全国重点院校	女	本科以上	省会及以上大城市	0.5104	
组 9	全国重点院校	男	本科以上	中小城市	0.4873	-0.0451
组 10	全国重点院校	女	本科以上	中小城市	0.5324	
组 11	全国重点院校	男	本科以上	农村等其他地区	0.5265	-0.0446
组 12	全国重点院校	女	本科以上	农村等其他地区	0.5711	
组 13	区域性知名院校	男	本科	省会及以上大城市	0.6229	-0.0413
组 14	区域性知名院校	女	本科	省会及以上大城市	0.6642	
组 15	区域性知名院校	男	本科	中小城市	0.6433	-0.0402
组 16	区域性知名院校	女	本科	中小城市	0.6835	

续表

毕业生群组	学校类型	性别	学历	生源地	概率	男女差距
组17	区域性知名院校	男	本科	农村等其他地区	0.6784	-0.0380
组18	区域性知名院校	女	本科	农村等其他地区	0.7164	
组19	区域性知名院校	男	本科以上	省会及以上大城市	0.5365	-0.0444
组20	区域性知名院校	女	本科以上	省会及以上大城市	0.5809	
组21	区域性知名院校	男	本科以上	中小城市	0.5583	-0.0438
组22	区域性知名院校	女	本科以上	中小城市	0.6021	
组23	区域性知名院校	男	本科以上	农村等其他地区	0.5965	-0.0425
组24	区域性知名院校	女	本科以上	农村等其他地区	0.6390	
组25	其他院校	男	本科	省会及以上大城市	0.7114	-0.0356
组26	其他院校	女	本科	省会及以上大城市	0.7470	
组27	其他院校	男	本科	中小城市	0.7291	-0.0341
组28	其他院校	女	本科	中小城市	0.7632	
组29	其他院校	男	本科	农村等其他地区	0.7589	-0.0315
组30	其他院校	女	本科	农村等其他地区	0.7904（max）	
组31	其他院校	男	本科以上	省会及以上大城市	0.6333	-0.0408
组32	其他院校	女	本科以上	省会及以上大城市	0.6741	
组33	其他院校	男	本科以上	中小城市	0.6535	-0.0396
组34	其他院校	女	本科以上	中小城市	0.6931	
组35	其他院校	男	本科以上	农村等其他地区	0.6881	-0.0373
组36	其他院校	女	本科以上	农村等其他地区	0.7254	

注：表中数据依据课题数据计算整理而得。

表7.6共36组，有18组对比值，可以看出，相对于女大学生，男大学生基层就业意愿较低。同等条件下，男大学生基层就业意愿低于女生3个百分点以上，这表明由于女生比男生更容易遭受就业歧视，更多的女生转而选择基层就业。

另外，表7.6中有两个极值，各类受访者中，基层就业意愿最低的是来自全国重点院校、生源地是省会及以上大城市本科以上的男生，他们愿

意去基层就业的概率为 46.54%。而来自其他院校、生源地是农村等其他
地区的本科女生的基层就业意愿最高，概率为 79.04%。

四、人力资本制约女大学生的就业歧视程度

在对大学生就业性别差异研究的基础上，本书进一步剖析不同类型的
女大学生面临的就业歧视及其基层就业意愿。

（一）女大学生群体差异导致就业歧视程度不同

各类女生就业搜寻压力不同，表 7.7 描述了女大学生就业歧视的主要
影响因素及其影响程度。

表 7.7　　　女大学生找工作过程中感觉遭遇就业歧视的回归分析

保留变量	回归系数	标准差	Wald统计量	自由度	p 值	回归系数的自然指数
本科毕业生	−0.441	0.097	20.454	1	0.000	0.644
省会及以上大城市生源	−0.555	0.121	21.092	1	0.000	0.574
中小城市生源	−0.358	0.085	17.587	1	0.000	0.699
常数项	0.971	0.099	95.516	1	0.000	2.639

注：表中数据依据 SPSS 统计分析软件输出结果整理而得。

表 7.7 表明女本科生受到就业歧视的可能性小于本科以上女生，农村
等其他地区的女生受到就业歧视的可能性更大。根据表 7.7 所示回归结果，
表 7.8 显示出各类女大学生工作搜寻过程中遭遇歧视的概率状况。其中省
会及以上大城市生源的本科女生遭遇歧视的概率最小，为 49.38%；农村
等其他地区的非本科女生最容易遭遇歧视，遭遇歧视的概率为 72.52%。

表 7.8　　　各类女大学生找工作过程中感觉遭遇就业歧视的概率

毕业生群组	学历层次	生源地	概率
组 1	本科毕业生	省会及以上大城市生源	0.4938（min）
组 2	本科毕业生	中小城市生源	0.5430
组 3	本科毕业生	农村等其他地区生源	0.6296

毕业生群组	学历层次	生源地	概率
组4	非本科毕业生	省会及以上大城市生源	0.6024
组5	非本科毕业生	中小城市生源	0.6485
组6	非本科毕业生	农村等其他地区生源	0.7252（max）

注：表中数据为依据课题数据计算整理而得。

（二）女大学生群体差异影响基层就业意愿

以毕业院校属性、学历层次、民族因素、生源地等变量对受访女生的基层就业意愿进行 logistic 回归，分析结果见表 7.9。

表 7.9　　　　女大学生是否愿意接受基层就业岗位的回归分析

保留变量	回归系数	标准差	Wald统计量	自由度	p 值	回归系数的自然指数
全国重点院校	-0.695	0.110	39.642	1	0.000	0.499
区域知名院校	-0.433	0.116	13.934	1	0.000	0.649
硕士生	-0.338	0.103	10.820	1	0.001	0.713
省会及以上大城市生源	-0.304	0.114	7.095	1	0.008	0.738
常数项	1.275	0.088	212.125	1	0.000	3.577

注：表中数据依据 SPSS 统计分析软件输出结果整理而得。

表 7.9 表明，相对其他普通院校，全国重点院校与区域知名院校女生的基层就业意愿较低；相对于非硕士女生，女硕士毕业生的基层就业意愿较低；相对于中小城市或农村等其他地区的女生，省会及以上大城市的女生的基层就业意愿较低。根据表 7.9 所示回归结果，表 7.10 列出了不同类型女生基层就业意愿的概率情况。

表 7.10　　　　各类女大学生接受基层岗位的概率

毕业生群组	学校类型	学历层次	生源地	概率	差距
组1	全国重点院校	硕士生	省会及以上大城市	0.4843（min）	-0.0842
组2	全国重点院校	非硕士生	省会及以上大城市	0.5685	

毕业生群组	学校类型	学历层次	生源地	概率	差距
组3	全国重点院校	硕士生	非省会及以上大城市	0.5600	-0.0809
组4	全国重点院校	非硕士生	非省会及以上大城市	0.6409	
组5	区域知名院校	硕士生	省会及以上大城市	0.5499	-0.0815
组6	区域知名院校	非硕士生	省会及以上大城市	0.6314	
组7	区域知名院校	硕士生	非省会及以上大城市	0.6234	-0.0755
组8	区域知名院校	非硕士生	非省会及以上大城市	0.6989	
组9	其他普通院校	硕士生	省会及以上大城市	0.6530	-0.0723
组10	其他普通院校	非硕士生	省会及以上大城市	0.7253	
组11	其他普通院校	硕士生	非省会及以上大城市	0.7183	-0.0632
组12	其他普通院校	非硕士生	非省会及以上大城市	0.7815（max）	

注：表中数据为依据课题数据计算整理而得。

表7.10共12组，有6组对比值，可以看出，无论是哪种分类比较，女硕士生的基层就业意愿均低于非硕士女生，概率差都在6个百分点以上。此外，全国重点院校、省会及以上大城市女硕士生的基层就业意愿最低，但也达到48.43%的概率；而普通院校、非省会及以上大城市地区的非硕士女生基层就业意愿最高，达到78.15%。

五、婚恋和生育对女大学生就业有负面影响

男女社会分工不同，女性承担了更多的家庭劳动及生育子女的责任，婚恋和生育对女性就业有负面影响。然而，女大学生自身如何看待该问题？不同类型的女生对婚恋和生育影响就业的担忧是否一致？为此，本文继续分析不同群体女大学生对婚恋和生育影响就业的看法。

（一）婚恋对女大学生就业不利

婚恋因素对女性就业有影响，为了解不同群体女性对婚恋影响就业的看法，本书通过回归分析进行了列示，详见表7.11。

表 7.11 　　　　　　女大学生是否担心婚恋影响的回归分析

保留变量	回归系数	标准差	Wald 统计量	自由度	p 值	回归系数的自然指数
全国重点院校	0.433	0.099	19.077	1	0.000	1.541
区域知名院校	0.406	0.103	15.491	1	0.000	1.501
研究生	0.216	0.104	4.311	1	0.038	1.241
中小城市	-0.264	0.078	11.596	1	0.001	0.768
常数项	0.129	0.082	2.477	1	0.116	1.137

注：表中数据依据 SPSS 统计分析软件输出结果整理而得。

表 7.11 表明全国重点院校、区域知名院校女生对婚恋影响就业的担忧分别大于非全国重点院校、非区域知名院校女生。由此可以看出，普通院校女生对婚姻影响就业的担忧相对更少。另外可以发现，女研究生更担心婚恋影响就业，而来自中小城市的女生担忧较少。根据表 7.11 的回归结果，表 7.12 计算出不同类型女大学生婚恋影响观的差异程度。

表 7.12 　　　　　不同类型女大学生担忧婚恋对就业影响的概率

毕业生群组	学校类型	学历层次	生源地	概率	差距
组 1	全国重点院校	硕士生	中小城市	0.6255	0.0518
组 2	全国重点院校	非硕士生	中小城市	0.5737	
组 3	全国重点院校	硕士生	非中小城市	0.6850（max）	0.0484
组 4	全国重点院校	非硕士生	非中小城市	0.6366	
组 5	区域知名院校	硕士生	中小城市	0.6193	0.0521
组 6	区域知名院校	非硕士生	中小城市	0.5672	
组 7	区域知名院校	硕士生	非中小城市	0.6793	0.0488
组 8	区域知名院校	非硕士生	非中小城市	0.6305	
组 9	其他普通院校	硕士生	中小城市	0.5201	0.0539
组 10	其他普通院校	非硕士生	中小城市	0.4662（min）	
组 11	其他普通院校	硕士生	非中小城市	0.5852	0.0531
组 12	其他普通院校	非硕士生	非中小城市	0.5321	

注：表中数据为依据调研数据计算整理而得。

表 7.12 共 12 组，有 6 组对比值，可以看出，毕业于全国重点院校、

具有硕士学历、非中小城市的女大学生最为担心婚恋对就业的影响，有68.50%的此类受访者担心婚恋因素对就业的负面影响；而其他普通院校、中小城市、具有本科或博士学历的女生对婚恋的负面影响担心最小，但也有近47%的此类受访者担心婚恋对就业的负面影响。

（二）生育对女大学生就业十分不利

女性生育期间需要有产假，部分企业会以生育为由不接受女性职工，或者以生育为由抬高雇用门槛，使女性就业较为困难，部分女大学生在工作搜寻时担心生育对就业的负面影响。表7.13考察了毕业院校类型、民族、学历、生源地等因素对女性生育观的影响，结果发现仅有学历变量对女性生育观的差异有显著影响，而毕业院校类型、民族、生源地等变量无明显差别。

表7.13　　　　　　女大学生担心生育影响就业的回归分析

保留变量	回归系数	标准差	Wald 统计量	自由度	p 值	回归系数的自然指数
本科	-0.391	0.104	14.020	1	0.000	0.676
常数项	1.159	0.094	152.454	1	0.000	3.188

注：表中数据依据 SPSS 统计分析软件输出结果整理而得。

表7.13中，相对于女硕士、博士生，女本科生对生育的负面影响担心较小。通过表7.14可以看出，68.31%的本科女生担心生育对就业有负面影响；76.12%的非本科女生担心生育对就业有负面影响。这些担心的理论根源来自于人力资本理论：女性生育及抚养孩子期间的劳动参与率较低，投资预期收益率低于男性，因此企业更倾向于对男性进行人力资本投资，更愿意雇佣男性或者以较低的工资来雇佣女性，而这恰恰就是性别歧视。

表7.14　　　各类女大学生担心生育对工作影响的概率

学历层次	本科毕业生	非本科毕业生
概率	0.6831	0.7612

注：表中数据为依据调查数据计算整理而得。

（三）女大学生自我评价存在差异

随着社会不断进步，女性的社会地位不断提高，女性在社会经济各领域发挥了越来越重要的作用，女性自信心与自我满意程度不断提高。本书通过调查数据分析了不同群体女大学生的自我评价。表7.15显示了对女大学生自我评价有显著影响的因素。可以看出，仅有学历因素对女生自我满意度有显著影响，而毕业院校、民族、生源地等因素并不会对女性的自我评价产生较大影响。值得注意的是，硕士研究生回归系数的自然指数大于1，说明女硕士比女本科和女博士的自我评价要高。

表 7.15　　　　　　　　女大学生自我满意度回归分析

保留变量	回归系数	标准差	Wald 统计量	自由度	p 值	回归系数的自然指数
硕士研究生	0.350	0.128	7.450	1	0.006	1.419
常数项	1.432	0.053	716.741	1	0.000	4.187

注：表中数据依据 SPSS 统计分析软件输出结果整理而得。

表7.16进一步测算出了各类女大学生的自我评价情况：85.59%的女硕士和80.72%的非硕士女生的自我满意度较高。由此可见，当代女大学生的自我满意度普遍较高。

表 7.16　　　　　　　各类女大学生自我满意的概率

学历层次	硕士毕业生	非硕士毕业生
概率	0.8559	0.8072

注：表中数据依据调查数据计算整理而得。

从表7.16中还可以看出，女生从本科生到硕士，其自我满意度提高了4.87个百分点。但是，从硕士生到博士，其满意度却会下降4.87个百分点，此结论与实地访谈的结果相一致。女硕士生的期望值要比女本科生要高很多，她们对未来的工作和家庭生活充满了自信。而女博士群体，在当前严峻的就业形势下，加之年龄偏大，就业和生活使她们压力较大，自我满意度不高。

六、结论与讨论

（一）结论

本书对男女大学生在就业性别差异、基层就业意愿两个方面进行了对比分析，并剖析了不同类型女大学生的就业歧视、基层就业意愿以及婚恋生育等专属性问题，得出如下结论：

1. 女大学生在就业搜寻中被歧视

同等条件下，女生比男生遭受歧视的概率高 20 个百分点以上。最容易受到就业歧视的是来自于普通院校、农村等地区的女硕士毕业生，她们遭遇就业歧视的概率为 73.24%；而全国重点院校、省会及以上大城市的非硕士男生遭遇歧视的概率最低，为 26.11%。由于性别歧视的存在，更多的女生转而选择基层就业，不同群体女生的基层就业意愿均比同类男生高 3 个百分点以上。见表 7.17。

表 7.17　　　　　男女大学生就业相关问题对比结果

分析因素	是否受到就业歧视	是否愿意接受基层就业岗位
性别	△	△
民族	O	O
全国重点院校	△	△
区域知名院校	O	△
本科毕业生	O	△
硕士毕业生	△	O
来自省会及以上大城市	△	△
来自中小城市	△	△

注：△ 代表显著性影响，O 代表影响不显著。

2. 人力资本决定女大学生就业歧视的程度

最容易受到歧视的为农村生源的非本科女生，她们遭遇歧视的概率为 72.52%；而省会及以上大城市的本科女生遭遇歧视的概率最小，为 49.38%。

3. 不同群体女大学生对婚恋和生育影响就业的担忧不同

院校层次高的女生，研究生学历及来自中小城市的女生更加担心婚恋对就业的影响。相对于女硕士生和女博士生，女本科生对生育的负面影响担心较小。此外，当代女大学生的自我满意度普遍不低，女硕士生的自我评价高于非硕士女生。对比结果见表 7.18。

表 7.18 不同类型女大学生就业对比结果

分析因素	是否容易遭遇就业歧视	是否愿意去基层就业各位	是否担心婚恋影响	是否担心生育影响	自我评价
民族	O	O	O	O	O
全国重点院校	O	O	Δ	O	O
区域知名院校	O	Δ	Δ	O	O
本科毕业生	Δ	Δ	O	Δ	O
硕士毕业生	O	Δ	Δ	O	Δ
省会及以上大城市	Δ	Δ	O	O	O
中小城市	Δ	O	Δ	O	O

注释：Δ 代表显著性影响，O 代表影响不显著。

（二）讨论及政策建议

本书研究发现，性别明显影响大学生就业，女大学生遭遇到的就业歧视远高于男大学生。要想减少或者消除劳动力市场中的性别歧视，至少需要以下几个方面的努力。

1. 降低女大学生雇佣成本

同等情况下，厂商愿意选择生产率水平高或雇佣成本相对较低的劳动力。女性因为承担了生育和抚养子女的责任，无法与男性一样全身心投入工作，且需要一定的补偿（带薪产假等），被视为雇佣成本高于男性，这成为被歧视的"正当理由"。因此，成立由政府、企业和个人共同承担的女性生育保障机制是十分必要的。改革生育保障制度，设立生育基金，由社会来承担生育成本、产假补贴等，以此来降低或消除市场中女性"额外"的雇佣成本，使理性的厂商在选择男女就业时无差别。

2. 提高女大学生劳动者的资源禀赋

教育、培训和健康保健可以直接提高劳动生产率水平。在竞争的劳动力市场中，改变性别弱势地位最有效的办法就是提高女性的劳动生产率。为此，政府应积极组织各类女性发展项目，并在政策上给予支持，包括：税收减免、低息贷款等，在制定各项政策同时，政府需要有效引导企业实施性别平等措施。同时，鼓励民间团体、企业或个人设置各类女性教育基金、女员工职业培训基金、女性健康保健基金等，是女性劳动者改变弱势地位的关键所在。

3. 提高劳动力市场歧视成本

在降低女性雇佣成本、提高女性资源禀赋的同时，建设和完善反歧视制度。建议政府制定反歧视的专门法律，对性别歧视的定义、种类、判断标准、抗辩事由等事项做出详细规定，明确不同违法行为的具体法律责任。对违反"反歧视法"者严惩不贷，并对造成的损害给予补偿，同时还要明确对被歧视者的援助措施。建议政府成立平等就业委员会专门机构，赋予其监督、仲裁和执行功能，加强违法的惩罚力度。政府的有效干预，将大大地提高歧视成本，使持有歧视偏见者望而却步。

4. 建设公共政策

观念的更新是改善目前我国职业性别隔离和提高女性社会地位的一个重要前提。对于性别刻板印象的改造将是一个困难和漫长的过程，因为它与传统习俗和文化联系在一起，并以制度化或非制度化的形式存在。有关研究显示，我国的女性就业存在着两个问题：一是广泛存在的对于女性能力的怀疑；二是女性对自身能力的不自信。在传统文化、观念和习俗影响下，甚至大多数女性劳动力长期遭受歧视和社会性别排斥却反抗不足。她们就业艰难，即使同样就业却也得不到同样的待遇，他们积弱积贫，因为贫弱所以被排斥在社会各项参与的边缘，由此更加低微和不自信……这种恶性循环使性别社会角色牢牢定位，严重影响了女性的发展和社会的和谐。

当今社会对女性的角色期待和评价仍然以传统的性别分工要求为标准，要消除劳动力市场中的性别歧视和社会性别排斥，建议政府逐渐引导建立以两性全面、和谐发展为目标的先进性别文化，在全社会树立尊重妇女的进步观念。但是，过往的实践证明，单方面的宣传力量有限，激励型的制度效果却反响不凡。

除此以外，转变观念还需要女性自身的努力，建议女性劳动者积极强化自身的素质和能力，逐渐磨炼坚强的心理和顽强的意志，增加竞争和市场意识，积极主动地寻求发展机会，依靠自己的勤奋及成就改变社会的评价。

5. 建立联系网络

劳动力市场性别歧视导致女性劳动者在经济方面就业和发展机会不如男性，在社会方面表现在网络弱化，社会关系疏离、社会地位降低，被排斥于社会各项参与的边缘进而逐渐贫弱化。社会网络以及社会关系都是一种社会资源，它们提供着信息、机会和支持。特别建议政府积极地组织或建立各种女性社团，承担起更多的经济援助和社会支持的责任，帮扶那些无助的女性劳动者，使她们有基本的力量迎接一次又一次竞争的考验。当然也特别建议民间有识之士、甚至是女性劳动者自己组织和建立"互助会"，团结起来，积弱成强，勇敢地应对市场和社会的种种不如意、不公平。毕竟，世界上从来就没有什么救世主，改变经济境况也好、提高社会地位也好，最可信赖的是我们自己。

6. 建立性别平等意识

公共政策对市场和社会有直接或间接的引导作用，女性劳动力是推动经济发展与社会进步不可或缺的力量，公共政策不仅要赋予两性经济和社会的平等权利，也需要根据客观的生理属性给予女性以特别的保障。建议政府在社会保障制度改革的目标中纳入性别平等的意识。在各项保障制度改革中纳入性别平等的视角，以确保社会保障制度协调、维护社会成员之间公平发展目标的真正实现。世界银行的一份报告曾指出，政府的任务及其政策问题应为：采取有效的行动支持市场的有效运转，鼓励生产性投资，对受到歧视或处于不利地位的劳动者给予帮助①。因而以实现社会公平为目标的政府，完全有责任将性别意识纳入决策过程中，不仅使政策在制定、执行过程中不因性别意识的缺失而产生性别歧视，还要制定向女性倾斜的政策，同时通过就业制度、社会保障制度等制度改革与创新，从根本上保障并实现我国妇女的公平就业权利并为此创造经济、社会、法律的制度环境。

第二节　过度教育发生率及其影响因素的实证分析

本书的研究结果表明，样本数据中过度教育发生率因劳动者的学历水平、性别、年龄及所在单位的企业所有制类型及行业因素而存在差异，且前后两次调研数据的分析结果存在一定差异。通过构建二元 logstic 模型来

---

① 世界银行：《一体化世界中的劳动者》，世界银行发展报告 1995 年，第 14～16 页。

分析性别、年龄等个体因素及单位性质与行业特征对过度教育发生率的影响。

一、引言

20世纪60年代末70年代初，受教育劳动者的相对过剩问题在西方发达国家（如北美、欧洲各国）普遍存在，越来越多具有较高教育水平的劳动者从事低技能水平的工作，美国学者弗里曼（Freeman）在其1976年出版的《过度教育的美国人》一书中，首次将这种现象称之为"过度教育"，即在微观层面表现为高学历劳动者从事过去由低学历劳动者从事的工作，在宏观层面表现为教育投资对经济增长贡献不显著（Freeman，1976）。自此，过度教育问题引起西方经济学家和教育学家的普遍重视与广泛研究。

邓肯和霍夫曼（Duncan & Hoffman，1981）提出采用标准方差法对过度教育进行度量，为后续过度教育的研究奠定了数理基础，他们定义了评价工作技术特征的重要指标——"工作所需教育"的概念，即劳动者从事某种工作所需要的教育年限。用从事某一职业劳动者的平均受教育年限作为该职业所需教育年限。当劳动者的受教育年限高于平均受教育年限一个标准差之上时，称之为"过度教育"；当劳动者的受教育年限处于平均受教育年限一个标准差之下时，称之为"教育不足"。过度教育有三个表现：第一，对于教育水平相同的劳动者而言，后进入劳动力市场的个体经济地位或收入水平低于先进入劳动力市场的个体；第二，受教育者没有实现其预期的职业目标；第三，受教育者的技能水平高于其所从事的工作所需要的技能水平。

与发达国家相对应，发展中国家的过度教育还表现为知识失业，如印度、埃及、菲律宾等国家出现了具有较高教育水平的劳动者大规模失业现象，虽然这些劳动者的失业并非永久性失业，但他们不得不转而从事一些低技术水平的工作。发展中国家由于劳动力市场存在体制性障碍等导致其过度教育的现象可能比发达国家更为严重。

有学者指出，教育过度是职业"教育提升"的结果，即各类职业的"知识和技术含量"变化不多，而人们的教育水平在不断提高。西方国家职业教育提升自1960年以来广泛出现，而中国在过去20年里，职业教育提升现象也非常明显（刘金菊，2014）。

二、关于过度教育测量方法的综述

测量过度教育的核心是计算工作所需的教育水平，一旦工作所需教育水平确定下来，将其与劳动者的实际教育水平进行比较，就能确定个体是否为过度教育、教育不足或者适度教育（武向荣，2006）。目前衡量工作所需教育水平的方法有四种，分别为外部评价法、标准方差法、众数法和主观评价法，其中前三种测量方法是从客观角度进行分析，而主观评价法是从主观角度进行测量（刘金菊，2014）。

（一）外部评价法

外部评价法又被称为工作评价法，简称 JA。职业评估专家根据每个职业的性质、职业所需要的知识与技能界定该职业所需要的教育水平和类型，然后将劳动者的实际教育水平与工作所需教育水平进行比较，会出现如下三种情况：一是实际教育水平高于工作所需教育水平，称之为"过度教育"；二是实际教育水平低于工作所需教育水平，称之为"教育不足"；三是实际教育水平等于工作所需教育水平，称之为"适度教育"。如美国职业词典（DOT）里对每一职业所需平均教育水平做了详细评估，1988 年国际劳动委员会公布的《国际标准职业分类 ISCO88》中也明确了不同职业所需要的学历水平。采用这种方法测度过度教育的学者有罗润东等（2010）。

张晓蓓等（2010）指出外部评估结果缺乏准确性和时效性，因为这种方法对工作所需教育水平的评估结果没有具体到相同行业的不同岗位，并且受人力、物力、财力等多种因素的影响往往在较长时间内保持不变。为克服此种方法的缺陷与不足，也有学者根据企业招聘时的最低学历要求等价于工作岗位所需的教育水平，然后用劳动者的实际学历水平减去就业岗位招聘时的最低学历要求，进而计算出劳动者处于过度教育、适度教育及教育不足中的哪一种状态。采用这种方法测量过度教育的学者有张晓蓓等（2010）、武向荣等（2010）、缪宇环（2013）、代懋等（2013）等。但这种方法也有可能低估过度教育水平，因为随着高校扩招，越来越多的大学毕业生进入劳动力市场，企业在招聘时容易抬高学历门槛，使估算出的工作岗位所需的教育水平高于真实水平。

（二）标准差法和众数法

标准差法是由邓肯和霍夫曼（1981）提出的，也叫实际匹配（realized match）法，简称 RM，有时也被称为 VV 法。该方法将某种职业从业人员所受教育水平的平均值看作工作所需教育水平，将该值与劳动者的实际教育水平相比较，当劳动者的实际教育水平超过平均教育水平之上一个标准差时，称之为"过度教育"；当劳动者的实际教育水平低于平均教育水平之下一个标准差时，称之为"教育不足"；当劳动者的实际教育水平处于平均教育水平的正/负一个标准差之内时，表明实际教育水平与工作所需教育水平相匹配。

众数法在贝尔杜戈（Verdugo，1989）中首次出现，该方法是将在职业分布中出现频率数最高的教育水平（即教育水平的众数值）看作工作所需教育水平。当劳动者所受教育年限大于他所从事职业教育水平的众数值时，被称为"过度教育"；当劳动者所受教育年限小于他所从事职业教育水平的众数值时，被称为"教育不足"；当劳动者所受教育年限等于他所从事职业教育水平的众数值时，被称为"适度教育"。

标准差法和众数法一起使用可以相互佐证，在实际研究中采用标准差法或众数法测量过度教育的文献有很多，如刘云波等（2012）、刘金菊（2014）、纳克（Ng，2001）、武向荣（2007）等。这两种方法具有简便、易操作等特性，得到广泛应用，但其也存在内生性问题，容易低估过度教育程度（张晓蓓等，2010）。

（三）自我评估法或者主观评价法

自我评估法是一种主观评价过度教育的方法，即测量劳动者感受到的教育过度感。通常可以通过直接询问当事人，他认为自己在工作岗位上是否为过度教育或教育不足，或者他认为自己所从事工作需要的最低教育水平，将这个问题的答案与他们所受教育水平相比较，可以评价出过度教育或教育不足。另外，在管理学和心理学研究中，还发展了测量过度教育的量表。采用这种方法测量教育过度的经济学者也有很多，如范皑皑等（2013）、武向荣等（2010）、李锋亮等（2009）、文东茅（2005）、麦吉尼斯（Mcguinness，2006）等。

（四）过度教育测量方法的评述

关于过度教育的各种测量方法自身都存在一定的局限性。首先，外部评估方法中采用职业专家确定每种工作岗位所需教育水平的方法，所带来的问题是评估结果的时效性问题（张晓蓓等，2010），受人力、财力、物力等各方面因素的限制，导致职业专家的评估结果不能做到按时更新；其次，利用企业招聘人才时每个岗位所需的最低学历标准衡量工作岗位所需的教育水平，存在的问题是企业有可能故意提高求职者的学历要求，造成岗位所需教育水平虚高；再次，采用平均数法与众数法计算工作岗位所需教育水平，存在数据的内生性问题；最后，而采用自我评价法，劳动者评估自身工作岗位所需的教育水平又难以避免主观性，受劳动者性格特质及当下心情的影响，对同一工作岗位不同的劳动者所主观认定需要的教育水平会存在差异。但同时史塔斯（Stasz，1998）认为自我评价法要比以企业招聘时要求的最低学历作为工作岗位需要的教育水平的结果更精确，因为劳动者往往比雇主更清楚自己所从事工作所需要的技能水平。

由于自身面对的局限性不同，因此采用不同的方法测算出的过度教育发生率往往存在很大差异（Mcguinness，2006；Verhaest & Omey，2010）。例如，国内学者武向荣等（2010）分别采用自我评价法以及企业招聘时要求的最低学历作为工作岗位需要的教育水平，来测度2008年北京市党政机构及企事业单位职工的过度教育情况，其中自我评价法得到的过度教育发生率为52.31%，教育不足发生率为6.04%，适度教育发生率为41.65%；而第二种方法所得到的过度教育发生率为43.64%，教育不足5.05%，适度教育发生率为51.31%。刘云波等（2012）采用众数法和标准差法分别测度1996年、2001年和2006年中国香港三次人口统计数据测算出过度教育发生率分别为31.2%和13.8%、32.7%和17.0%、31.0%和15.0%。

尽管四种测量方法本身都存在一定的局限，但用来进行过度教育的横向比较或纵向比较，其结果将会对现实的刻画仍是可信的。由于各个方法所需成本、测量精度、客观性、获取资料难易程度等方面不尽相同，研究者往往根据自己的研究设计和实际条件选择相应的测量方法（孙志军，2001）。

三、数据来源及变量描述

本章采用 2012 年和 2014 年的部分调研数据来测算劳动力市场中高学历群体的过度教育发生率情况。2012 年过度教育的相关数据来源于教育部人文社会科学重点研究基地重大项目"经济增长中的产业结构与就业结构研究"（批准号 11JJD790052）的部分调研数据。该调研的起始时间为 2012 年 6 月至 2012 年 9 月，调研范围涉及东北地区、西部地区、华北地区、珠三角地区及长三角地区共 17 个省市，调研对象为企业员工、企业和政府部门，调研目的是获取真实、可靠的一手数据用于分析产业转型过程中企业员工的人力资本因素作用和地位，调研涉及批发零售业、制造业、金融保险业、房地产业、交通运输、农林牧渔业、建筑业、住宿餐饮业、IT 业、采矿业等关系国民经济发展的十余种行业。该调研共收回政府问卷 127 份、企业问卷 241 份及企业职工问卷 4495 份。本章使用企业职工的部分数据分析高学历群体的过度教育问题，剔除学历信息缺失群体的问卷后，剩余 3396 份。

2014 年过度教育的相关数据来源于国家社科基金一般项目"大学毕业生就业质量与政策研究"（批准号 14BSH107）的调研数据。该调研的起始时间为 2012 年 7 月至 2012 年 9 月，调研范围涉及东北地区、西部地区、华北地区、珠三角地区及长三角地区共 21 个省市，调研对象为劳动力市场中具有专科以上学历的就业群体，调研目的是获取真实、可靠的资料研究大学生的就业质量问题以期实现更高质量就业，调研涉及批发零售业、制造业、金融保险业、房地产业、交通运输、农林牧渔业、建筑业、住宿餐饮业、IT 业、采矿业等关系国民经济发展的十余种行业。本次调研共收回 5049 份问卷，剔除学历信息缺失的问卷后，剩余 4905 份问卷。

表 7.19 统计了两次调研中样本数据的基本情况。（1）从性别分布上看，调研对象基本上男性与女性各占半壁江山。（2）从年龄结构来看，2012 年和 2014 年调研对象年龄在 25～30 岁的占比最大，分别达到 39.6% 和 52.9%；调研对象年龄在 31～40 岁的比重分别为 32.6% 和 22.1%；而年龄在 25 岁以下的比重分别为 16.6% 和 22.1%；与 2012 年相比，2014 年调研对象更加年轻化。（3）从受教育水平来看，两次调研中调研对象的学历水平按人数由多到少排列均表现为本科、专科、硕士、博士。2014 年的调研对象中本科学历的人才更为集中，占比 62.07%，比 2012 年高 10.2%。

（4）从调研对象所在企业的单位性质来看，2012 年和 2014 年调研对象来自于民营企业、国有企业、三资企业和集体企业的比例分别为 42.6% 和 37.2%、31.4% 和 32.1%、17.1% 和 8.8%、8.9% 和 2.7%。可以看出两次调研中国有企业和民营企业职工占比较大。由于政府和事业单位不存在产业转型的问题，因此 2012 年的调研群体中不涉及在政府和事业单位从事工作的劳动者。（5）从调研对象所处的行业来看，由于两次调研的目的不同，进而问卷中关于行业的分类设置并不完全一致，但对于就业吸纳能力较大的行业在两次调研问卷中都有体现，可以用于比较分析，如批发零售业、制造业、金融保险业、房地产业、建筑业、交通运输、仓储和邮政业，另外，书中将"水利、环境和公共设施管理业""卫生和社会工作"以及"公共管理、社会保障和社会组织"统一合并为"社会公共管理服务业"进行分析。

表 7.19　　　　　　　　　　**样本变量的描述性统计**

变量		2012 年		2014 年	
		频数	频率	频数	频率
性别	男	1881	55.4%	2536	50.6%
	女	1511	44.5%	2473	49.3%
年龄	25 岁以下	563	16.6%	1062	22.8%
	25~30 岁	1342	39.6%	2463	52.9%
	31~40 岁	1106	32.6%	1026	22.1%
	41~50 岁	311	9.2%	91	2.0%
	50 岁以上	71	2.1%	11	0.2%
学历	专科	1170	34.5%	1069	21.8%
	本科	1784	52.5%	3073	62.7%
	硕士	409	12.0%	699	14.3%
	博士	33	1.0%	61	1.2%
所有制类型	国有企业	1056	31.4%	1542	32.1%
	集体企业	299	8.9%	132	2.7%
	民营企业	1431	42.6%	1789	37.2%
	三资企业	575	17.1%	421	8.8%
	政府部门及事业单位	0	0	922	19.2%

变量		2012 年		2014 年	
		频数	频率	频数	频率
行业分类	批发零售业	196	5.8%	194	4.1%
	制造业	1077	32.0%	992	20.8%
	金融保险业	346	10.2%	1108	23.3%
	房地产业	299	8.9%	116	2.4%
	建筑业	187	5.6%	186	3.9%
	交通运输、仓储和邮政业	157	4.7%	178	3.7%
	信息传输、计算机服务和软件业	32	1.0%	410	8.6%
	电力、热力、燃气及水生产和供应业	—	—	141	3.0%
	农林牧渔业	22	0.7%	114	2.4%
	科学研究和技术服务业	—	—	184	3.9%
	水利、环境和公共设施管理业	—	—	114	2.4%
	教育	—	—	181	3.8%
	卫生和社会工作	—	—	197	4.1%
	公共管理、社会保障和社会组织	—	—	318	6.7%
	住宿餐饮业	123	3.7%	67	1.4%
	采矿业	145	4.3%	21	0.4%
	租赁和商务服务业	115	2.3%	54	1.1%
	其他	668	20.8%	185	4.0%

四、过度教育发生率及其分布特征

根据问卷设计特征，本书选择标准差法和众数法计算教育过度发生率，尽管这两种方法存在内生性问题会导致过度教育发生率被低估，但在用于过度教育发生率的性别差异、企业所有制及行业特征的比较时不受内生性的影响，同时这两种计算结果可以相互佐证，增强文章的可信性。

（一）过度教育发生率的总体情况

表 7.20 统计了基于标准差法和众数法计算的样本中过度教育情况，两种方法所反映出的过度教育结构是一致的。利用标准差法和众数法得到 2014 年样本中教育过度、教育适度及教育不足发生率分别为 16.4% 和 15.8%、64.1% 和 62.8%、19.5% 和 21.4%。与 2012 年相比，样本中教育不足发生率有所降低；教育适度发生率提高；基于标准差法计算得到的教育过度发生率增加，而众数法则显示教育过度发生率减少。

表 7.20　　　　2012 年和 2014 年高等教育群体中过度教育情况

实际教育和职业所需教育			教育过度	教育适度	教育不足	合计
2012 年	标准差法	样本数	436	2059	875	3370
		发生率	12.9%	61.1%	26.0%	100.0%
	众数法	样本数	653	1846	877	3376
		发生率	19.3%	54.7%	26.0%	100.0%
2014 年	标准差法	样本数	716	2799	854	4369
		发生率	16.4%	64.1%	19.5%	100.0%
	众数法	样本数	776	3078	1051	4905
		发生率	15.8%	62.8%	21.4%	100.0%

由表 7.21、表 7.22、表 7.23 及表 7.24 可以看出，样本中不同学历群体的过度教育情况差别很大。其中具有专科学历的劳动者在劳动力市场中主要表现为教育不足；本科学历劳动者基本上是教育适度的；而具有硕士及博士学历的劳动者是全部表现为教育过度。

表 7.21　　　　2012 年和 2014 年专科学历群体过度教育情况

实际教育和职业所需教育			教育适度	教育不足	合计
2012 年	标准差法	样本数	283	875	1158
		发生率	24.4%	75.6%	100.0%
	众数法	样本数	283	877	1160
		发生率	24.4	75.6%	100.0%

续表

实际教育和职业所需教育			教育适度	教育不足	合计
2014年	标准差法	样本数	37	854	891
		发生率	4.2%	95.8%	100.0%
	众数法	样本数	18	1051	1069
		发生率	1.7%	98.3%	100.0%

表7.22　　　　2012年和2014年本科学历群体过度教育情况

实际教育和职业所需教育			教育适度	教育不足	合计
2012年	标准差法	样本数	0	1776	1776
		发生率	0.0%	100.0%	100.0%
	众数法	样本数	215	1563	1778
		发生率	12.1%	87.9%	100.0%
2014年	标准差法	样本数	0	2762	2762
		发生率	0.0%	100.0%	100.0%
	众数法	样本数	13	3060	3073
		发生率	0.4%	99.6%	100.0%

表7.23　　　　2012年和2014年硕士学历群体过度教育情况

实际教育和职业所需教育			教育适度	教育不足	合计
2012年	标准差法	样本数	404	0	404
		发生率	100.0%	0.0%	100.0%
	众数法	样本数	406	0	406
		发生率	100.0%	0.0%	100.0%
2014年	标准差法	样本数	656	0	656
		发生率	100.0%	0.0%	100.0%
	众数法	样本数	699	0	699
		发生率	100.0%	0.0%	100.0%

第七章
过度教育、性别差异与大学生就业难

表7. 24　　　　2012 年和 2014 年博士学历群体过度教育情况

实际教育和职业所需教育			教育适度	教育不足	合计
2012 年	标准差法	样本数	32	0	32
		发生率	100.0%	0.0%	100.0%
	众数法	样本数	32	0	32
		发生率	100.0%	0.0%	100.0%
2014 年	标准差法	样本数	60	0	60
		发生率	100.0%	0.0%	100.0%
	众数法	样本数	61	0	61
		发生率	100.0%	0.0%	100.0%

与 2012 年相比，2014 年专科学历劳动者的教育不足现象更为严重，采用标准差法和众数法计算出其教育不足发生率分别为 95.8% 和 98.3%，较 2012 年分别高出 20.2% 和 22.7%。2014 年本科学历劳动者教育过度发生率减少，采用众数法得出其教育过度发生率为 0.4%，较 2012 年减少 11.7%。这说明在 2012～2014 年，高等院校向劳动力市场上输送大量具有本科学历的大学生，拉高了整个市场上劳动者的学历水平。

（二）不同年龄段的劳动者过度教育发生率的情况

由表 7.25，从 2014 年的调研数据来看，样本中过度教育发生率随调研对象年龄的提高而呈现"两头低、中间高"的趋势，25～30 岁、31～40 岁过度教育发生率较高，其中 31～40 岁过度教育发生率最高，基于标准差法和众数法估算的过度教育发生率分别为 25.1% 和 23.0%。2012 年的调研数据也呈现出相同特征，但调研对象在 25～30 岁年龄段上过度教育的发生率最高，标准差法和众数法所估算的值分别为 17.4% 和 24.7%。

表 7.25　　　　2012 年和 2014 年不同年龄段群体过度教育发生率情况

实际教育和职业所需教育		教育过度		教育适度		教育不足	
		2012 年	2014 年	2012 年	2014 年	2012 年	2014 年
25 岁以下	标准差法	7.2%	3.0%	65.3%	65.3%	27.5%	31.7%
	众数法	16.5%	3.3%	55.8%	63.8%	27.6%	32.8%

133

实际教育和职业所需教育		教育过度		教育适度		教育不足	
		2012 年	2014 年	2012 年	2014 年	2012 年	2014 年
25～30 岁	标准差法	17.4%	18.3%	65.5%	65.8%	17.1%	15.9%
	众数法	24.7%	18.1%	58.2%	64.4%	17.1%	17.5%
31～40 岁	标准差法	12.2%	25.1%	58.3%	59.7%	29.5%	15.3%
	众数法	17.8%	23.0%	52.7%	58.7%	29.5%	18.2%
41～50 岁	标准差法	7.1%	19.2%	50.8%	64.4%	42.1%	16.4%
	众数法	8.7%	16.7%	49.0%	61.9%	42.3%	21.4%
50 岁以上	标准差法	11.3%	16.7%	36.6%	50.0%	52.1%	33.3%
	众数法	11.3%	14.3%	36.6%	42.9%	52.1%	42.9%

注：2014 年调研对象在 50 岁以上的数据较少，不具有代表性，在此不加以分析。

在各年龄段上，基本上半数以上的调研对象是教育适度的，随着调研对象年龄的增加适度教育发生率大体上是不断减小的。2012 年与 2014 年的调研中教育适度的发生率相差不大。2014 年教育不足发生率呈"两头高，中间低"的态势，其中采用标准差法和众数法计算的 25～30 岁调研对象教育不足发生率分别为 15.9% 和 17.5%；2012 年的调研数据结果与 2014 年基本相同，25～30 岁教育不足发生率均为 17.1%。

由表 7.21～表 7.25 可以看出，在前后两次的调研中，样本教育适度发生率大致相同，而教育过度发生率与教育不足发生率的变动方向相反。除 25 岁以下年龄段外，2014 年其他各年龄段调研对象的过度教育发生率大体上均高于 2012 年，而教育不足发生率则小于 2012 年，这意味着劳动力市场上劳动者的学历水平在过去两年内有所提高。

25 岁以下劳动者主要为专科和本科学历群体，与 2012 年相比，其教育过度发生率明显减小，教育不足发生率有所增加，这反映出我国劳动力市场中各工作岗位从业者受教育程度的提高。

（三）劳动者过度教育发生率的性别差异分析

由表 7.26 可以看出，样本中男性和女性劳动者适度教育的比例均占半数以上。标准差法和众数法所计算出的男性和女性教育适度发生率分别高出 4.3% 和 8.1%、1.6% 和 8.6%。2014 年教育不足的发生率有所下降；

标准方差法和众数法所计算出的男性和女性教育不足发生率分别降低
7.3%和5.6%、5.6%和3.6%。关于教育过度发生率的变动，两种方法计
算的结果并不一致，其中标准差法显示2014年男性和女性劳动者的过度教
育发生率有所增加，而众数法则显示有所减少。

表7.26   2012年和2014年过度教育发生率的性别差异

实际教育和职业所需教育		教育过度		教育适度		教育不足	
		2012年	2014年	2012年	2014年	2012年	2014年
男	标准差法	13.6%	16.6%	61.4%	65.7%	25.0%	17.7%
	众数法	18.5%	16.0%	56.5%	64.6%	25.0%	19.4%
女	标准差法	12.2%	16.1%	60.8%	62.4%	27.1%	21.5%
	众数法	20.5%	15.5%	52.4%	61.0%	27.1%	23.5%

2014年的调研数据显示，无论采用标准差法还是众数法，与男性劳动
者相比，女性劳动者教育过度和教育适度发生率相对较低，教育不足发生
率相对较高；且独立样本T检验结果表明这种差异是统计显著的，显著性
水平分别达到1%和5%。

2012年的调研样本中，基于标准差法计算的过度教育发生率与2014
年具有相同趋势，而采用众数法计算的教育过度发生率则表明，与男性相
比，女性劳动者的教育适度发生率有所降低，教育过度和教育不足发生率
有所增加。而独立样本T检验结果表明，无论是标准差法还是众数法，男
性与女性教育过度发生率在5%的显著性水平上均不存在统计意义上的显
著差异，见表7.27。

表7.27   2012年和2014年过度教育发生率性别差异的
独立样本T检验结果

年份	方法	方差方程的Levene检验		均值方程的t检验	
		F	Sig.	t	Sig.
2012	标准差法	1.495	0.222	−1.602	0.109
	众数法	5.611	0.018	0.030	0.976
2014	标准差法	19.202	0.000	2.630	0.009
	众数法	16.584	0.000	2.354	0.019

（四）劳动者过度教育发生率的企业所有制差异

表 7.28 显示，2014 年不同所有制企业按过度教育发生率由高到低排列依次为：事业单位、政府部门、国有企业、三资企业、集体企业和民营企业，其中标准差法和众数法计算出事业单位过度教育发生率为 27.0% 和25.3%，而民营企业只有 9.0% 和 9.1%，二者相差 18.0% 和 16.2%。教育适度发生率较高的前三类企业依次为：国有企业、集体企业、三资企业，其中标准差法和众数法计算出的国有企业教育适度发生率分别为68.3% 和 68.0%，政府部门的教育适度发生率最低，分别为 58.4% 和59.1%。教育不足发生率由高到低排序分别为：民营企业、集体企业、三资企业、政府部门、事业单位和国有企业，其中标准差法和众数法计算出民营企业教育不足发生率高达 28.0% 和 30.5%，而国有企业最低为 10.8% 和11.1%。2012 年样本中，三资企业过度教育发生率明显高于内资企业，教育适度与教育不足发生率与 2014 年表现出相同企业所有制特征的特征。

表 7.28　　2012 年和 2014 年不同所有制企业过度教育发生率情况

实际教育和职业所需教育		教育过度		教育适度		教育不足	
		2012 年	2014 年	2012 年	2014 年	2012 年	2014 年
国有企业	标准差法	16.5%	20.9%	67.0%	68.3%	16.4%	10.8%
	众数法	23.5%	21.0%	60.1%	68.0%	16.4%	11.1%
集体企业	标准差法	7.4%	9.3%	65.0%	65.7%	27.6%	25.0%
	众数法	15.4%	9.9%	56.7%	62.0%	27.9%	28.1%
民营企业	标准差法	8.4%	9.0%	57.4%	62.9%	34.3%	28.0%
	众数法	14.0%	9.1%	51.8%	60.4%	34.3%	30.5%
三资企业	标准差法	20.3%	14.1%	58.6%	63.2%	21.2%	22.7%
	众数法	26.9%	13.0%	51.9%	61.4%	21.2%	25.6%
政府部门	标准差法	——	25.9%	——	58.4%	——	15.7%
	众数法	——	22.3%	——	59.1%	——	18.6%
事业单位	标准差法	——	27.0%	——	61.6%	——	11.4%
	众数法	——	25.3%	——	62.3%	——	12.4%

注：2012 年调研对象中不涉及在政府及事业单位就业的劳动者。

与 2012 年相比，2014 年三资企业的教育过度发生率相对减少，教育适度和教育不足发生率相对增大，这说明近两年求职者不在盲目推崇在外企就业。内资企业教育适度的发生率均有所增加，其中民营企业适度教育发生率增幅最大，标准差法和众数法分别增加 5.5% 和 8.6%，而标准差法和众数法的计算结果显示教育过度与教育不足发生率的变动方向不一致，但总体上相对变动不大。

（五）劳动者过度教育发生率的行业差异

2014 年各行业的过度教育发生率由高到低排序依次为：科学研究和技术服务业、金融业、电力、热力、燃气及水的生产和供应、社会公共管理服务业、农林牧渔业、交通运输、仓储和邮政业、房地产业、教育业、信息传输软件和信息技术服务业（以下简称"IT 业"）、制造业、建筑业、批发零售业，其中基于标准差法和众数法计算而得的科学研究和技术服务业过度教育发生率分别为 45.0% 和 45.4%，而批发零售业教育过度发生率仅为 4.0% 和 5.3%。各行业的教育适度发生率按由高到低排序依次为：IT 业、建筑业、制造业、批发零售业、房地产业、社会公共管理服务业、电力、热力、燃气及水的生产和供应、金融业、交通运输、仓储和邮政业、教育业、农林牧渔业、科学研究和技术服务业，其中基于标准差法和众数法的 IT 业教育适度发生率分别为 76.3% 和 75.0%，而科学研究和技术服务业教育适度发生率仅为 42.2% 和 40.4%。各行业的教育不足发生率由高到低排序依次为教育业、批发零售业、农林牧渔业、交通运输、仓储和邮政业、房地产业、建筑业、制造业、电力、热力、燃气及水的生产和供应业、社会公共管理服务业、IT 业、金融业和科学研究与技术服务业，其中基于标准差法和众数法的批发零售业教育不足发生率分别为 31.2% 和 34.8%，而科学研究与技术服务业为 12.8% 和 14.2%，见表 7.29。

表 7.29　　　　2012 年和 2014 年各行业过度教育发生率情况

实际教育和职业所需教育		教育过度		教育适度		教育不足	
		2012 年	2014 年	2012 年	2014 年	2012 年	2014 年
批发零售业	标准差法	8.2%	4.0%	48.5%	64.7%	43.3%	31.2%
	众数法	11.9%	5.3%	44.8%	59.9%	43.3%	34.8%

续表

实际教育和职业所需教育		教育过度		教育适度		教育不足	
		2012 年	2014 年	2012 年	2014 年	2012 年	2014 年
制造业	标准差法	8.7%	8.0%	65.1%	70.7%	26.2%	21.4%
	众数法	13.5%	7.7%	60.3%	67.4%	26.1%	24.9%
金融业	标准差法	24.1%	26.4%	56.7%	60.3%	19.2%	13.3%
	众数法	29.9%	26.0%	51.0%	60.2%	19.1%	13.8%
房地产业	标准差法	13.0%	12.9%	59.9%	63.4%	27.1%	23.8%
	众数法	17.7%	14.8%	55.2%	61.7%	27.1%	23.5%
建筑业	标准差法	11.2%	4.7%	69.0%	71.6%	19.8%	23.7%
	众数法	18.7%	5.5%	61.5%	71.8%	19.8%	22.7%
交通运输、仓储和邮政业	标准差法	13.4%	15.2%	64.3%	58.9%	22.3%	25.9%
	众数法	26.8%	14.3%	51.0%	60.0%	22.3%	25.7%
科学研究和技术服务业	标准差法	—	45.0%	—	42.2%	—	12.8%
	众数法	—	45.4%	—	40.4%	—	14.2%
信息传输、软件和信息技术服务业	标准差法	—	8.4%	—	76.3%	—	15.3%
	众数法	—	9.3%	—	75.0%	—	15.7%
农林牧渔业	标准差法	—	17.3%	—	57.7%	—	25.0%
	众数法	—	15.9%	—	57.5%	—	26.5%
社会公共管理服务业①	标准差法	—	19.4%	—	62.9%	—	17.7%
	众数法	—	19.0%	—	62.7%	—	18.3%
电力、热力、燃气及水的生产和供应	标准差法	—	20.9%	—	61.2%	—	17.8%
	众数法	—	20.1%	—	61.2%	—	18.7%
教育	标准差法	—	11.9%	—	60.2%	—	27.8%
	众数法	—	11.7%	—	59.4%	—	28.9%

注：—表示 2012 年调研问卷没有将对应行业单独列示。

①"社会公共管理服务业"包括"水利、环境和公共设施管理业""卫生和社会工作"以及"公共管理、社会保障和社会组织"。

整体上，各行业的教育过度情况基本上表现为：垄断高利行业的过度教育发生率较高，教育适度发生率则较低；而市场化较高的行业过度教育发生率相对较低，适度教育发生率相对较高。

与 2012 年的样本数据相比，2014 年批发零售业、制造业、房地产业均表现为教育适度发生率相对提高，教育过度发生率和教育不足发生率相对下降的趋势；金融业的教育适度发生率相对增加，教育不足发生率相对减少，教育过度发生率变动不大；建筑业的教育适度和教育不足发生率相对上升，教育过度发生率下降幅度较大；交通运输、仓储和邮政业的教育不足发生率有所增加，而教育过度和教育适度的发生率相对变化不大。

（六）小结

1. 过度教育生发生率的基本情况

依据标准差法，2014 年样本中教育过度、教育适度和教育不足发生率分别为 16.4%、64.1% 和 19.5%，与 2012 年相比，两种测量教育过度的方法均表明，劳动者教育适度发生率有所增加，教育不足发生率明显减少，这说明近两年来劳动力市场人才配置效率有所增加。

在各学历层次中，专科学历人才主要表现为教育不足，绝大多数本科学历人才是教育适度的，硕士和博士学历人才普遍表现为教育过度。这说明当前劳动力市场中各工作岗位上就业的本科学历的劳动者占比较大。

从年龄结构来看，相比较而言。样本中 25 岁以下和 40 岁以上的劳动者教育过度发生率较低，教育不足发生率较高，这是由处于这两个年龄段的劳动者以专科学历居多所导致的。

随着调研对象年龄的减小，教育适度发生率基本上是不断增大的，同时与 2012 年相比，2014 年样本中 25 岁以下劳动者的过度教育发生率明显减小，这进一步说明近年来我国劳动力市场上人才配置效率逐年提高。另外，2014 年样本中 25 岁以下劳动者的教育不足发生率明显较 2012 年增大，反映出劳动力市场上劳动者学历水平是普遍增加的。

从性别比较来看，与 2012 年相比，2014 年样本中女性劳动者的过度教育和适度教育发生率显著低于男性劳动者，而教育不足发生率显著高于男性。

2. 过度教育发生率的企业所有制差异

从企业所有制差异来看，事业单位、政府部门和国有企业的教育过度发生率较高，教育不足发生率较低；而民营企业和三资企业的教育过度发生率相对较低，教育不足发生率相对较高。这说明在市场化程度较低的部门人才配置效率较低，而在市场化程度较高的部门人才配置效率较高，事业单位、政府部门和国有企业相对较高的福利水平是吸引劳动者愿意在低于其实际教育水平的工作岗位上就业的主要原因。

2012年样本数据显示在三资企业就业的劳动者过度教育发生率明显高于内资企业，而2014年情况则明显好转，样本中三资企业的教育过度发生率相对减少，教育适度发生率和教育不足发生率相对增大，这说明近两年劳动力市场上求职者对三资企业的热衷程度有所减退。

3. 教育过度发生率的行业特征

从各行业来看，垄断程度较高的行业，如科学研究和技术服务业、金融业、交通运输、仓储和邮政业、房地产业的过度教育发生率较高，适度教育发生率较低；而市场化程度较高的行业，如批发零售业、建筑业、制造业及IT业的教育过度发生率相对较低，适度教育发生率相对较高。由于在垄断程度较高的行业，企业的营业利润较高，劳动者获得的收入水平相对高些，因此，学历较高的劳动者宁愿在这些行业从事比自己实际学历水平要求低的工作，以获取高额报酬。

其中科学研究和技术服务业的教育过度发生率高达45.0%（标准差法）和45.4%（众数法），这是因为与其他行业相比，在科学研究和技术服务领域对人才的需求比较小众，相对而言在该领域就业的人员数量较少，且对人才的技术和知识素养要求较高，随着我国人才学历层次的逐渐提高，该领域人才结构是不断优化的，且由于就业人数相对较少，这种优化效果也比较明显。例如，十年前硕士研究生毕业就有机会留在高校从事科研工作，而现今即使博士毕业也很难进入高校从事科研工作。

另外，与2012年相比，2014年除交通运输、仓储和邮政业外，教育适度发生率明显增加；除金融业与交通运输、仓储和邮政业变动不大外，其他行业的教育过度发生率明显减小；除建筑业变动幅度不大外，其余行业的教育不足发生率也明显降低。这说明近两年来整体上各行业中不同工作岗位上的人才学历层次差距有减小的趋势。

五、过度教育发生率影响因素的参数估计

(一) 计量模型的构建

本书采用二元 Logistic 模型分别为基于标准差法和众数法下过度教育的影响因素进行实证分析，使用的工具是 SPSS17.0，采用 Wald 统计量对模型进行检验和筛选，Wald 检验的原假设是 $\beta_j = 0$，Wald 统计量的数学表达式为：

$$\text{Wald}_j = \left(\frac{\hat{\beta}_j^2}{S_{\hat{\beta}_j}} \right)$$

Wald 统计量近似服从自由度 1 的 χ^2 分布。本文的处理过程如下：首先，将所有可能对因变量有影响的自变量都引入 Logistic 模型中进行参数估计，生成模型 1，然后，通过 Wald 后退法（Backward Wald）逐步剔模型 1 中回归系数不显著的变量，生成模型 2。

模型中被解释变量是过度教育，其中个体教育过度赋值为 1，其他赋值为 0。解释变量中个体特征的变量包括个体的年龄、性别；外部因素包括单位性质、行业类型。其中性别、单位性质及行业类型均为虚拟变量，(1) 在性别设置上，以女性为基准，男性赋值为 1；(2) 在单位性质上，以国有企业为基准，对政府部门、事业单位、民营企业、三资企业及集体企业分别设置虚拟变量；(3) 在行业类型上，以样本数量较少的其他行业为基准，分别对科学研究和技术服务业、金融业、电力、热力、燃气及水的生产和供应、社会公共管理服务业、农林牧渔业、交通运输、仓储和邮政业、房地产业、教育业、IT 业、制造业、建筑业、批发零售业，设置虚拟变量。

(二) 基于 2014 年调研数据的回归结果分析

由表 7.30 中基于标准差法下过度教育影响因素的二元 logistic 模型回归结果表明：

(1) 个体特征对教育过度的影响。模型 1 与模型 2 的回归结果均显示劳动者的年龄对过度教育的影响是统计显著的，平均来看劳动者的年龄每增加 1 岁，教育过度发生率就会增加 1.06 倍，显著性水平为 1%。模型

中，性别变量的回归系数是统计不显著的，这说明在其他条件相同的情况下，与女性相比，男性没有的过度教育水平并没有显著差别，教育过度没有表现出性别差异。

（2）从单位性质对教育过度的影响来看，与国有企业相比，在政府部门和事业单位就职的劳动者过度教育发生率更高，分别是国有企业的 1.51 倍和 1.362 倍，显著性水平均为 10%；在民营企业就职的劳动者教育过度发生率相对较低，是国有企业的 0.63 倍，显著性水平为 1%；在集体企业就职的劳动者教育过度发生率相对较低，是国有企业的 0.56 倍，显著性水平为 10%；而三资企业职工教育过度发生率与国有企业没有显著的统计差异。

（3）从各行业与过度教育的关系来看，与其他行业相比，模型 2 的回归结果表明，12 个行业中有 8 个行业显著影响教育过度的发生，其中，①科学研究与技术服务业、金融业、电力、热力、燃气和水的生产及供应业、社会公共管理服务业对教育过度影响的显著性水平达到 1%，在这四个行业就业的劳动者过度教育发生率分别是其他行业的 8.44 倍、3.98 倍、2.92 倍和 2.50 倍；②农林牧渔业、交通运输、仓储和邮政业、房地产业、教育业对教育过度影响的显著性水平为 5%，在这四个行业就业的劳动者过度教育发生率分别是其他行业的 2.13 倍、1.86 倍、1.96 倍和 1.76 倍。而制造业、建筑业、批发零售业和 IT 业中劳动者教育过度与其他行业的差别统计是不显著的。

表 7.30 　　　　　　　　　基于标准差法下过度教育影响因素的二元
logistic 模型回归结果

解释变量	模型 1			模型 2		
	B	Wald 值	Exp（B）	B	Wald 值	Exp（B）
年龄	0.059***	45.628	1.061	0.059***	46.139	1.061
性别	0.113	1.469	1.120	—	—	—
政府部门	0.351	2.535	1.420	0.413*	3.718	1.511
事业单位	0.268***	15.122	1.307	0.309*	3.779	1.362
民营企业	-0.497***	15.122	0.608	-0.465***	14.536	0.628
三资企业	-0.225	1.313	0.798	—	—	—

续表

解释变量	模型 1			模型 2		
	B	Wald 值	Exp（B）	B	Wald 值	Exp（B）
集体企业	− 0.627	3.172	0.534	− 0.583 *	2.760	0.558
科学研究和技术服务业	2.006 ***	62.871	7.436	2.133 ***	115.478	8.438
金融业	1.222 ***	33.811	3.394	1.382 ***	128.864	3.984
电力、热力、燃气和水的生产及供应业	0.916 ***	9.173	2.499	1.072 ***	18.429	2.922
社会公共管理服务业	0.786 ***	11.220	0.001	0.916 ***	24.639	2.498
农林牧渔业	0.669 *	3.639	0.056	0.756 **	6.297	2.129
交通运输、仓储和邮政业	0.455	2.257	1.577	0.621 **	6.123	1.860
房地产业	0.528	2.087	1.695	0.672 **	4.252	1.959
教育业	0.439	1.888	1.551	0.567 **	4.143	1.764
制造业	− 0.107	0.200	0.899	—	—	—
建筑业	− 0.718 *	2.753	0.488	—	—	—
批发零售业	− 0.340	0.609	0.712	—	—	—
IT 业	− 0.072	0.065	0.931	—	—	—
常量	− 3.895 **	134.294	0.020	− 4.023 ***	200.192	0.018
χ^2	381.622			375.502		
− 2logliklihood	3085.620			3091.739		
Nagelkerke R^2	0.159			0.156		
显著性水平	0.000			0.000		
样本量	4200			4200		

注：***表示在 1%的水平上显著，**表示在 5%的水平上显著，*表示在 10%的水平上显著。

由表 7.31 中基于众数法下过度教育影响因素的二元 logistic 模型回归结果表明：

（1）个体特征对教育过度的影响中，年龄对个体过度教育的影响也在
1%的水平上是统计显著的，年龄每增加 1 岁，过度教育发生率增加 1.05
倍；性别变量对教育过度的影响仍是统计不显著的。

（2）从单位性质变量中，在政府部门和事业单位就职的劳动者教育过
度情况与国有企业没有统计意义上的显著差异；在民营企业就职的劳动者
教育过度发生率相比较低，相当于国有企业的 0.55，显著性水平为 1%；
在集体企业就职的劳动者过度教育发生率也较低，相当于国有企业的
0.49，显著性水平为 5%；在三资企业就职的劳动者过度教育发生率相当
于国有企业的 0.71，显著性水平为 10%。

（3）从各行业对过度教育的影响来看，仍有 8 个行业对过度教育的影响
是显著的，其中在科学研究与技术服务业、金融业、电力、热力、燃气和水
的生产及供应业、社会公共管理服务业、房地产业 6 个行业就业的劳动者的
教育过度发生率显著高于其他行业劳动者的过度教育水平，显著性水平达到
1%；在教育业就业的劳动者过度教育发生率是其他行业的 1.77 倍，显著性
水平为 5%；在交通运输、仓储和邮政业就业的劳动者过度教育发生率是其
他行业的 1.53 倍，显著性水平为 10%；而制造业、建筑业、批发零售业和
IT 业中劳动者教育过度与其他行业仍没有统计意义上的显著差异。

表 7.31　　基于众数法下过度教育影响因素的二元
logistic 模型回归结果

解释变量	模型 1			模型 2		
	B	Wald 值	Exp（B）	B	Wald 值	Exp（B）
年龄	0.050***	35.671	1.051	0.050***	35.893	1.051
性别	0.088	0.976	1.092	—	—	—
政府部门	0.201	0.879	1.223	—	—	—
事业单位	0.165	1.084	1.179	—	—	—
民营企业	-0.541***	19.673	0.582	-0.602***	29.400	0.548
三资企业	-0.290	2.349	0.748	-0.339*	3.513	0.712
集体企业	-0.680**	4.115	0.507	-0.712**	4.577	0.491
科学研究和技术服务	2.047***	70.117	7.746	2.191***	141.433	8.946
金融业	1.164***	33.326	3.201	1.229***	110.995	3.417

续表

解释变量	模型 1			模型 2		
	B	Wald 值	Exp（B）	B	Wald 值	Exp（B）
电力、热力、燃气和水的生产及供应业	0.873 ***	8.928	2.395	0.968 ***	16.022	2.632
社会公共管理服务业	0.730 ***	10.514	2.074	0.922 ***	36.962	2.515
农林牧渔业	0.616 *	3.208	1.852	0.770 ***	6.551	2.159
交通运输、仓储和邮政业	0.347	1.411	1.415	0.423 *	3.020	1.527
房地产业	0.700 **	4.527	2.013	0.812 ***	7.997	2.253
教育业	0.417	1.789	1.518	0.571 **	4.677	1.770
制造业	−0.123	0.292	0.884	—	—	—
建筑业	−0.540	1.923	0.583	—	—	—
批发零售业	−0.190	0.234	0.827	—	—	—
IT 业	0.051	0.038	1.053	—	—	—
常量	−3.555 ***	123.435	0.029	−3.554 ***	174.779	0.029
χ^2	368.843			363.479		
−2logliklihood	3370.469			3375.833		
Nagelkerke R^2	0.143			0.141		
显著性水平	0.000			0.000		
样本量	4200			4200		

注： *** 表示在 1% 的水平上显著， ** 表示在 5% 的水平上显著， * 表示在 10% 的水平上显著。

六、小结

在个体特征中，年龄是显著影响个体教育过度的重要变量，模型的回归结果表明，年龄越大的劳动者越容易发生过度教育。同时，过度教育发生率没有明显的性别差异。

在各不同所有制企业中，综合来看，民营企业劳动者过度教育发生率显著低于国有企业，集体企业劳动者的过度教育水平也低于国有企业，政府部门、事业单位与三资企业中就职的劳动者过度教育水平与国有企业不存在显著差异。

我国的市场经济体制改革是在政府主导下进行的，具有独特的"双轨制"经济格局的特征，一方面市场经济蓬勃发展，民营企业成为经济发展的重要力量，另一方面原有的国有经济和行政命令体制在国有企业及事业单位内依然存在，有学者指出"双轨制"经济格局导致不同所有制企业的经营目标、外部环境和内部管理体制等层面存在较大差异（路正飞等，2012；陈弋等，2005），这又进一步使不同所有制企业为职工提供的工资水平、福利待遇及工作稳定性等方面差异较大。国有企业、政府部门及事业单位由于具有福利待遇高、社会保障好及工作稳定等优点，是吸引高学历求职者就业的热门单位，为了能够进入这些部门工作，他们宁愿从事低于自身学历水平的工作。

国外发达经济体中由于其市场化历史悠久，其企业内部相关制度和管理体制已经发展的较为规范与成熟，而我国市场化历程不足四十年，仍属于起步和摸索阶段，尚未形成成熟的市场经济体系，在这样市场中生存的民营企业面临着外部环境不稳定与内部治理不健全的局面。因此，与三资企业相比，我国大多数民营企业相对较难获得求职者的青睐，即使出现过度教育也在所不惜。

在纳入模型的 12 个行业中，有政府垄断背景的 8 个行业会促进过度教育水平增加，分别为科学研究与技术服务业、金融业、电力、热力、燃气和水的生产及供应业、社会公共管理服务业、房地产业、教育业、交通运输、仓储和邮政业，而在市场化程度相对较高的行业——制造业、建筑业、批发零售业和 IT 业对过度教育的影响是统计不显著的。

我国在市场化经济的建设过程中，对部分行业进行市场化改革，引入民间资本，同时一些涉及国计民生的行业仍由政府垄断管理，包括：其一，提供全国性公共产品的行业，如邮电业、铁路运输业和电力制造业；其二，直接关系到宏观调控的产业，如银行和其他金融机构；其三，与文化意识形态有关的行业，如学校教育、大众传媒事业等（张展新，2004）。政府垄断的存在使劳动力市场上出现了行业分割，与市场化程度较高的行业相比，垄断行业内部的劳动者工资收入水平较高以及工作稳定。因此，为了能进入这些垄断行业，劳动者宁愿从事低于自身技能水平的工作。

第八章

薪酬、学历、单位性质对
就业质量差异的影响

本章共包括两节内容：第一节通过对不同所有制企业的职工收入水平及工资决定机制的差异进行研究就业薪酬问题；第二节从教育层次与单位性质的角度，通过因子分析和分组比较的方法对大学毕业生的就业质量进行比较。

第一节　就业视角下企业薪酬决定
机制的影响效应

本节通过对不同所有制企业的职工收入水平及工资决定机制的差异进行研究，结果表明：外资企业的起薪水平并不很高，但随着职工工作时间的增加，该企业职工的收入水平明显比内资企业高。内资企业中，国有企业的起薪显著高于其他企业，但随着工作经验的积累，私营企业职工的收入水平更高一些；同时，外资企业的薪酬设计中更多地考虑了人力资本因素，而内资企业的薪酬设计中非市场化因素占主导地位，特别是国有企业和集体企业。

一、引言

目前我国不同所有制企业职工的受教育水平具有很大差异，国有部门职工的学历水平更高，邢春冰（2005）和刘瑶（2012）指出这种现象在一定程度上反映了大学毕业生择业的企业所有制倾向。路正飞等（2012）和陈弋等（2005）指出，我国独特的"双轨制"经济格局导致不同所有制企业的经营目标、外部环境和内部管理体制等层面存在差异，使企业的工资决定机制出现所有制分割。张车伟等（2008）指出，不同所有制部门的工资差异以及工资决定机制中的人力资本因素差异，能够反映出我国劳动力市场的运行效率，也对大学毕业生就业的企业所有制选择提供参考。

首先，许多学者，如李雪辉（2002）、杨泽文等（2004）、包群等（2008）、许连和等（2009）、陈琳等（2009）的经验研究证明外资企业与内资企业间职工工资收入差距显著，其中，许连和等（2009）通过对中国12180家企业1998~2001年面板数据的实证研究，发现外资企业的平均工资水平显著高于内资企业。在内资企业中，国有企业与私营企业职工的收入水平也存在很大差异，例如，叶林祥等（2011）利用2004年第一次全国经济普查的企业数据进行实证分析，发现国有企业比私营企业工资水平平均高出30.5%~35.9%，集体企业比私营企业的工资水平平均低3.8%~6.0%。

其次，由于中国正处于社会主义市场经济转型的过程中，企业工资由所有制的制度特征决定，不同所有制企业的工资决定机制存在很大差异。通常来说，非国有企业的工资决定机制更加以市场化（人力资本特征）为导向，而国有企业的工资决定机制中非市场化因素更多些。

学术界大多用受教育水平和工作经验来衡量人力资本水平，如岳昌君等（2006）、李实等（2010）、孙志军等（2004）、周其仁（1996）。采用Mincer收入函数来研究企业工资决定机制中人力资本因素的作用，如邢春冰（2007）认为教育和工作经验的回报率差异，反映了不同所有制企业工资决定机制的差异。

本章认为，尽管考察人力资本在不同所有制企业的回报率对于理解企业的工资结构及工资决定机制具有重要意义，但仅仅通过研究教育和工作经验的收益率并不足以解释企业的工资决定机制。同时还需要分析教育和工作经验对收入的解释程度，关注有多大程度的收入变动要归因于人力资本因素，即Mincer收入方程的R^2值。另外，现有的研究在分析不同所有制企业职工的平均工资收入水平时，并没有考虑职工的工作年限，很显然这种分析无法直观地反映出不同所有制企业的薪酬激励机制，即企业职工收入随工作时间的增长情况。

二、样本数据说明

本章的分析数据来源于教育部人文社会科学重点研究基地重大项目《经济增长中的产业结构与就业结构研究》课题的部分调研数据。该调研针对政府、企业及企业职工三个群体进行大规模调研，历时三个月（自 2012 年 6 月开始到 2012 年 9 月结束），调研范围广泛，遍布东北地区、西部地区、华北地区、珠三角地区及长三角地区。涉及批发零售业、制造业、金融保险业、房地产业、交通运输、农林牧渔业、建筑业、住宿餐饮业、IT 业、采矿业等十余种行业。该调研共发放政府问卷 127份、企业问卷 241 份及企业职工问卷 4495 份。由于我国的市场经济体制改革是在政府主导下进行的，具有独特的"双轨制"经济格局的特征：一方面，市场经济蓬勃发展，非国有经济发展成为市场经济的重要力量；另一方面，原有的国有经济和行政命令配置资源的体制依然存在，政府力量在经济发展中具有重要的作用。本章使用 4495 份企业职工的调研数据，分析在大学生就业难背景下，不同所有制企业中具有不同工作年限的职工平均收入水平的差异；同时，利用 Mincer 收入函数分析不同所有制企业工资决定机制中的人力资本因素的作用，研究不同所有制企业对教育的回报率以及人力资本因素对企业职工收入变动的解释程度。通过本章的研究希望能够丰富关于不同所有制企业工资决定机制的研究结论和研究数据，同时对大学毕业生的就业企业选择具有参考价值。样本数据的基本情况见表 8.1。

表8.1 样本数据的频数统计

	企业所有制类型	国有（国有控股）企业	集体企业	私营企业	外商投资	港台投资	合资企业	合计
工作经验	1 年以下	156	23	185	26	7	18	415
	1～3 年	319	88	560	108	20	93	1188
	3～5 年	289	132	559	75	18	102	1175
	5～10 年	201	80	448	56	30	69	884
	10 年以上	276	52	216	26	6	26	602

续表

企业所有制 类型		国有（国有控股） 企业	集体 企业	私营 企业	外商 投资	港台 投资	合资 企业	合计
学历	初中及以下	20	17	104	11	4	3	159
	高中	141	59	420	48	8	34	710
	专科	261	106	637	57	21	70	1152
	本科	620	170	673	127	29	155	1774
	硕士	163	20	115	46	19	39	402
	博士	12	3	6	6	1	5	33
性别	男	730	192	1057	152	48	160	2339
	女	513	181	895	141	34	146	1910

由表 8.1 可以看出，样本中不同所有制类型企业职工的受教育水平存在较大差异，国有企业和具有外资企业（合资企业、外商投资企业、港台投资企业）职工人力资本水平较高。具有本科以上学历的职工在企业中所占比例，按由高到低排列依次为国有企业（65.33%）、合资企业（65.03%）、外商投资企业（60.68%）、港台投资企业（59.76%）、集体企业（51.47%）及私营企业（40.61%）。

三、劳动者薪酬水平的企业所有制别差异分析

（一）不同所有制企业间职工的月平均收入比较分析

由表 8.2 可以看出，对于工作经验为 1 年以下的劳动者来说，不同所有制企业所提供的平均工资基本在 2000～3000 元/月范围内浮动，绝对差值不大，其中外商投资企业的职工的平均月收入水平较高，为 3077 元/月，而集体企业较低为 1905 元/月；当劳动者的工作经验在 1 年以上时，不同所有制企业所提供的工资差别开始显现，而且随工作年限的增加绝对差距具有不断扩大的趋势。总体来说，外商投资企业、港台投资企业及合资企业的职工月平均收入水平的增长幅度远远大于国有（国有控股）企业、集体企业及私营企业。

表 8.2　　　　　　　不同所有制企业职工月平均收入水平　　　　　单位：元

企业所有制类型	国有（国有控股）企业	集体企业	私营企业	外商投资企业	港台投资	合资企业
1 年以下	2793.5484	1904.7619	2286.4865	3076.9231	2285.7143	2638.8889
1~3 年	2921.3836	3039.7727	2947.2272	3528.0374	4200.0000	3598.9011
3~5 年	3060.5536	3183.2061	3433.7586	4648.6486	4527.7778	3916.6667
5~10 年	3825.8706	3679.4872	4230.1587	5741.0714	6250.0000	5007.3529
10 年以上	3454.5455	3413.4615	4684.8341	6115.3846	6083.3333	4692.3077

　　由表8.3、表8.4可以看出：当企业职工的工作经验为 1 年以下时，不同所有制企业职工月平均收入的独立样本 T 检验结果表明：国有企业与集体企业、私营企业的月平均收入差异在 1% 水平上是显著的，说明国有企业职工的月平均收入显著高于集体企业和私营企业；而国有企业与外商投资企业、港台投资企业、合资企业的月平均收入差异是统计不显著的，T 统计量的值分别为 -0.6364、1.6567、0.4469。私营企业与商外投资企业、港台投资企业及合资企业职工的月平均收入差异不明显，显著性水平均在 5% 以上。

表 8.3　　　　　国有企业与其他所有制企业职工
月平均收入水平的均值比较

比较组	国有企业 vs 集体企业	国有企业 vs 私营企业	国有企业 vs 外商投资企业	国有企业 vs 港台投资企业	国有企业 vs 合资企业
1 年以下	5.0539 ***	3.7239 ***	-0.6364	1.6567	0.4469
1~3 年	-0.6855	-0.2481	-3.2379 ***	-2.2635 **	-3.7708 ***
3~5 年	-0.8194	-3.3530 ***	-6.2791 ***	-3.0815 ***	-5.0715 ***
5~10 年	0.5580	-2.3616 **	-5.4491 ***	-5.9786 ***	-4.1756 ***
10 年以上	0.1301	-5.6494 ***	-4.3800 ***	-2.9805 ***	-2.0818 *

　　注：***、**、* 分别代表显著性水平为 1%、5%、10%。

表 8.4 　　　　　　**私营企业与具有外资背景企业职工**
月平均收入水平的均值比较

比较组	私营企业 vs 外商投资企业	私营企业 vs 港台投资企业	私营企业 vs 合资企业
1 年以下	− 1.8033 *	0.0019	− 1.0026
1 ~ 3 年	− 3.5811 ***	− 2.2273 **	− 3.7907 ***
3 ~ 5 年	− 4.8962 ***	− 2.8517 ***	− 2.8195 ***
5 ~ 10 年	− 4.4951 ***	− 4.2673 ***	− 2.9423 ***
10 年以上	− 2.6386 ***	− 1.3237	− 0.0138

因此，统计分析结果表明，国有企业的起薪与外商投资企业、港台投资企业及合资企业差异不大，但要明显高于集体企业和私营企业。而私营企业的起薪与外商投资企业、港台投资企业及合资企业差异是统计不显著的。

当企业职工的工作经验为 1 ~ 3 年时，不同所有制企业月平均收入的独立样本 T 检验统计结果则刚好相反：国有企业职工的月平均收入水平虽低于集体企业和私营企业，但这种差异是统计不显著的，T 统计量的值分别为 − 0.6855 和 − 0.2481；而国有企业与外商投资企业、港台投资企业、合资企业的月收入差异是显著的，显著性水平分别达到 1%、5%、1%，国有企业职工月平均收入显著低于具有外资企业职工。私营企业与外商投资企业、港台投资企业职工月收入水平均值差异也是显著的，显著性水平也分别达到 1%、5%、1%。

当企业职工的工作经验在 3 年以上时，不同所有制企业月平均收入的独立样本 T 检验结果为：国有企业与集体企业的月平均工资差异很小，统计不显著；国有企业与私营企业、外商投资企业、港台投资企业及合资企业的月平均工作差异是统计显著的，且显著性水平分别为 5%、1%、1%、1%。私营企业职工的月平均收入水平也显著低于外商投资企业、港台投资企业及合资企业，显著性水平均为 1%（当工作经验为 10 年以上时，私营企业职工收入与港台投资企业、合资企业的差异并不明显）。

（二）不同所有制企业内职工收入水平的性别差异分析

为研究不同所有制企业内职工收入水平的性别差异，我们分析比较了男女职工的月平均收入水平，并采用独立样本 T 检验的方法检验企业内男女职工月收入差异的显著性，具体情况见表8.5、表8.6。

表8.5 　　　　不同所有制企业内男女职工月平均收入水平　　　　单位：元

工作经验		1 年以下	1～3 年	3～5 年	5～10 年	10 年以上
国有（国有控股）企业	男	2908.5366	3184.5238	3238.2353	4102.3622	3629.1209
	女	2687.5000	2617.4497	2806.7227	3351.3514	3112.9032
集体企业	男	1900.0000	2975.6098	3306.4516	3717.3913	3564.5161
	女	1909.0909	3095.7447	3072.4638	3612.9032	3190.4762
私营企业	男	2225.2747	3212.2302	3714.5270	4746.0317	5270.3704
	女	2345.7447	2689.9642	3107.8431	3542.3280	3644.7368
外商投资企业	男	3250.0000	4142.8571	5142.8571	5918.9189	6500.0000
	女	2800.0000	3008.6207	4205.1282	5394.7368	5730.7692
港台投资企业	男	2000.0000	4750.0000	4900.0000	6866.6667	7333.3333
	女	2500.0000	3375.0000	2666.6667	5633.3333	4833.3333
合资企业	男	2772.7273	4135.4167	4207.5472	5629.0323	5352.9412
	女	2428.5714	3000.0000	3602.0408	4486.4865	3444.4444

表8.6 　　　　不同所有制企业内男女职工月平均收入的均值比较

企业所有制类型	国有（国有控股）企业	集体企业	私营企业	外商投资企业	港台投资企业	合资企业
1 年以下	0.9921	− 0.0325	− 0.7635	0.5001	− 0.8452	0.4786
1～3 年	3.5737***	− 0.4218	4.1772***	3.5311***	1.2207	3.4171***
3～5 年	2.5671**	0.9386	4.5503***	2.0011**	1.9086	1.9492*
5～10 年	2.8368***	0.2347	6.7230***	0.7677	1.3493	2.3277**
10 年以上	2.0227**	0.7165	4.7654***	0.6401	1.3416	1.7738*

注：***、**、*分别代表显著性水平为1%、5%、10%。

结合表8.5、表8.6可以看出：其一，当工作时间为1年以下时，在不同所有制企业中男女职工的月平均收入水平的差异是统计不显著。这意味着不同所有制企业在雇佣新雇员时，没有为男女职工提供差别工资。其二，当工作时间为1年以上时，企业内职工月平均收入水平的性别差异开始显现。对国有（国有控股）企业、私营企业、合资企业而言，企业内男性职工月平均收入水平显著高于女性职工；对外商投资企业，当工作年限为1~5年，男性职工的月平均收入水平显著高于女性职工。而当工作年限在5年以上时，男女职工的月平均收入差异是不显著的；对于集体企业、港台投资企业而言，男女职工的月平均收入水平的差异是统计不显著的。

四、劳动者工资决定机制的企业别差异分析

（一）Mincer 工资方程

教育和工作经验能够反映个体的生产力特征，是人力资本水平的两种主要形式。明塞尔（Mincer）于1974年提出了著名的 Mincer 工资方程，开创性的将个体的收入水平刻画成关于人力资本因素（教育和工作经验）的函数，揭示了教育和工作经验在劳动力市场中的回报率。明塞尔认为学习一种技能的过程不仅需要接受正规的学校教育，同时需要工作经验的积累，而后者是这种学习最本质的部分。他认为学校教育与个体的收入挣得水平是正相关的，个体受教育水平的增加会提高其收入挣得水平；而工作经验积累与收入挣得的关系是非线性的，即在参加工作的早期，随着工作经验的积累，技能水平得到提高，使个人的收入挣得增加。随着年龄的增长，会出现技术过时和体能下降等问题，导致个体的生产能力下降，即产生人力资本折旧，从而使收入挣得水平出现下降趋势，尤其对于需要耗费体力和运动技能的工作更是如此。因此，挣得函数具有"先增长后下降"的抛物线形式。

明塞尔指出挣得函数的形式有两种：一种是以货币形式表示的挣得；另一种是以自然对数形式表示的挣得。如果分析以货币形式表示的挣得，那么相应的自变量（教育投资和工作经验的积累）用货币形式表示；如果教育投资和工作经验用年限表示，则只能分析自然对数形式的挣得。由于获得有关受教育年限和工作时间的数据要比搜集教育投资费用和工作经验

积累的成本的数据更加容易和精确，因此，对数形式的挣得函数模型要比货币形式的挣得函数模型的拟合效果更好。模型构建形式如式（8.1），在式（8.1）中 W_i 为个人 i 的收入，S_i 为受教育年限，X_i 为工作经验，ε_i 为随机扰动项。β_2 是对数收入关于受教育年限的斜率，代表教育投资的回报率。

$$\ln(W_i) = \beta_0 + \beta_1 S_i + \beta_2 X_i + \beta_3 X_i^2 + \varepsilon_i \qquad (8.1)$$

在应用经济学领域，这种报酬函数形式是最稳定的，学者广泛利用式（8.1）分析不同国家或地区个体收入中的人力资本特征。

（二）不同所有制企业工资决定机制中的人力资本因素分析

由于问卷设计中，为受访者之便考虑到填写个人学历信息要比受教育年限更加便利和准确，因此本章在应用明塞尔工资决定方程时，将"受教育年限"变量 S_i 转换成"学历"变量 A_i，研究中国教育投资的回报率问题，所以在本章中教育投资回报率就不是明塞尔意义上的教育投资平均每增加一年所带来的收入增长率，而是指平均学历水平每增加一个等级所带来的收入增长率。

$$\ln(W_i) = \beta_0 + \beta_1 A_i + \beta_2 X_i + \beta_3 X_i^2 + \varepsilon_i \qquad (8.2)$$

采用 SPSS17.0 对样本数据进行回归分析，由于问卷中将"平均月收入水平"和"工作经验"设置为区间值，回归分析时对这两个变量采用区间均值。不同所有制企业中变量的基本特征见表8.7。

表8.7　　　　　不同所有制企业回归变量的基本特征

变量	国有（国有控股）企业	集体企业	私营企业	外商投资企业	港台投资企业	合资企业
对数收入	7.9438 (0.4931)	7.9609 (0.4709)	8.0292 (0.5097)	8.2405 (0.5759)	8.3763 (0.5636)	8.1921 (0.4824)
学历水平	3.5951 (1.2178)	3.3360 (0.9834)	3.1499 (1.0064)	3.5661 (1.1103)	3.6585 (1.1246)	3.6797 (0.9243)
工作年限	4.9472 (3.4163)	4.8947 (2.9185)	4.5572 (2.9536)	4.1546 (2.8561)	4.9444 (2.9090)	4.4821 (2.7384)

由表8.8可以看出，对不同所有制企业而言，模型 F 统计量的值较大，在1%的水平上是统计显著的，说明模型是正确设定的。通过对回归系数及 R^2 值的分析，发现不同所有制类型的企业的薪酬设计中对职工人力资本因素的重视程度不同。

表8.8　　　　　不同所有制企业 Mincer 方程回归结果

企业类型	自变量	系数（B）	T 统计量	F 统计量	R^2 值
国有（国有控股）企业	C_g	7.1384	128.2149***	85.7271***	0.1752
	A_g	0.1603	14.5295***		
	X_g	0.0681	3.8766***		
	X_g^2	−0.0028	−1.7730*		
集体企业	C_j	7.4276	63.4565***	9.1670***	0.0706
	A_j	0.0538	2.1569**		
	X_j	0.1343	3.6638***		
	X_j^2	−0.0091	−2.8451***		
私营企业	C_s	7.0741	161.8663***	222.5748***	0.2575
	A_s	0.1737	17.3505***		
	X_s	0.1268	8.8667***		
	X_s^2	−0.0057	−4.2812***		
外商投资	C_f	7.0470	55.3032***	40.0702***	0.2967
	A_f	0.1810	7.0012***		
	X_f	0.2072	4.8589***		
	X_f^2	−0.0122	−3.0692***		
港台投资	C_t	6.8419	33.4657***	24.3696***	0.4870
	A_t	0.2521	6.1720***		
	X_t	0.1925	2.7588***		
	X_t^2	−0.0105	−1.5560		
合资企业	C_h	7.1642	58.0660***	29.2046***	0.2272
	A_h	0.1702	6.3440***		
	X_h	0.1362	3.5308***		
	X_h^2	−0.0074	−2.0807**		

注：***、**、* 分别代表显著性水平为1%、5%和10%。

首先，对不同的所有制企业，人力资本因素（学历和工作经验）对收入水平变动的解释程度存在很大差异。按解释程度由高到低排序，依次为港台企业、外商投资企业、私营企业、合资企业、国有企业及集体企业，解释程度分别达到 48.70%、29.60%、25.75%、22.72%、17.52% 和 7.06%。学历和工作经验对收入变动的解释程度越高，意味着薪酬设计中越重视职工的人力资本因素。因此，港台企业和外商投资企业的薪酬设计中比较重视企业职工的受教育水平和工作经验的积累；而在国有（国有控股）企业、集体企业的薪酬机制中相对而言并不重视职工的人力资本因素。

其次，教育投资回报率在不同所有权类型的企业中存在很大差异。按由高到低排序，依次为港台企业、外商投资企业、私营企业、合资企业、国有企业及集体企业，教育投资回报率分别为25.21%、18.10%、17.37%、17.02%、16.03%和5.38%。教育投资回报率越高，说明企业的薪酬设计中越重视职工的受教育水平。因此，港台企业和外商投资企业的薪酬设计中比较重视企业职工的受教育水平；而在国有（国有控股）企业、集体企业的薪酬机制中相对而言并不重视职工的受教育水平。

五、结论与讨论

（一）不同所有制企业职工的收入水平比较

本章节通过对样本数据的实证分析表明，除集体企业和私营企业职工的起薪较低外，国有（国有控股）企业、外商投资企业、港台投资企业、合资企业职工的起薪差别不大。但随着企业职工工作经验的积累，外资企业（外商投资企业、港台投资企业、合资企业）职工月平均收入水平与内资企业（国有及国有控股企业、集体企业、私营企业）的差距逐渐拉大。

第一，在内资企业中，国有企业除为劳动者提供的企业显著高于集体企业和私营企业。随着工作经验的积累，国有企业与集体企业职工的月平均收入水平不存在显著差异。而私营企业职工的月收入水平增加幅度相对较高，当工作经验为 1~3 年时，国有企业与私营企业职工收入不存在显著差异，当工作经验在 3 年以上时，私营企业职工的收入水平明显高于国有企业。这一结论与路正飞等的研究结果是相反的。

第二，外资企业职工的月平均收入水平显著高于内资企业。尽管外商投资企业、港台企业、合资企业与国有（国有控股企业）、私营企业的起薪差异是不显著的，但随着职工工作经验的积累，外资企业的收入水平显著高于内资企业。

学术界关于外资企业职工收入水平高于内资企业的讨论主要集中在以下三点：（1）许多学者（许连和等 2009；lipsey et al.，2011）认为，内资企业与外资企业在技术水平、企业规模、人均资本投入等方面的差异是内、外资企业之间工资差异的主要原因；（2）陈弋等（2005）认为，外资企业职工较高的收入水平可以用效率工资模型加以解释，即由于外资企业由于存在语言障碍和文化差异等，对员工的监督成本较高，因此外资企业用更高的工资水平激励工人的合作并调动其工作积极性；（3）费利西亚诺等（Feliciano et al.，1999）认为，外资企业出于减少企业的人员流动性、避免技术泄露以及劳动力市场信息不对称等方面考虑，往往愿意为企业职工提供较高的工资水平。

第三，通过对企业内职工收入水平的性别差异分析，我们发现在所有类型的企业内部男女职工的起薪均不存在显著差异。随着工作年限的增加，在集体企业、港台投资企业内职工收入水平也没有表现出性别差异；而其他类型的所有制企业中，男性职工的收入水平显著高于女性职工。这在一定程度上意味着集体企业与港台投资企业为男女职工提供的发展机会是均等的，而在国有企业、私营企业、外商投资企业、合资企业中男性职工的发展空间要大于女性职工。张丹丹（2004）、古斯塔夫松（Gustafsson，2000）、姚先国和张海峰（2008）等人认为之所以出现工资的性别差异是由于女性的社会角色定位和劳动供给特征与男性存在很大差异。女性受到家庭生活的干扰更多些，她们不得不为生育子女而中断工作，每个女性在她们就业期间因生育而少工作 160 余天。同时，由于女性要承担更多的家务劳动，因此对事业付出的努力相对较少，进而收入水平要低于男性。

（二）不同所有制企业工资决定机制中的人力资本因素

内资企业的工资决定机制中更加注重非市场化因素，尤其是国有（国有控股）企业和集体企业。而与内资企业相比，外资企业的工资决定机制中更多地考虑了人力资本因素，劳动者的受教育水平和工作经验的积累是决定其收入水平的重要变量。由于人力资本中教育与工作经验是具有生产力特征的变量，因此，外资企业的工资决定机制中，生产力与工资之间存在密切联系，薪酬设计中考虑职工的生产力因素。

明塞尔方程回归结果表明，不同所有制企业的薪酬决定机制中对人力资本因素的重视程度不同。其中港台企业和外商投资企业的薪酬设计中较多的考虑了人力资本因素，职工的受教育水平和工作经验对其收入变动的解释程度较高，分别达到 48.70% 和 29.60%；其次是私营企业与合资企业，人力资本因素对工资变动的解释程度分别达到 25.75% 和 22.72%；国有（国有控股）企业和集体企业的薪酬体系中人力资本因素的作用最低，职工的受教育水平和工作经验对收入变动的解释程度仅有 17.52% 和 7.06%。

第二节　学历、单位性质与大学毕业生就业质量的影响差异

本章节基于 2014 年全国大学毕业生就业质量问卷调查数据，采用因子分析的实证方法，对大学毕业生就业质量的多个主客观指标进行综合降维。在此基础上分别从性别与教育层次的角度，对大学毕业生的就业质量进行比较，结果显示：主观性指标对大学毕业生就业质量的评价比客观性指标更为重要；大学毕业生就业质量总体水平的性别差距并不明显，但是具体来看，男性比女性在收入上的就业质量评价明显要高，而男性在劳动关系和精神感受上的就业质量评价却比女性稍低；大学毕业生就业质量总体水平的教育层次差距比较明显，二者呈现正向相关关系，但是具体来看，博士毕业生在劳动关系和个人发展上的就业质量评价反而偏低，并不符合上述正向关系。

一、引言

就业是关乎国计民生的根本，促进就业是一个国家维持经济发展和社会稳定的重要措施，我国政府于 2002 年开始实施了积极的就业政策，主张把扩大就业放在经济社会发展的突出位置，并在 2007 年颁布了《就业促进法》，为促进就业的政策制度的实施提供法律保障。而大学生作为社会

的一个特殊群体，其就业难问题早已成为社会广泛关注的重要议题。从 1999 年高校扩招开始，大学毕业生也面临越来越严峻的就业形势，为解决大学毕业生的就业困难，国家也曾出台了一些相关的政策措施，并把"一次就业率"作为衡量高校教育水平高低的重要指标，这在一定程度上对促进大学生就业起到了积极的作用。然而就业应包括"量"和"质"两个方面，就业质量同样是就业活动的重要组成部分，是反映整个就业过程中劳动者与生产资料结合并取得报酬或收入的具体状况之优劣程度的综合性范畴（刘素华，2005），并且就业质量的提高会对就业数量的增长起到正面的促进作用。足够数量和质量的就业机会成为满足劳动者更高社会需求的途径（Doyal，1984；Lipsey et al.，2011）。因此，仅仅从"量"的角度促进大学生就业比较片面，不能仅以提高就业率作为促进大学生就业的唯一目标，还应该从"质"的方面来考虑和分析大学生实际的就业状况问题，将提高大学生就业质量作为促进就业的重要指导方向。因此，研究大学毕业生就业质量的影响因素，并对其进行综合评价，对其就业"质"和"量"的双方面提高具有一定的理论指导意义。本章将通过因子分析方法，对影响大学生就业质量的主观与客观指标进行降维分析，对大学毕业生的就业质量进行综合评价，并在此基础上分别从性别和教育层次的角度，对男女大学毕业生和不同教育层次的大学毕业生的就业质量进行比较分析。

自 1999 年国际劳工组织（ILO）提出了体面劳动的概念后，国外的国际组织和学者们就开始了对就业质量的广泛研究，并尝试用多维度指标来对就业质量进行综合评价。比特森（Beatson，2000）通过反映劳动和回报关系的经济契约内容与反映雇主和雇员关系的心理契约内容来衡量就业质量，深入地分析了工作的外部特征和内部特征，外部特征包括薪酬福利、工作时间、工作与生活平衡、工作保障和发展机会等，内部特征则包括工作内容、工作强度、工伤疾病危害以及同事上级关系等。安可尔（Anker，2003）进一步拓展了体面就业的概念，并建立了基于 30 个统计指标的综合评价体系。博瑞思波斯（Brisbois，2003）选取了健康与福利、技能开发、职业安全、工作满意度等指标对美国、加拿大以及欧盟等国的就业质量进行了评价与比较。莫顿（Morton，2004）运用安全和健康、薪酬、人力资源、劳资关系等指标对加纳的微型和小型企业的就业质量进行了研究。

国内对于就业质量的研究相对国外起步较晚，但是最近几年针对就业质量指标评价的研究已逐渐丰富起来，由于学者们对就业质量的内涵没有一致性的概括，所以在指标选取上有所不同。李军峰（2003）提出就业质量的九个要素，但没有对指标的具体选取做深入分析。刘素华（2005）提出了包括聘用条件、工作环境、劳动关系和社会保障的四个维度17个指标的就业质量评价体系。赖德胜等（2011）构建了六个维度20个二级指标和50个三级指标的就业质量评价指标体系，并对我国30个省份的就业质量状况进行了测算，对于宏观层面研究来讲是比较系统和全面的。苏丽锋（2013）从微观层面出发，构建了包含15个指标的个人就业质量评价体系，并分群体对个人就业质量作了比较研究。国内学者对我国就业质量还侧重于从不同社会群体进行研究，主要有农民工、女性、大学生等社会群体。钱芳（2013）构建了包括5个一级指标、12个二级指标的评价体系，对我国农民工群体的就业质量进行了测度和分析。林竹（2013）通过对江苏省问卷调查数据的因子分析，对新生代农民工的就业质量进行了测量。张抗私（2012）通过对"2010年大学生就业问题调查"数据的实证分析，对影响女大学生就业质量的指标权重进行排序，构建了女大学生就业质量全口径评价指标体系。秦建国（2007）通过确立大学生就业质量评价指标选择的原则，建立了相关的指标体系。史淑桃（2010）以河南省某高校的2001～2007届本科毕业生的问卷调查为样本，通过15个指标对大学生就业质量进行测评，并做了就业质量的性别比较。孟大虎等（2012）通过抽样调查数据，对人力资本投资与大学生就业以及就业质量的关系进行了实证分析，认为能够积极影响就业的人力资本变量，并不一定会对就业质量起到同样的积极作用。综合来看对于评价指标的选取主要可从宏观、微观角度，主观、客观层面来划分，将主客观层面相结合来确定评价指标的选取，可以更为全面和准确地对就业质量进行测算、评价与比较分析，但是这种方式的运用却相对较少。

国内学者对于就业质量评价指标体系的研究方法也逐渐多元化，主要为描述性统计分析方法（李军锋，2003；苏丽锋，2013；赖德胜等，2013）、德尔菲（Delphi）法（王邦田，2009；钱芳，2013）、层次分析法（柯羽，2007；黄炜等，2010）、主成分分析法（赖德胜等，2011；柯羽，2010）。描述性统计分析仅仅可以对各个指标进行单独测算与比较，无法给出各指标权重，进而不能够进行准确的综合评价。德尔菲法虽然通过专家小组给出了各个指标权重，但是权重确定方式主观性太强，导致由此得出的就业质量测算结论缺乏客观准确度。层次分析法通过定性和定量分析，借助判断矩阵得出权重，但是综合指标值的准确性要依赖于指标之间的相关性，如果相关性太强得出的结果就会出现偏差。主成分分析法与前面的方法相比较，其评价准确度最具优势，但是这种方法主要是用来确定指标权重，而对于降维之后的主成分一般无法给出经济理论意义上的解释。与之比较接近的方法是因子分析法，既可以比较合理地确定权重，又可以通过旋转因子矩阵对各因子赋予经济理论含义，真正达到了将多维指标降维分析的目的。因此，结合上述对国内外研究的叙述与总结，本章将基于我国 2014 年大学毕业生问卷调查数据，从微观层面，采取主观与客观相结合的方式选取十二个评价指标，利用因子分析方法进行降维，最终从七个方面对我国大学毕业生就业质量进行综合评价，并在此基础上分别从性别和教育层次的角度进行比较分析。结果表明，由于选取较合理的主客观两方面指标，大学毕业生总体就业质量的性别差距并不十分明显，但是各个因子得分差距较大；大学毕业生的教育层次与就业质量总体呈正相关性，但是博士学历的就业质量在个别因子得分上具有特殊性。

二、数据来源与指标选取

(一) 数据来源

本章所用数据源自国家社会科学基金项目《大学毕业生就业质量与政策研究》的大学毕业生就业质量问卷调查。东北财经大学课题组于 2014 年 7 ~ 8 月在全国范围内 20 个省市进行了访谈工作，并对已经就业的大学毕业生进行问卷调查。调查样本所属地区可按照东部、中部、西部地区进行划分，东部为北京、天津、河北、上海、辽宁、江苏、山东；中部为黑龙江、吉林、山西、安徽、江西、河南、湖北、湖南；西部为四川、重庆、贵州、陕西、甘肃。调查对象采取在以上省市随机抽样的方法确定，并采取当面访谈的形式完成问卷。此次回收问卷 4118 份，有效问卷 3563 份，有效回收率为 86.5%，其中男性毕业生 1766 人，占 49.6%，女性毕业生 1797 人，占 50.4%。专科毕业生 767 人，占样本总数的 21.5%；本科毕业生 2208 人，占样本总数的 62%；硕士毕业生 546 人，占样本总数的 15.3%；博士毕业生 42 人，占样本总数的 1.2%（见表8.9）。本次调查样本结构合理,具有较好的代表性和典型性,可较为准确地作为大学生就业质量评价的理论分析依据。

表8.9   样本数据描述性统计

变量名称		频数（个）	百分比（%）
性别	男	1766	49.6
	女	1797	50.4
党员	是	1082	30.4
	否	2481	69.6
婚否	是	1589	44.6
	否	1974	55.4
学历	专科	767	21.5
	本科	2208	62
	硕士	546	15.3
	博士	42	1.2
单位性质	政府部门	210	5.9
	事业单位	442	12.4
	国有企业	1287	36.1
	民营企业	1249	35.1
	三资企业	278	7.8
	集体企业	97	2.7

资料来源:东北财经大学"大学毕业生就业质量与就业研究"课题组于2014年的《大学毕业生就业质量问卷调查》数据。

(二) 指标选取与赋值打分

由于就业质量是一个广泛的、综合性的概念,为了全面地对大学生就业质量进行测评与比较,评价指标的选取应从多个角度考虑,根据科学性、可比性、全面系统性、简明实用性等原则(秦建国,2007),结合此次调查问卷的内容,本章从主观和客观两个方面构建了包含12个指标的大学毕业生就业质量评价体系,具体问卷问题与指标相对应(见表8.10)。

表 8.10　　　　　　　　各指标性质与名称

指标性质	指标名称	指标量化	对应问卷调查
客观	月收入	X_1	您大致的月收入为
	岗位培训	X_2	您是否参加过目前工作的岗位培训
	专业对口	X_3	您的专业与当前的工作是否对口
主观	工作转换	X_4	这个工作岗位的人一般都想着跳槽
	收入增加	X_5	我对自己涨薪水的机会感到满意
	职业发展	X_6	我对我的晋升机会感到满意
	管理公平	X_7	我的上级对我不公平
	员工参与	X_8	我的上级不关心下属的想法
	工作自豪感	X_9	我对自己从事的工作感到自豪
	工作愉悦度	X_{10}	我的工作能使人感到愉快
	福利待遇	X_{11}	我对单位提供的福利待遇满意
	福利横比	X_{12}	我单位的福利不比其他单位的差

　　客观指标共选取了 3 个，分别是收入现状、岗位培训与专业匹配。其中，月收入指标对应的是被调查大学毕业生的每月平均收入的范围，一共 5 个层次的选项，分别为 3500 元以下，3500～4500 元，5000～7500 元，7500～10000 元，10000 元以上，依次按照 0、1、2、3、4 赋值打分；岗位培训指标按照是否参加过岗位培训来评价，"是"打分为 0，"否"打分为 1；专业对口对应的是专业与工作是否对口来评价，一共 3 个层次的选项，"对口"打分为 0，"相关"打分为 1，"不相关"打分为 2。主观指标更能体现大学毕业生的就业质量状况，因此从满意度的角度一共选取了 9 个指标，分别为工作稳定性、收入增加、职业发展、管理公平、员工参与、工作自豪感、工作愉悦度、福利待遇与其横向比较。这些主观满意度指标的选项都由 6 个层次构成，分别为"非常不同意""一般不同意""有点不同意""有点同意""一般同意""非常同意"构成，依次按照 0、1、2、3、4、5 赋值打分。

　　上述的 12 个指标的赋值量化结果可用 X_j 表示，其中 $j=1,2\cdots,12$，并且在选取的大学毕业生就业质量评价指标中，既存在正向指标也存在负向指标，因此需要对指标的数量级进行标准化处理，以获得横向的可用性与可比性。

正向指标标准化计算公式如下：

$$x_{ij} = \frac{X_{ij} - Min(X_j)}{Max(X_j) - Min(X_j)} \qquad (8.3)$$

负向指标标准化计算公式如下：

$$x_{ij} = \frac{Max(X_j) - X_{ij}}{Max(X_j) - Min(X_j)}$$

其中，X_j 表示第 j 个指标的量化结果；$Max(X_j)$ 为第 j 个指标各样本点上的最大取值；$Min(X_j)$ 为第 j 个指标各样本点上的最小取值；X_{ij} 作为第 i 个样本点在第 j 个指标的标准化取值，变量标准化之后，样本点在各个指标上的取值都服从区间 $[0,1]$。

三、大学毕业生就业质量评价的因子分析与分组比较

(一) 因子分析过程

如前面所述，因子分析方法作为一种多元统计方法与其他的就业质量评价方法比较，具有较强的客观性和准确性，其主要是利用降维的思想，将多个角度的复杂指标进行综合，用少数几个不可观测的独立变量（公共因子）来反映多个原变量的大部分信息，以达到简化变量结构的目的。

1. 数学模型的建立

利用因子分析方法，用于测评大学毕业生就业质量的 12 个原变量就可以用几个较少的公共因子线性表示出来，具体的模型可以表示为：

$$X_j = a_{j1}F_1 + a_{j2}F_2 + \cdots + a_{jp}F_p + \varepsilon_j \qquad (8.4)$$

其中，X_j 代表选取的 12 个原始变量($j = 1,2,\cdots,12$)；Fm 代表降维之后得到的公共因子($m = 1,2,\cdots,p$)；ajm 表示第 j 个变量 Xj 与第 m 个公共因子 Fm 之间的相关系数，称为因子载荷；ε_j 为与原始变量 X_j 相对应的特殊因子。因子分析模型用矩阵可以表示为：$X = AF + E$，在这里，A 为因子载荷矩阵，$X = (X_1,X_2,\cdots,X_{12})'$，是观测指标向量，$F = (F_1,F_2,\cdots,F_p)'$，是这 12 个观测指标的公共因子，且这里有 $p \leqslant 12$。

2. KMO 与 Bartlett's 球形度检验

为了检测所使用的样本数据是否适合进行因子分析以及选取指标变量

之间相关性如何，需要运用 KMO 样本测度法与 Bartlett's 球形度检验对模型适用性和指标的相关性进行检验。本章使用 SPSS Statistics 软件对数据进行上述检验，结果表明，所得 KMO 检验值为 0.788 > 0.7，因此样本数据适合进行因子分析；另外，Bartlett's 球形检验卡方统计值的显著性水平为 0.000 < 0.0001，说明所选指标变量之间具有较强的相关性，适合运用因子分析方法。具体检测数据详见表 8.11。

表 8.11　　　　　　　　KMO 和 Bartlett 的检验

取样足够度的 Kaiser-Meyer-Olkin 度量		0.788
Bartlett's 球形度检验	近似卡方	10109.346
	自由度	66
	显著水平	0.000

3. R 的特征值与贡献率

运用主成分分析方法计算初始公共因子的特征值以及方差贡献率与累计方差贡献率，在本章中，$X = (X_1, X_2, \cdots, X_{12})'$，是观测指标的向量，其与公共因子 $F = (F_1, F_2, \cdots, F_p)'$ 的相关系数矩阵的特征值为 λ_j（这里 $j = 1, 2, \cdots, 12$，且 $\lambda_1 \geqslant \lambda_2 \geqslant \cdots \geqslant \lambda_{12}$），其对应的特征向量为 $\mu_1, \mu_2, \cdots, \mu_{12}$，因子的方差贡献率 $g_m^2 = \sum_{j=1}^{12} a_{jm}^2 (m = 1, 2, \cdots, p)$，表示第 m 个公共因子对变量 X_j 提供的方差总和，反映了第 m 个公共因子的相对重要程度。

使用 SPSS Statistics 软件进行计算的结果显示，所提取的前 7 个公因子的特征值的累计总方差贡献率达到了 81.119%，解释了原变量的绝大部分信息，因此说明可以用这 7 个公共因子来代替原来的 12 个指标变量，对大学生就业质量的状况进行测评和比较（见表 8.12）。

表 8.12　　　　　　　　特征值及解释的总方差

成分	初始特征值			提取平方和载入			旋转平方和载入		
	合计	方差的%	累积%	合计	方差的%	累积%	合计	方差的%	累积%
1	3.528	29.397	29.397	3.528	29.397	29.397	2.212	18.431	18.431
2	1.609	13.404	42.801	1.609	13.404	42.801	1.917	15.979	34.410
3	1.110	9.249	52.050	1.110	9.249	52.050	1.687	14.059	48.469

成分	初始特征值			提取平方和载入			旋转平方和载入		
	合计	方差的%	累积%	合计	方差的%	累积%	合计	方差的%	累积%
4	0.967	8.055	60.105	0.967	8.055	60.105	1.008	8.397	56.865
5	0.907	7.561	67.666	0.907	7.561	67.666	1.007	8.391	65.256
6	0.864	7.202	74.868	0.864	7.202	74.868	1.001	8.342	73.598
7	0.750	6.252	81.119	0.750	6.252	81.119	0.903	7.521	81.119
8	0.699	5.825	86.945						
9	0.430	3.586	90.531						
10	0.405	3.376	93.906						
11	0.372	3.100	97.007						
12	0.359	2.993	100.000						

4. 因子旋转与旋转后的载荷矩阵

对提取的 7 个主因子建立的初级因子载荷矩阵含义名不明显,为了方便对各因子载荷进行合理的解释,采用最大方差法对因子进行正交旋转,是每个因子载荷的平方按列向 0 或 1 两极分化,得到方差最大化的因子载荷矩阵,并且旋转后的总方差累计贡献率不变。如表 8.13 所示,因子旋转在 7 次迭代后收敛,公因子的载荷量出现了明显的分化趋势。

表 8.13 旋转成分矩阵

变量	成分						
	F_1	F_2	F_3	F_4	F_5	F_6	F_7
X_1:月收入	0.053	0.057	−0.012	0.991	−0.015	−0.061	−0.043
X_2:岗位培训	−0.049	−0.043	0.049	−0.015	0.994	0.034	0.031
X_3:专业对口	−0.036	−0.052	0.018	−0.061	0.034	0.995	0.021
X_4:工作转换	−0.196	−0.181	0.311	−0.069	0.051	0.031	0.759
X_5:收入增加	0.635	0.356	−0.112	0.097	−0.055	−0.023	0.364
X_6:职业发展	0.566	0.490	−0.180	0.012	−0.097	−0.013	0.261
X_7:管理公平	−0.039	−0.061	0.880	0.007	0.022	−0.007	0.099

续表

变量	成分						
	F_1	F_2	F_3	F_4	F_5	F_6	F_7
X_8：员工参与	−0.060	−0.078	0.866	−0.022	0.034	0.028	0.106
X_9：工作自豪感	0.222	0.839	−0.112	0.063	−0.030	−0.051	−0.088
X_{10}：工作愉悦度	0.196	0.862	−0.015	0.011	−0.009	−0.016	−0.108
X_{11}：福利待遇	0.814	0.214	−0.058	0.047	−0.025	−0.014	−0.184
X_{12}：福利横比	0.830	0.085	0.029	−0.011	0.004	−0.027	−0.219
因子命名	福利与发展	精神需求	劳动关系	收入现状	人力资本投资	专业匹配	工作稳定性

通过因子分析方法，将原来的 12 个指标变量降维为 7 个因子，具体来看，公因子 F_1 在收入增加、职业发展、福利待遇与横向比较这 4 个变量上具有较高的载荷量，公因子 F_1 将定义为福利和发展因子。公因子 F_2 在工作自豪感和工作愉悦度变量上具有较高载荷量，代表了大学毕业生在工作中精神层面的需求，因此将其定义为精神需求因子。公因子 F_3 在管理公平与员工参与变量上具有较高的载荷量，代表了大学毕业生与就业单位之间的劳动关系内容，将其定义为劳动关系因子。公因子 F_4 在月收入变量上具有较高载荷，代表了收入的当前状况，将其定义为收入现状因子。公因子 F_5 在岗位培训变量上载荷量较高，解释了用人单位对大学毕业生在职人力资本投资的情况，因子将其定义为人力资本投资因子。公因子 F_6 在专业对口变量上具有较高载荷量，说明了大学毕业生所学专业与工作的匹配情况，将其定义为专业匹配因子。公因子 F_7 在工作转换变量上载荷量较高，代表了大学毕业生就业后工作是否稳定的情况，将其定义为工作稳定性因子。

由于公因子的方差贡献率的高低代表了其对于原变量信息的解释能力，其方差贡献率越高说明其越重要，上述 7 个公因子的贡献率由 F_1，F_2，…，F_7 从高到低依次排名，因此，对大学毕业生就业质量的影响大小排名为：福利与发展 > 精神需求 > 劳动关系 > 收入现状 > 人力资本投资 > 专业匹配 > 工作稳定性。由此可以看出，对于大学毕业生来说最重要的是工作将来的发展机会，其对就业质量具有长期影响效果。并且工作所带来的精神感受和单位对员工的管理制度也是比较重要的，而当前的收入高低并不作为最重要的考虑因素，所以现实中某些单位虽然起薪较低但仍受到求职者青睐，可能是由于其具备合理的管理制度以及较好的职业发展机会。同时单位的在职培训以及所学专业与从事工作的匹配情况也会影响其就业质量高低，工作稳定性被排在最后的位置，其对就业质量的影响相对较低。由此可见上述的 7 个公因子中，主观因素相对客观因素来说对大学毕业生就业质量的影响更大，这与柯羽（2010）的结论是相同的，其利用主成分分析对浙江省大学毕业生的就业质量进行了测评，结果显示大学毕业生的就业质量更多地依赖于主观性指标，而目前公认的、构建就业质量指标体系经常被赋予较大权重的客观性指标的重视程度相对较低。因此，本章认为采取主观与客观指标变量相结合的方式构建大学毕业生就业质量评价体系，是必要的、合理的，进而对大学毕业生就业质量进行了综合测评与分组比较分析。

4. 因子得分及权重

对上述 7 个公共因子进行命名之后，通过最小二乘法进行估计，由此 F 的估计值为 $F = A'R^{-1}X$，这里因子得分函数可写为 $(F_1, F_2, \cdots, F_p)' = B(X_1, X_2, \cdots, X_j)'$，$B = A'R^{-1}$，即公共因子与原变量之间的回归方程为：

$$F_m = b_{m1}X_1 + b_{m2}X_2 + \cdots + b_{mj}X_j, (m = 1, 2, \cdots, p) \quad (8.5)$$

其中，A′为旋转后因子载荷矩阵的转置；R − 1 为原变量的相关系数矩阵的逆矩阵，具体的因子得分矩阵详见表 8.14，通过因子得分系数矩阵可以计算出各因子的得分及排名情况。

表 8.14　　　　　　　　　　因子得分系数矩阵

变量	成分						
	F_1	F_2	F_3	F_4	F_5	F_6	F_7
X_1：月收入	− 0.0319	− 0.0396	0.0126	1.0068	0.0117	0.0582	0.0142
X_2：岗位培训	0.0345	0.0308	− 0.0438	0.0130	1.0061	− 0.0300	0.0213
X_3：专业对口	0.0136	0.0280	− 0.0049	0.0592	− 0.0306	1.0109	− 0.0222
X_4：工作转换	− 0.0116	− 0.0332	0.0019	− 0.0018	0.0129	− 0.0209	0.8345
X_5：收入增加	0.2928	0.0137	− 0.0968	0.0697	− 0.0029	0.0021	0.4985
X_6：职业发展	0.1903	0.1428	− 0.1047	− 0.0283	− 0.0412	0.0149	0.3808

变量	成分						
	F_1	F_2	F_3	F_4	F_5	F_6	F_7
X_7：管理公平	0.0347	0.0613	0.5678	0.0193	-0.0369	-0.0175	-0.0888
X_8：员工参与	0.0293	0.0585	0.5532	-0.0047	-0.0283	0.0126	-0.0810
X_9：工作自豪感	-0.1847	0.5571	0.0456	-0.0071	0.0233	0.0040	-0.0720
X_{10}：工作愉悦度	-0.2043	0.6012	0.1168	-0.0579	0.0354	0.0331	-0.1257
X_{11}：福利待遇	0.4488	-0.1514	0.0589	-0.0119	0.0268	0.0201	-0.1726
X_{12}：福利横比	0.5146	-0.2456	0.1112	-0.0680	0.0466	-0.0067	-0.2364

此时大学毕业生就业质量的综合评价得分 Y，可由上述的 7 个公因子加权汇总得到，具体每个公因子的权重为其旋转方差贡献率占总的累积方差贡献率的比重，由表 8.14 可得。令 μ_m 表示公因子 F_m 的权重，因此，大学毕业生就业质量的综合评价得分 Y 方程可表示为：

$$Y = \sum_{m=1}^{p} \mu_m F_m$$
$$= \frac{0.18431F_1 + 0.15979F_2 + 0.14159F_3 + 0.08379F_4 + 0.08391F_5 + 0.08342F_6 + 0.07521F_7}{0.81119}$$

$$(8.6)$$

（二）大学毕业生就业质量的分组比较

以上通过因子分析将初选的 12 个主客观指标标量降维为 7 个公因子，并将公因子作了经济含义命名并进行了重要性排序，最终给出了大学毕业生就业质量的综合评价方程，在此基础上就可以进行不同组别的就业质量比较。本章拟从性别和教育层次两方面将样本进行分组，分别将男性女性以及各教育层次的大学毕业生，在就业质量总体得分上和各因子得分上进行比较，以判断大学毕业生的就业质量是否存在以上两方面的组间差距。

1. 性别比较

以往曾有学者就就业质量的性别比较做过研究，但由于关注的侧重点不同，在技术方法的选取、指标的确定以及指标权重赋予的客观性上存在差异，导致得出的结论也不尽相同。如通过对我国男女职工就业质量的定量比较，得出了女性就业质量低于男性的结论（李军锋，2003）。由于法律制度不够完善以及性别歧视的存在，大学毕业生就业质量的性别差异逐渐显现（史淑桃，2010）。我国就业质量水平总体水平有待提高，就业质量的性别差异并不明显（苏丽锋，2013）。对农村大学生就业质量进行了分析，其结论显示，女生较男生的就业满意度更高（袁红清等，2013）。本章采用了在指标权重赋予上较为客观的因子分析方法，确定了主观和客观相结合的 12 个指标，对男性女性的就业质量进行比较，希望可以对大学毕业生就业质量的性别差距存在与否进行较为客观地证明。

上述样本数据经正向标准化之后，指标变量取值均为 [0，1] 之间，因此可以更好地进行变量间的横向比较，如表 8.15 所示，男性和女性大学毕业生仅在某几个原始变量上的均值有较明显差距。均值分析只能大概地显示一些信息，并不能完全客观地对就业质量性别差距进行判断分析，还要依据上述的因子分析确定的权重以及回归方程来进行比较。

表 8.15   **男性与女性的原始变量均值**

变量	均值	
	男性	女性
X_1：月收入	0.3012	0.2087
X_2：岗位培训	0.7508	0.7457
X_3：专业对口	0.5719	0.5459
X_4：工作转换	0.5866	0.6036
X_5：收入增加	0.4738	0.4560
X_6：职业发展	0.5223	0.5075
X_7：管理公平	0.6781	0.7224
X_8：员工参与	0.6566	0.6858
X_9：工作自豪感	0.5898	0.5910
X_{10}：工作愉悦度	0.5668	0.5752
X_{11}：福利待遇	0.5348	0.5344
X_{12}：福利横比	0.5267	0.5279

将表 8.15 中男性与女性的各原始变量均值结合因子得分系数矩阵，可以分别得到男女大学毕业生的各公因子得分，然后利用大学毕业生就业质量的综合评价得分方程，计算得出男女大学毕业生的就业质量综合得分，

具体得分及排序情况详见表8.16。从表中可以看出，就男性与女性大学毕业生就业质量的综合评价得分来说，男性略好于女性，但差别并不明显。而对于各因子得分来看，首先，男性与女性在收入现状因子上的得分差距最大，女性为0.1994，男性为0.2949，女性与男性的得分比率大约为0.68，说明由于能力、受教育程度的差异以及性别歧视等因素的影响，男性与女性大学毕业生之间确实存在收入差距，而且差距还是非常显著的。其次，对于劳动关系因子来看，男性得分稍低于女性，这应该是由于社会角色与传统观念的不同，一般来说男性更倾向于注重事业，女性相对来说更注重家庭，所以男性对自身参与管理与领导的重视期望更高，因此这方面的满意度稍低；对于专业匹配因子来看，男性大学生比女性大学生得分稍高，这也说明了由于上述因素的影响，使得女性择业比男性较困难，为了能够实现就业不得不选择与所学专业不相匹配的工作。再次，对于就业稳定性因子来看，男性得分略高于女性，但并不明显，可能由于女性在就业之后由于受家庭和传统观念影响，与男性相比用于家庭生活上的时间更多，工作选择的随意性要略强一些，工作转换的可能性比男性略大；从精神需求因子来看，男性比女性得分略低，但差距并不明显，说明男性比女性略看中工作带来的精神层面的感受，对工作的精神要求期望更高且工作压力较大，所以这方面的满意度比女性略微低一些。最后，就人力资本投资及福利与发展因子来看，男性比女性得分略高，说明由于性别歧视和传统思想的影响，单位更看重男性员工的培养与提升，从而使得男性比女性的在职培训与晋升机会更好一些，并且对于男性来说择业更具优势，使得其收入和福利待遇较女性要高。

表8.16　　　　　　　　　男性与女性的各因子及综合得分

因子得分区别排序	得分	
	男性	女性
F_4：收入现状	0.2949	0.1994
F_3：劳动关系	0.8001	0.8450
F_6：专业匹配	0.5945	0.5622
F_7：就业稳定性	0.4882	0.4793
F_2：精神需求	0.6278	0.6357

续表

因子得分区别排序	得分	
	男性	女性
F_5：人力资本投资	0.7552	0.7485
F_1：福利与发展	0.5846	0.5796
综合得分	0.6102	0.6037

2. 教育层次比较

依据所用调查问卷的样本数据，将大学毕业生的教育层次按照学历高低分为四个层次，分别为专科、本科、硕士和博士。本章拟从以上四个层次，对大学毕业生的就业质量进行评价与比较，具体方法是使用 SPSS Statistics 软件得出各教育层次子样本在各原始变量上的均值，然后根据因子得分系数矩阵计算各公因子的得分并进行比较，最终利用大学毕业生就业质量的综合评价得分方程，计算得出各个教育层次大学毕业生的就业质量综合得分，具体得分及排序情况详见表 8.17。

表 8.17 　　　　　　　不同教育层次的各因子及综合得分

因子	得分			
	专科	本科	硕士	博士
F_1：福利与发展	0.5624	0.5873	0.5901	0.5647
F_2：精神需求	0.6276	0.6282	0.6495	0.7431
F_3：劳动关系	0.7992	0.8212	0.8604	0.8463
F_4：收入现状	0.1282	0.2362	0.4244	0.6556
F_5：人力资本投资	0.7356	0.7577	0.7573	0.6704
F_6：专业匹配	0.4888	0.5777	0.6905	0.7779
F_7：就业稳定性	0.4744	0.4795	0.5074	0.5669
综合得分	0.5735	0.6061	0.6514	0.6910

从表 8.17 中各个教育层次的综合得分来看，从专科、本科、硕士到博士就业质量综合得分呈递增趋势，即教育层次与大学毕业生就业质量之间存在正相关关系，或者说学历越高的大学毕业生，其就业质量水平就越

高，这与前期学者们的研究结论是一致的（苏丽锋，2013；孟大虎等，2012）。但是笔者发现上述的正相关关系对于各因子来说不尽成立，下面将不同教育层次在各因子的得分进行比较。

首先，差距最为明显的要数收入现状因子，随着教育层次的提高，收入呈现非常明显的递增趋势，具体来看，以专科得分为基数，本科、硕士、博士分别是专科收入的1.84倍、3.31倍和5.11倍，说明教育层次的提高会优化择业选择，并且一般情况下单位的工资制度对高教育层次也会有较明显的倾向，以吸引更多高学历大学毕业生的加入，最终使得教育层次对收入存在一个较大的正向影响。

其次，就专业匹配、就业稳定性以及精神需求因子来看，其与教育层次都存在较明显的正向关系，即教育层次越高，这几个方面体现的就业质量越高。具体来说，较高的教育层次在择业方面更有优势，更容易从事与自身所学专业相关性较强的工作，并且教育层次越高（如硕士与博士），在工作中更注重自我价值的实现及工作带来的精神感受，同样也更注重自身的未来发展，因此其就业稳定性也相对较高一些。

最后，对于人力资本投资、劳动关系及福利与发展因子而言，出现了一个特别的现象，即对于专科、本科和硕士来说，其教育层次与上述三个就业质量因子均呈正相关关系，较高教育层次在这三个因子上体现的就业质量越高，博士生的就业质量在以上三个因子上却出现了下降的趋势。博士在人力资本投资因子上的下降主要是因为其教育层次已经处于最高的水平，代表其具有很高的知识能力，因此很多单位对于博士学历的员工不再提供规定性的培训；对于劳动关系和福利发展方面，博士由于自身的教育投资较高，具有较高的知识水平，因此对单位的尊重、自身管理的参与以及个人发展与自我实现更为看重，在这些方面产生了较高的工作期望，导致这三方面的就业质量没有体现出教育层次的加成。

四、结论与建议

（一）相关结论

本章节以2014年大学毕业生就业质量调查问卷的数据为样本，从主观和客观两方面选取多个指标变量，构建了大学毕业生就业质量指标评价体系，并采用了客观性较强的因子分析方法对多个原指标变量进行降维，确定了各公因子的权重，以对大学毕业生的就业质量进行综合测评，并分别从性别和教育层次两个角度分析了其就业质量的不同。相关结论如下：

第一，对于大学毕业生来说主观性因素比客观性因素对就业质量的评价更为重要。具体来说，大学毕业生在衡量自身就业质量时，更看重个人发展、精神需求以及劳动关系等主观性指标，而对于一般被研究者赋予更高权重的收入现状、专业匹配等客观性指标重视程度相对较低，这说明了如今大学毕业生在择业时更加理性与成熟，更为看重工作将来可以带来的发展空间、单位对自身的尊重与重视，以及工作本身带来的精神感受，而不是仅仅将收入现状作为评价其就业质量的首要指标，而是去追求工作的成就感和自我价值的实现。

第二，对于性别比较而言，总体来看，男性比女性的就业质量略高，但差距并不明显。对各个指标来看，差距比较突出，主要体现在：首先，二者收入差距较大，女性与男性的比率大约为0.68，说明了我国大学毕业生的性别收入差距的存在，而性别收入差距是由多个方面造成的，其中包括二者在社会性别角色、就业能力、人力资本投资的不同以及性别歧视，而性别歧视带来的收入差距原因一般认为主要是由职业隔离和职位隔离构成（卿石松等，2013）。其次，一个有意思的结论是，男性大学毕业生在客观上取得高收入的同时，其主观上的劳动关系与精神需求的满意度却比女性稍低，这可以解释为社会性别角色对家庭分工的影响所带来的双重效应，"男主外，女主内"的传统观念，一方面使承担较多家务劳动的女性，由于家务劳动的工资惩罚效应（郑加梅等，2014），更趋于从事收入更低的职业和职位；另一方面使男性承担更多的社会市场劳动，男性更加注重其社会地位与工作上的成就，并且更加趋于追求工作带来的精神感受与自我价值的实现，使得男性大学毕业生在上述方面的高期望带来了比女性较低的满意度。

第三，就教育层次而言，总体来说其与大学毕业生的就业质量呈现正相关关系，但是对博士毕业生这个群体而言，在某些方面又具有特殊性。主要体现在人力资本投资、劳动关系及个人发展上，博士生的就业质量评价较低，原因是博士毕业生由于专业知识水平较高，并且就业主要进入的是科研和机关事业单位（何雨等，2008），因此其工作后需参与的在职培训相对较少。并且对于博士毕业生来说，在时间上和金钱上的教育投资，使其更注重在个人发展、成就与地位等方面的回报，但是高的知识水平不一定意味着高的工作能力，而后者更是大多数单位在培养和提拔人才方面要首先考虑的因素，因此，在考虑自身的教育投资成本情况下，博士毕业生对以上方面的就业质量评价偏低。

（二）基本建议

1. 女性大学毕业生应注重增加自身的人力资本投资

首先，一般来说女性的受教育水平普遍低于男性，而女性的教育回报率却比男性要高（邓峰等，2012），并且就本章的研究结论来看，工作收入与教育层次是正向相关的，因此建议女性大学生可以考虑通过教育层次的提高，增强自身在劳动力市场上的竞争力与择业优势。其次，本章研究结果证明，女性大学生的在职培训上的就业质量评价低于男性，因此女性大学生还应做好自身的职业发展规划，积极参与单位提供的职业培训，提高自身的业务知识水平，为今后的个人发展做好充分的准备。

2. 政府应对产生性别收入差距的性别歧视采取政策干预

政府可以对用人单位进行奖惩并用的方式，具体可以按照工作性质和特点，对雇佣超过一定比例女性员工的单位实行补贴，同时对于雇佣低于一定比例女性员工的单位进行惩罚，若有单位被举报采取了性别歧视的行为，经查属实后，对其进行经济处罚。另外，由于社会性别角色造成家庭分工的不同，女性承担了过多的家务劳动，而家务劳动的工资惩罚效应使其更趋于从事收入更低的职业和职位，因此政府可以建立公共托幼服务体系，将正处于婴幼儿养育期的女性大学毕业生从家务劳动中解放出来，以增加其社会劳动的参与。

3. 男性大学毕业生应注重工作和家庭之间的平衡

社会性别角色的不同给男性带来过大的社会压力，使得男性大学毕业生过分注重社会地位与工作成就，并把过多的时间和精力配置在工作上，导致工作带来较差的精神感受，并使其在工作和家庭中的时间分配失衡。因此对处于事业建设期的男性大学毕业生来说，首先对于工作压力要正确面对，通过自身能力的提升、工作经验的积累以及拥有正能量的心态，积极应对工作中的诸多问题；其次，要注重工作和家庭之间的平衡，更多地参与到家庭劳动中来，既可以缓解工作压力并享受家庭生活的乐趣，又有利于增加家庭中的女性成员的社会劳动参与。

4. 大学毕业生对于是否继续深造要理性对待

虽然结论显示教育层次与就业质量总体呈正相关关系，但是建议大学毕业生对于自身教育层次的提高还是要理性对待，要将自身家庭的经济情况、放弃就业带来的成本以及继续深造所带来的就业质量的潜在提升等方面进行综合考虑。特别是对硕士毕业生来说，若要在继续攻读博士学位还是直接就业中选择时，在考虑时间和金钱的投入成本以及将来可能的更高收入与更优择业机会的同时，也要意识到，博士学位并不一定能够带来更好的个人发展，注重专业知识水平的提升的同时也要注重个人工作能力的培养，如可进行就业前的工作实习与社会经验的积累。

第九章

经济因素、生源地因素与
就业省际流动

本章利用微观调研数据，综合使用独立样本 T 检验、Logistic 模型以及多因素方差分析的方法分析大学生的跨省就业问题，研究发现：大学生省内就业的比例较高，本书发现劳动者的年龄、学历以及地区经济因素和生源地因素均是影响其发生跨省就业的显著变量，其中跨省就业发生率的主要影响因素为经济因素和生源地因素，并且经济因素对跨省就业的驱动作用更强一些；同时，跨省就业发生率随劳动者学历层次的提高而增大，经济因素和生源地因素对不同学历劳动者跨省就业的解释力度不同，经济因素对跨省就业的影响随劳动者学历层次的提高而增大，而生源地因素对跨省就业的影响随劳动者学历层次的提高而降低。

第一节　大学生跨省就业的影响因素

库德瑞斯科（Kodrzycki，2001）认为影响大学生人才流动的因素主要有三类：个人特征因素、地区经济因素和非经济因素。其中个人特征因素包括年龄、性别、学历等；地区因素主要为经济发展水平变量，包括就业机会、失业率、预期工资等；非经济因素包括离开父母和老朋友的心理成本、文化差异等因素。学者围绕这些因素研究我国大学生人才的省际流动问题，结果发现相对于个人特征因素，地区经济因素和非经济因素的影响更加突出。

一、经济因素与省际流动

关于地区经济水平对人才流动的影响，主要存在两方面的观点：一方面，迁入地经济发展水平相对迁出地越高，越容易发生迁移（Moretti，2004；Faggian et al.，2009）。岳昌君（2011）的实证研究结果证明了这一点，他使用2009年的全国高校毕业生就业状况调查数据，采用 mlogit 回归方法，研究发现就业地人均 GDP 水平显著影响大学生的省际流动。赵晶晶等（2014）认为高校毕业生的流动不仅受到区域经济条件的影响，同时也受到两点间距离的影响，并对此建立了两区域两阶段决策的决策模型、进行 HULT 分解，使用2012年全国高校毕业生的就业抽样调查数据，分析我国高校毕业生流动的路径选择与区域经济水平的关系，结果表明经济水平与高校毕业生得失比呈正相关、与高校毕业生流出距离呈负相关、与流入距离呈正相关。另一方面，受毕业生规模扩大、中东部地区人才吸纳能力降低以及户籍制度等多重因素的影响，大学生的区域流动受限（彭红玉，2010；徐静娴等，2007；杨钊等，2011）。其中，彭红玉（2010）利用湖北省高校毕业生的就业数据和时间序列曲线估计方法对高校毕业生就业流向的趋势进行预测，结果发现2013～2018年我国高校毕业生向北京市、上海市、浙江省等经济发达地区的就业流动将明显下降，而向陕西省、甘肃省、贵州省等经济欠发达的中西部地区的就业流动将快速增加。

二、非经济因素与省际流动

受心理成本影响的大学生更倾向于留在生源地或院校所在地就业。由于长期的居住和学习经历，使大学生对所在地域更加熟悉，并习惯于当地的饮食习惯、语言习惯及城市文明，同时，大学生的社会关系网较为完善，亲友人际圈的密切联系给大学生提供必需的心理支持，因此大学生更愿意在生源地或院校所在地就业（伍海泉，2009；葛玉好等，2011；马莉萍等，2013）。马莉萍等（2013）使用北京大学教育学院2009年的"全国高校毕业生就业调查"数据，采用条件逻辑回归模型对大学生的就学流动和就业流动建立计量模型，模型回归结果表明生源地和院校地对就业地的影响是显著的，且与专科和本科生相比，研究生更倾向于离开生源地而留在院校所在地就业。

第二节　大学生就业的省际流动特征

一、样本数据的描述性统计

本节使用 2014 年国家社科基金一般项目"大学毕业生就业质量与政策研究"（批准号 14BSH107）的调研数据来分析大学生的跨省就业发生率问题，在国外求学回国就业的群体不属于本书的研究范围之内，对这部分群体加以剔除后，样本容量为 4190，样本的分布情况见表 9.1。

表 9.1　　　　样本变量的描述性统计

	变量	频数	频率		变量	频数	频率
性别	男	2131	51.04%		批发零售业	158	3.94%
	女	2041	48.96%		制造业	821	20.46%
年龄	25 岁以下	957	24.02%		金融保险业	979	24.40%
	25～30 岁	2105	52.82%		房地产业	103	2.57%
	31～40 岁	844	21.18%		建筑业	152	3.79%
	41～50 岁	72	1.81%		交通运输、仓储和邮政业	149	3.71%
	50 岁以上	7	0.18%		IT 业	367	9.15%
学历	专科	807	19.58%	行业分布	电力、热力、燃气及水生产和供应业	120	2.99%
	本科	2669	64.69%		农林牧渔业	105	2.62%
	硕士	594	14.42%		科学研究和技术服务业	159	3.96%
	博士	53	1.30%				
所有制类型	国有企业	1359	33.81%		水利、环境和公共设施管理业	87	2.17%
	集体企业	102	2.56%		教育	158	3.94%
	民营企业	1505	37.45%		卫生和社会工作	164	4.09%
	三资企业	354	8.81%		社会公共行业*	236	5.88%
	政府及事业单位	697	17.36%		住宿餐饮业	51	1.27%

180

续表

	变量	频数	频率		变量	频数	频率
区域	东部地区	1933	46.13%	行业分布	采矿业	17	0.42%
	中部地区	1796	42.86%		租赁和商务服务业	44	1.10%
	西部地区	461	11.00%		其他	143	3.54%

注：＊社会公共行业包括公共管理、社会保障和社会组织。

由表9.1可知，从性别分布来看，样本中男女各占51.04%和48.96%，比例较为协调；从年龄分布来看，40岁以下占比98.01%，其中25~30岁占比52.82%；从学历结构来看，以本科学历为主，博士群体数量相对较少；从单位性质来看，样本中劳动者就职于国有企业和民营企业的比例各占30%以上，就职于政府部门和事业单位的比例为17.36%，就职于三资企业和集体企业的比例不足10%；从行业分布来看，制造业和金融保险业占比20%以上，IT业和社会公共行业分别为9.15%和5.88%，其他行业如批发零售业、房地产业、建筑业等占比在5%以下，分布较为均匀；从劳动者毕业院校所属的区域分布来看，东部、中部、西部各占46.13%、42.86%和11.00%。

本书以劳动者的工作地点与毕业院校（劳动者获取最高学历的院校所在地）是否在同一省份（自治区、直辖市）来衡量跨省就业情况，若二者不在同一省份，则视为发生跨省就业；反之，则视为省内就业。经济因素通过两个变量来加以反应：一是经济发展水平变量，用2013年工作地所在市与毕业院校所在市的人均GDP差异来衡量，相关数据来源于中经网统计数据库；二是区域变量，国家发改委按经济发展政策及经济发达程度的不同将我国31个省市划分为东部、中部和西部地区。生源地因素通过劳动者生源地与毕业院校是否在同一省份加以刻画。

二、省际流动的个体特征差异

（一）省际流动的学历差异

由表9.2可知，调研样本中劳动者就业在省外就业的人数1112人，占比26.54%，即有26.54%大学生工作地点与所毕业院校不在相同省份（自治区、直辖市），而73.46%的大学生选择在省内就业，这一结果与其他学者的研究结论是一致的，如徐静娴等（2007）、马莉萍（2009）。

表 9.2　　　　　样本群体的省内就业与跨省就业情况

总体	跨省就业	省内就业	合计
频数	1112	3078	4190
频率	26.54%	73.46%	100.00%

样本中劳动者跨省就业的发生率随学历层次的提高而增大，由表 9.3 可以看出，样本中专科、本科、硕士及博士的跨省就业发生率分别为 16.98%、26.83%、36.53% 和 49.06%，相邻学历层次的跨省就业发生率相差 10% 左右。

表 9.3　　　　　不同学历层次劳动者的省际流动情况

学历	跨省就业		省内就业		合计	
	频数	频率	频数	频率	频数	频率
专科	137	16.98%	670	83.02%	807	100.00%
本科	716	26.83%	1953	73.17%	2669	100.00%
硕士	217	36.53%	377	63.47%	594	100.00%
博士	26	49.06%	27	50.94%	53	100.00%

表 9.4 的独立样本 T 检验结果表明，不同学历层次劳动者的跨省就业情况存在明显差异。具体而言，本科学历劳动者的跨省就业发生率明显高于专科学历劳动者，显著性水平为 1%；硕士学历劳动者的跨省就业发生率也明显高于本科学历劳动者，显著性水平也达到 1%；在硕士与博士群体的比较中，博士学历劳动者的跨省就业发生率在 10% 的水平上显著高于硕士学历群体，而在 5% 的显著性水平下，二者的差异并不显著。

表 9.4　　　　不同学历群体省际流动差异的独立样本 T 检验结果

比较组	均值	方差方程的 Levene 检验		均值方程的 t 检验	
		F	Sig.	t	Sig.（双侧）
专科 & 本科	(0.1698, 0.2683)	162.7049	0.0000	-6.2492	0.0000
本科 & 硕士	(0.2683, 0.3653)	65.4114	0.0000	-4.5029	0.0000
硕士 & 博士	(0.3653, 0.4906)	4.0910	0.0435	-1.7374	0.0874

（二）省际流动的性别差异

劳动者跨省就业的发生率存在性别差异，由表 9.5 可以看出，样本中男性与女性劳动者的跨省就业发生率分别为 28.81% 和 24.15%。

表 9.5　　　　　　　　男女劳动者的省际流动情况

性别	跨省就业		省内就业		合计	
	频数	频率	频数	频率	频数	频率
男	614	28.81%	1517	71.19%	2131	100.00%
女	493	24.15%	1548	75.85%	2041	100.00%

表 9.6 的独立样本 T 检验结果表明，劳动者跨省就业的性别差异是统计显著的，具体而言，男性劳动者的跨省就业发生率显著高于女性劳动者，显著性水平为 1%。

表 9.6　　　　　劳动者省际流动性别差异的独立样本 T 检验结果

比较组	均值	方差方程的 Levene 检验		均值方程的 t 检验	
		F	Sig.	t	Sig.（双侧）
男 & 女	(0.2881, 0.2415)	46.7831	0.0000	3.4144	0.0006

（三）省际流动的年龄差异

不同年龄段上劳动者就业的省际流动情况不同，由表 9.7 可以看出，样本中 25 岁以下、25~30 岁、31~40 岁、41~50 岁以及 50 岁以上劳动者跨省就业的发生率分别为 17.66%、29.45%、30.45%、26.39% 和 28.57%，劳动者的省际流动基本表现出随年龄增加而先增大后减小的"倒 U 型"特征，其中 31~40 岁劳动者跨省就业发生率最高，25 岁以下劳动者的省际流动率最低。

表 9.7 　　　　　　　　　不同年龄段劳动者的省际流动情况

年龄	跨省就业		省内就业		合计	
	频数	频率	频数	频率	频数	频率
25 岁以下	169	17.66%	788	82.34%	957	100.00%
25 ~ 30 岁	620	29.45%	1485	70.55%	2105	100.00%
31 ~ 40 岁	257	30.45%	587	69.55%	844	100.00%
41 ~ 50 岁	19	26.39%	53	73.61%	72	100.00%
50 岁以上	2	28.57%	5	71.43%	7	100.00%

三、劳动者省际流动的生源地差异

由表 9.8 可以看出，样本中生源地与毕业院校在同一个省市的劳动者跨省就业发生率较低为 11.22%，而生源地与毕业院校不在同一个省市的劳动者跨省就业发生率较高为 69.88%，二者相差 58.66%。

表 9.8 　　　　　　　　大学生省际流动情况的生源地差异

生源地与毕业院校所在省市是否一致	跨省就业		省内就业		合计	
	频数	频率	频数	频率	频数	频率
一致	307	11.22%	2429	88.78%	2736	100.00%
不一致	710	69.88%	306	30.12%	1016	100.00%

表 9.9 的独立样本 T 检验结果进一步验证了劳动者跨省就业的生源地差异特征，具体而言，生源地与毕业院校在同一省市劳动者的跨省就业发生率显著低于不在同一省市的劳动者，显著性水平为 1%。

表 9.9 　　　　劳动者省际流动生源地差异的独立样本 T 检验结果

比较组	均值	方差方程的 Levene 检验		均值方程的 t 检验	
		F	Sig.	t	Sig.（双侧）
一致和不一致	(0.1122，0.6988)	690.5612	0.0000	− 37.5706	0.0000

四、省际流动的地区经济差异

(一) 就业地与毕业院校所在市人均 GDP 水平比较

从劳动者就业地与毕业院校所在市人均 GDP 水平的差异来看,由表 9.10 可以看出,当二者相等时,劳动者没有发生跨省就业,全部表现为省内就业;当就业地人均 GDP 水平低于毕业院校所在地的人均 GDP 水平时,劳动者跨省就业发生率较高,为 86.80%;当就业地人均 GDP 水平高于毕业院校所在地的人均 GDP 水平时,劳动者跨省就业发生率较低,为 37.23%。

表 9.10　　　　大学生省际流动情况的经济因素分析

工作地与毕业院校所在省市的人均 GDP 差异	跨省就业		省内就业		合计	
	频数	频率	频数	频率	频数	频率
前者低于后者	447	86.80%	68	13.20%	515	100.00%
相等	0	0.00%	1888	100.00%	1888	100.00%
前者高于后者	665	37.23%	1121	62.77%	1786	100.00%

值得注意的是工作地的经济发展水平高于毕业院校所在地时劳动者跨省就业的发生率远远小于前者低于后者时的情况,笔者认为这或许是由于我国尚处于社会主义市场经济体制的建设过程中,在人均 GDP 水平较高的地区发展较为成熟,进一步发展潜力相对较小,市场上就业机会较少,对人才的吸纳能力有限;而在人均 GDP 水平较低的地区仍处于不断发展和完善过程中,未来发展空间较大,市场上就业机会较多,对人才的吸纳能力也较强。

(二) 毕业院校所属区域差异分析

从毕业院校所属区域的差异来看,由表 9.11 可知,按劳动者跨省就业发生率由高到低依次为西部地区、东部地区和中部地区,分别达 45.55%、28.25% 和 19.82%。由表 9.12 可知,劳动者省际流动区域差异的独立样本 T 检验结果表明,在 1% 的显著性水平下,毕业于东部地区、中部地区与西部地区高等院校的劳动者的跨省就业发生率存在显著差异。

表 9.11 大学生省际流动情况的区域比较

区域	跨省就业		省内就业		合计	
	频数	频率	频数	频率	频数	频率
东部地区	546	28.25%	1387	71.75%	1933	100.00%
中部地区	356	19.82%	1440	80.18%	1796	100.00%
西部地区	210	45.55%	251	54.45%	461	100.00%

表 9.12 大学生省际流动区域差异的独立样本 T 检验结果

比较组	均值	方差方程的 Levene 检验		均值方程的 t 检验	
		F	Sig.	t	Sig.（双侧）
中部 & 东部	(0.1982, 0.2825)	149.1260	0.0000	-6.0571	0.0000
东部 & 西部	(0.2825, 0.4555)	97.5576	0.0000	-6.8194	0.0000

第三节　参数估计与贡献率分析

一、模型构建与参数估计

（一）模型构建

本书利用 SPSS17.0 采用二元 Logistic 模型对可能影响劳动者跨省就业的因素进行参数估计，通过前一部分内容的分析，除经济发展因素和生源地因素外，学历、性别及工作经验也可能是影响劳动者发生跨省就业的变量，因此，本书构建二元 logistic 回归模型如式（9.1）：

$$L_i = \ln\left(\frac{P_i}{1 - P_i}\right)$$

$$= \beta_0 + \beta_1 sex_i + \beta_2 age_i + \beta_3 age_i^2 + \beta_4 edu_i + \beta_5 eco_i + \beta_6 loc_i + \beta_7 east_i$$
$$+ \beta_8 west_i + \mu_i \tag{9.1}$$

模型中被解释变量 P 是劳动力发生跨省流动的概率，若样本个体 i 发生省际流动，则 P = 1，反之，则 P = 0；sex 是性别变量，其中女性取值为 0，男性取值为 1；age 代表劳动者年龄，是连续性变量；edu 代表劳动者的学历层次，其中专科学历取值为 1、本科学历取之为 2、硕士学历取值为 3、博士学历取值为 4；eco 是经济发展变量，若劳动者工作地所在市的人均 GDP 水平高于毕业院校所在市的人均 GDP 水平，eco = 1，若二者相等，eco = 0，若劳动者工作地所在市的人均 GDP 水平低于毕业院校所在市的人均 GDP 水平，eco = − 1；loc 是生源地变量，当劳动者的生源地与毕业院校在同一省（自治区、直辖市）时，loc = 0，反之，则 loc = 1；east、west 分别是以劳动者毕业院校所在的中部地区为基准而设置的东部地区和西部地区的虚拟变量。

为了比较不同学历层次劳动者的跨省就业发生率的差异，本书进一步构建模型，如式（9.2）在该模型中，以专科学历为基准，分别对本科、硕士、博士设置虚拟变量 edub、edus 和 dud，其他变量与式（9.1）中含义相同。

$$
\begin{aligned}
L_j &= \ln\left(\frac{P_j}{1-P_j}\right) \\
&= \alpha_0 + \alpha_1 sex_j + \alpha_2 age_j + \alpha_3 age^2{}_j + \alpha_4 edub_j + \alpha_5 edus_j + \alpha_6 edud_j + \alpha_7 eco_j \\
&\quad + \alpha_8 loc_j + \alpha_9 east_j + \alpha_8 west_j + \varphi_j \tag{9.2}
\end{aligned}
$$

采用 Wald 统计量对模型进行检验和筛选，Wald 检验的原假设是 = 0，Wald 统计量的数学表达式为：

$$
Wald_j = \left(\frac{\hat{\beta}_j^2}{S_{\hat{\beta}j}}\right) \tag{9.3}
$$

Wald 统计量近似服从自由度 1 的分布。本书的处理过程如下：首先，将所有可能对因变量有影响的自变量都引入 Logistic 模型中进行参数估计，生成模型 1，然后，通过 Wald 后退法（backward wald）逐步剔模型中回归系数不显著的变量。

（二）参数估计结果

表 9.13 是跨省就业影响因素的二元 logistic 模型回归结果，由该表可以得出如下几个结论：

第一，关于跨省就业发生率的性别差异，模型（1）与模型（2）的回归结果中均剔除了性别变量，这说明在其他条件相同的情况下，高学历就业群体中，男性与女性劳动者的跨省就业发生率不存在显著差异。

表 9.13   跨省就业影响因素的二元 logistic 模型回归结果

解释变量	模型（1）			模型（2）		
	B	Wald 值	Exp（B）	B	Wald 值	Exp（B）
age	0.3542 ***	16.7759	1.4250	0.3630 ***	17.3744	1.4376
age^2	-0.0050 ***	13.1953	0.9950	-0.0051 ***	13.5912	0.9949
edu	0.1471 *	3.7610	1.1585	—	—	—
edub	—	—	—	0.3544 ***	0.0073	1.4254
eco	-0.0364 **	4.3146	0.9642	-0.0425 **	4.4295	0.9584
loc	2.8382 ***	869.5705	17.0854	2.8544 ***	869.0071	17.3638
west	0.7862 ***	28.5021	2.1950	0.7864 ***	28.4048	2.1954
C	-8.0264 ***	36.4057	0.0003	-8.2651 ***	37.4925	0.0003
χ^2	1161.7980			1183.3448		
-2logliklihood	2950.8305			2944.0545		
Nagelkerke R^2	0.4188			0.4207		
显著性水平	0.0000			0.0000		
样本量	3559			3559		

注：*** 表示在 1% 的水平上显著，** 表示在 5% 的水平上显著，* 表示在 10% 的水平上显著。

第二，跨省就业发生率随着年龄的增加而呈现出先增加后减小的趋势，模型（1）中变量 age^2 的系数值为 -0.0050，变量 age 的系数值为 0.3542，因此在模型（1）中拐点发生在 35.42；同理，模型（2）中拐点发生在 35.59，故模型（1）与模型（2）的参数估计结果均表明，在其他条件相同的情况下，劳动者年龄在 36 岁以下时，随年龄的增加跨省就业的发生率逐渐增加；而当劳动者年龄在 36 岁以上时（包含 36 岁），随年龄的增长跨省就业发生逐渐减小。

第三，关于劳动者学历水平与跨省就业发生率的关系，模型（1）的回归结果表明，劳动者跨省就业发生率随学历层次的提高而增加，平均来说学历水平每提高一个层次，劳动者发生跨省就业的概率增加 15.85%。在各学历层次的比较中，模型（2）的回归结果表明，在其他条件相同的情况下，本科学历劳动者发生跨省就业的可能性比专科学历劳动者高 42.54%；而硕士与博士学历劳动者的跨省就业发生率与专科学历劳动者不存在显著差异。

第四，关于劳动者的省际流动与经济因素的关系：首先，关于经济发展变量，模型（1）与模型（2）回归结果系数均为负值，这说明劳动者的跨省就业发生率与经济发展变量负相关，意味着劳动者的跨省就业主要表现为从人均 GDP 水平较高的地区流向人均 GDP 相对较低的地区。其次，毕业院校处于东部地区和中部地区劳动者的跨省就业发生率不存在显著差异；而毕业院校处于西部地区劳动者的跨省就业发生率显著高于中部地区，一般来说，毕业于西部地区高等院校劳动者的跨省就业发生率是中部地区的 2.1954 倍。

第五，生源地因素是影响劳动者跨省就业的显著变量。模型（1）和模型（2）的回归系数的值分别为 2.8382 和 2.8544，这说明与生源地同毕业院校在相同省份（自治区、直辖市）的劳动者相比，那些生源地与毕业院校不在同一省的劳动者跨省就业发生率更高，大致是前者的 17 倍左右。

二、跨省就业的多因素方差分解

Logistic 模型的回归结果表明经济因素和生源地因素均是影响劳动者省级流动的变量，但该模型无法比较这两个变量对因变量影响的大小，为进一步分析影响劳动者跨省就业的驱动因素，本书基于多因素方差分析方法计算各影响因素的方差对总体样本以及各学历层次劳动者跨省就业的解释程度①，结果见表 9.14。

表 9.14　　　　　大学生跨省就业的主体间效应检验

样本	变量	截距	area	eco	loc	edu	age
总体	III 型平方和	2.8832	33.3767	181.8702	88.1169	1.9709	3.0914
	F 值	37.2429 ***	215.5695 ***	1174.6423 ***	1138.2383 ***	8.4863 ***	39.9327 ***
	偏 Eta 方	0.0104	0.1084	0.3984	0.2429	0.0071	0.0111
专科	III 型平方和	3.6077	3.5742	13.5001	23.7371	—	0.2989
	F 值	68.0307 ***	33.6988 ***	127.2848 ***	447.6093 ***	—	5.6367 **
	偏 Eta 方	0.0883	0.0876	0.2661	0.3894	—	0.0080

①　由于性别不是对跨省就业的影响不显著，故多因素方差分析中不包括性别变量。

样本	变量	截距	area	eco	loc	edu	age
本科	III 型平方和	7.4882	19.8275	110.9362	63.2196	—	1.7443
	F 值	92.5964 ***	122.5893 ***	685.8965 ***	781.7478 ***	—	21.5698 ***
	偏 Eta 方	0.0387	0.0963	0.3736	0.2537	—	0.0093
硕士	III 型平方和	0.7078	6.3255	50.5625	7.6766	—	0.7987
	F 值	9.6717 ***	43.2153 ***	345.4399 ***	104.8921 ***	—	10.9131 ***
	偏 Eta 方	0.0191	0.1479	0.5811	0.1740	—	0.0214
博士	III 型平方和	0.1955	0.0455	8.8078	0.0311	—	0.0940
	F 值	4.7028 **	0.5454	105.9222 ***	0.7487	—	2.2614 *
	偏 Eta 方	0.1101	0.0280	0.8479	0.0193	—	0.0562

注：*** 表示在1%的水平上显著，** 表示在5%的水平上显著，* 表示在10%的水平上显著。

各影响因素对大学生跨省就业的影响在1%的水平上是统计显著的，按解释程度由大到小排列依次是经济因素、生源地因素及个体特征因素，其中经济发展因素和毕业院校所在区域因素的解释程度分别为39.84%和10.84%；生源地因素的解释程度为24.29%；个体特征因素学历和年龄的解释程度较小，仅为0.71%和1.11%。

对专科学历劳动者的跨省就业而言，各因素对其的影响在1%的水平上是统计显著的，且解释程度按由大到小排列依次是生源地因素、经济因素及个体特征因素，其中生源地因素的解释程度为38.94%；经济发展因素和毕业院校所在区域因素的解释程度分别为26.61%和8.76%；年龄的解释程度仅为0.80%。

对本科学历劳动者的跨省就业而言，各因素对其的影响也在1%的水平上是统计显著的，解释程度按由大到小排列依次是经济因素、生源地因素及个体特征因素，其中经济发展因素和毕业院校所在区域因素的解释程度分别为37.36%和9.63%；生源地因素的解释程度为25.37%；年龄的解释程度仅为0.93%。

对本科和硕士学历劳动者的跨省就业而言，各因素对其的影响也在1%的水平上是统计显著的，解释程度按由大到小排列依次是经济因素、生源地因素及个体特征因素，其中经济发展因素、毕业院校所在区域因素对本科和硕士跨省就业的解释程度分别为37.36%、9.63%和58.11%、

14.79%；生源地因素对二者的解释程度分别为 25.37% 和 17.40%；年龄的解释程度仅为 0.93% 和 2.14%。

各因素中仅经济发展变量和年龄变量对博士学历劳动者的跨省就业的解释是显著的，显著性水平分别为 1% 和 10%，其中经济发展变量的解释程度是 84.79%，年龄的解释程度为 5.62%。

三、进一步分析与讨论

（一）大学生跨省就业决策主要受经济因素和生源地因素影响

与其他学者的研究结论相同，样本中大学生省内就业的比例较高为 73.46%，这种现象产生的原因除了上面提到的心理成本和制度因素的影响外，由于我国高校大多集中在经济较为发达的省会城市或直辖市，这些能够提供较多的就业机会，使得高校毕业生可以留在当地就业（赖德胜，2003；曹淑江，2006；2007）。

结合独立样本 T 检验和 Logistic 模型的回归结果，本书发现劳动者的年龄、学历以及经济因素和生源地因素均是影响其发生跨省就业的显著变量。其中，（1）大学生跨省就业发生率与年龄变量的关系是"倒 U 形"，拐点出现 36 岁；（2）学历层次对跨省就业的影响显著为正，在各学历层次的比较中，只有本科学历劳动者的跨省就业率显著高于专科学历劳动者；（3）经济发展变量对劳动者跨省就业的影响是负的，说明大多数劳动者由人均 GDP 水平相对较高的城市流向人均 GDP 水平相对较低的城市；（4）与中部地区相比，毕业于东部地区和西部地区的高等院校的劳动者跨省就业发生率更高；（5）生源地因素对劳动者跨省就业发生率的影响是正的，这说明生源地与毕业院校不在同一省份（自治区、直辖市）促使劳动者发生省际流动；（6）尽管独立样本 T 检验结果表明，劳动者的跨省就业发生率存在显著的性别差异，但是 Logistic 模型回归结果表明，在控制了其他因素不变的情况下，性别对劳动者省际流动的影响不显著。多因素方差分解结果表明，整体样本中劳动者的年龄和学历变量对其跨省就业发生率的解释力度有限，主要影响因素为经济因素（包括经济发展变量和区域变量）和生源地因素，其中经济因素对跨省就业的驱动作用更强一些。

值得注意的是，样本中大学生的跨省流动主要流向人均 GDP 水平低于院校所在地的城市，笔者认为产生这种现象的原因主要在于"向下流动"拉力较大和"向上流动"途径受阻。首先，由于当前我国高等院校管理体制以省级管理为主，与经济欠发达地区相比，经济发达的省份（直辖市、自治区）提供的教育经费较多进而举办的高校数量也较多（杨德广等，2003），因此在我国东部地区，如北京、上海、广州集中了大量的高等院校，人才供应充足，甚至随着近年来高校招生规模的逐渐增大，出现当地人才供给过剩，而在西部地区高校数量较少，人才相对匮乏，由于人才供给过剩一部分经济发达地区的高校毕业生不得已被倒逼至经济发展水平相对落后但人才匮乏的地区就业；其次，由于经济发达地区人才供应充足，加之地方政府往往采取一些"地方化"行为限制外来人口流入，如户籍制度、地方性的社会福利和就业政策等（Chen，2009；徐静娴等，2007），导致高校毕业生在这些地区的进入成本较高而就业概率较低，大学生进入毕业院校所在地城市会面临较大的阻力。

（二）大学生的省际流动存在学历差异

不同学历劳动者的跨省就业发生率存在显著差异，且随劳动者学历层次的提高而增大。经济因素和生源地因素都是影响劳动者跨省流动的显著变量，二者对各学历层次劳动者的影响程度不同，具体表现在经济因素对跨省就业的影响随劳动者学历层次的提高而增大；而生源地因素对跨省就业的影响随劳动者学历层次的提高而降低。

与其他学历层次的劳动者相比，专科学历的劳动者跨省就业发生率最低为 16.98%，这说明这些劳动群体更倾向于留在毕业院校所在省份工作；从影响其跨省就业的驱动因素来看，生源地因素对跨省就业的解释力度大于经济因素，即生源地与毕业院校是否在同一省份（自治区、直辖市）是影响专科学历劳动者跨省就业的主要因素，一般来说，专科学历劳动者的生源地与毕业院校不在同一省份（自治区、直辖市）时，更容易出现省际流动。

本科、硕士和博士学历劳动者跨省就业发生率依次递增分别为 26.83%、36.53% 和 49.06%，且三者之间的差异是统计显著的，总体上这三类劳动群体大部分也留在毕业院校所在省份工作；从各影响因素对跨省就业的解释力度来看，经济因素的驱动作用要高于生源地因素，即工作地点与毕业院校所在市的人均 GDP 差异以及毕业院校所在区域，是影响本科以上学历群体跨省就业的主要因素。其中经济发展变量的系数是负值，表现为工作所在市的人均 GDP 水平大于毕业院校所在市时，劳动者的跨省就业发生率更大；劳动者的跨省就业发生率关于毕业院校所属区域的差异是显著的，由低到高依次为中部地区、东部地区和西部地区。

第十章

工作特征对大学生职业
健康的影响分析

本章利用微观调研数据，在分析就业质量内涵的基础上，基于阿玛蒂亚·森的可行能力理论，构建了就业满意度、职业健康和可行能力三维度的就业质量指标。同时运用有序 Probit 方法考察工作特征对大学毕业生健康的影响。

第一节　森的可行能力理论框架下的
就业质量研究

从整体和分维度两方面对我国大学生就业质量进行了比较分析。研究发现，我国大学生整体就业质量有待提升，特别是职业健康和可行能力方面。分群体比较结果表明，学历越高，整体就业质量越高，但职业健康状况越差。男性和女性在整体就业质量方面差异不显著，但男性在可行能力方面明显优于女性。无论是整体还是分维度，党员和国有部门的就业质量均更高。对此，本书给出了相应的对策建议。

一、问题的提出

就业是民生之本，就业问题关系到经济的发展和社会的稳定。大学生作为社会中最具活力和创造力的群体，是推动我国经济发展的重要力量，其就业问题更是受到社会各界的广泛关注。长期以来，对大学毕业生就业问题的研究主要集中在就业率上，而忽视了对就业质量的研究。事实上，当前我国大学生就业难这一现象主要是指大学毕业生就业质量的低下。党的十八大明确提出：要在新时期推动实现更高质量的就业，促进以高校毕业生为重点的青年就业。毋庸置疑，深入研究大学毕业生就业质量问题具有较强的制度背景和现实意义。

目前对我国大学毕业生就业质量的研究主要集中在劳动报酬、工作时间、工作条件、工作环境等就业状况上，鲜有研究关注大学毕业生在就业过程中的福祉状况。然而，劳动的最终目的并不是获得劳动报酬，而是获得福祉，实现自己追求的生活方式，拥有美好生活。当前许多白领虽然在工作中获得高收入，但相伴而来的是亚健康、巨大的生活压力，难以实现自己追求的生活方式。阿玛蒂亚·森的可行能力理论是评估个人福利或福祉的方法框架，正突出了个体过其美好生活的意愿和自由。因此，基于阿玛蒂亚·森的可行能力理论测度我国大学毕业生就业质量，对了解大学毕业生从工作中获得的可行能力、福祉状况，具有重要意义。基于可行能力测度就业质量，不同于以往对大学毕业生就业质量的研究，是本书的创新之处。在分析就业质量内涵的基础上，基于阿玛蒂亚·森的可行能力理论，构建了就业满意度、职业健康和可行能力三维度的就业质量指标。从就业满意度、职业健康和可行能力三维度到整体就业质量的加总方式上，综合使用集合交集运算和算术平均数法（简单算术平均法和变异系数加权平均法）来保证结果的稳健性和可靠性。利用 2014 年国家社科基金项目"大学毕业生就业质量与政策研究"的就业质量调查数据，从整体和分维度两大方面考察了我国大学毕业生的就业质量状况，并运用列联表分析和均值差异分析方法对不同性别、年龄、婚姻状况、政治面貌、学历、所有制群体的就业质量进行了比较分析。

二、就业质量内涵与测度

就业质量是个内涵丰富的概念，尽管国内外学者对就业质量进行了大量的研究，但对就业质量的概念仍没有达成一致意见。总体上，就业质量的内涵分为宏观和微观两层释义。宏观方面，就业质量的内涵体现为一个国家或地区劳动力市场的运行情况和资源配置效率。例如，赖德胜等

（2011）、苏丽锋（2013）利用国家统计年鉴数据构建就业质量评价指标体系，测算与评价中国各地区的就业质量。微观层面，就业质量是指劳动者个体就业状况的优劣，包括一切与劳动者个人工作状况相关的要素。本书基于大学毕业生就业质量调查数据旨在从微观视角考查大学生群体的就业质量状况。

测度微观层面的就业质量有两种主流方法：一是侧重于劳动者的工作特征，如工资、工作时间、工作安全性等；二是侧重于劳动者从工作中获得的福利或福祉（Charlesworth，2014；Clark，1997；Sousa-Poza，2000）。在研究大学生的就业质量方面，拟采用第二种方法，即通过测度大学生从工作中获得的福祉来衡量其就业质量状况。理由如下：劳动的最终目的是追求福祉最大化。而微观就业质量概括来说指的是劳动者就业状况的优劣，那如何判断就业状况的优劣？我们认为应该把劳动最终目的的实现状况作为判断就业状况优劣即就业质量的标准。也就是说，如果劳动者从工作中获得的福祉或福利较高，显然，我们可以认为其就业质量较高。而工资等工作特征仅仅是获得福祉的手段，即相比于工作特征，工作福祉与就业质量联系更紧密。故本书拟通过测度大学生从工作中获得的福祉来衡量其就业质量状况。

因为工作中的福祉或福利无法被直接测度，需要借助于间接指标，最常用的指标是就业满意度（姜献群，2014；刘素华，2005）。然而，劳动者的福利概念是多维度的，仅仅以满意程度来评价不能充分反映其他潜在的重要内容。例如，巴斯陶雷特（Bustilloet，2011）等认为劳动者的福利是劳动者达到健康、自我实现、有充足的资源和时间享受体面的、令人满意的生活的一种综合状态。阿玛蒂亚·森（2002）在20世纪八九十年代，构建了评估个人福利或福祉的可行能力方法框架，用功能性活动和可行能力衡量个人福利。其中，功能性活动反映了人们认为值得去做的事情及达到的状态，而可行能力是各种可能的功能性活动的组合，即人们追求所珍视的生活的自由。功能性活动种类很多，它包括的内容没有明确的界定，但健康通常被作为重要的功能性活动，如森（Sen，1999）、纳斯博姆（Nussbuam，2003）均把健康作为有价值的功能性活动。王曲等（2005）也认为健康是个人幸福的直接组成要素，是衡量福祉的一个主要维度。因此，本书在考察劳动者从工作中获得的福利时，把工作对劳动者健康的影响即职业健康作为一个维度。森的可行能力方法中的可行能力突出了个人过其美好生活的意愿和自由，或者说实现个人追求的生活方式的自由。具体到工作中获得的福利，本书用就业对个人追求生活方式的影响作为可行能力维度。因此，最终在就业满意度的基础上，加入劳动者职业健康、可行能力维度共同测度大学毕业生的就业质量。

三、数据、变量与方法

（一）数据来源与样本分布

本书所用数据来源于 2014 年国家社科基金项目"大学毕业生就业质量与政策研究"的就业质量调查。该调查于 2014 年 6～9 月在中国东部、中部、西部地区共 18 个省市进行，东部地区包括北京、天津、辽宁、河北、上海、江苏；中部地区包括黑龙江、吉林、河南、安徽、湖北、湖南和江西；西部地区包括陕西、甘肃、贵州、四川和重庆。调查对象为具有专科及以上学历的大学毕业生就业人员。本次调查共收回问卷 4242 份，剔除信息缺失较多的样本后，有效问卷 4035 份，有效率达 95.12%。调查样本中男性占 50.95%，女性占 49.05%。婚姻状况分为已婚和未婚，两类群体分别占 45.09% 和 54.91%。样本中专科、本科、硕士及以上学历群体分别占 19.48%、64.15% 和 16.37%。年龄变量均值为 28 岁，将年龄变量按年龄段划分为 18～24 岁、25～29 岁、30～34 岁和 35～55 岁，在样本中分别占比 22.22%、45.35%、20.32% 和 12.11%。可见，80% 以上的样本年龄在 35 岁以下，即调查对象主要为青年大学毕业生，也包括部分中年群体。党员群体占 35.24%，非党员群体占 64.76%。在国有部门和非国有部门就业的群体分别占比 51.20% 和 48.80%。

（二）变量定义

本书用就业满意度、职业健康和可行能力三个变量来测度我国大学毕业生的就业质量。将就业满意度、职业健康和可行能力三个变量根据被调查者的回答划分为低水平、中等水平和高水平。其中，低水平表示对劳动者的福祉造成损害，高水平表示对劳动者的福祉有提升作用，而中等水平表示对劳动者的福祉没有太大的影响，既不提升也不损害。

就业满意度变量由问卷中被调查者对"总的来说，我对自己的工作非常满意"这一问题的回答整理而来，将回答"非常不同意"和"一般不同意"的定义为"低水平就业满意度"，赋值为1；将回答"有点不同意"和"有点同意"的定义为"中等水平就业满意度"，赋值为2；将回答"一般同意"和"非常同意"的定义为"高水平就业满意度"，赋值为3。关于职业健康变量，本书使用自评健康状况作为度量健康的指标，自评健康是测度健康状况的完整且稳健的指标。职业健康变量根据调查问卷中"您的工作对您的健康是否有影响"来测量，应答选项分为"消极影响"、"没有影响"和"积极影响"，分别定义为"低水平职业健康"、"中等水平职业健康"和"高水平职业健康"，分别赋值为1、2和3。可行能力变量根据调查问卷中被调查者对"您的工作能否实现您适度追求的生活方式"这一问题的回答整理而来，分别将回答"不能""基本能""能"的定义为"低水平可行能力""中等水平可行能力""高水平可行能力"，并分别赋值为1、2和3。

（三）方法介绍

用就业满意度、职业健康和可行能力评价就业质量的方法是多维度的分析方法，从各维度指标到综合就业质量的计算涉及加总方式的选择。本书通过选取合理的方法对表征就业质量的不同维度进行加总，以评价我国大学毕业生就业质量的整体现状。在加总方式的选取上，综合使用集合交集运算和算术平均数法保证结果的稳健性和可信度。

交集运算是建立在就业质量各维度间不存在补偿作用的假设基础上的。标准交集运算仅考虑最差的维度，如果某一维度状况很差，其他维度再好也没有太大的意义。弱交集运算不仅关注最差的维度，而且考虑某一维度较差与多个维度均较差的区别。按照弱交集运算，就业质量三个维度的得分组合可以形成10个等级的就业质量水平。具体来说，就业满意度、职业健康和可行能力三个维度均处于高水平时，个体就业质量最高，即（就业满意度、职业健康、可行能力）取值为（3，3，3）时，就业质量排名第一。当就业质量三维度中有两个维度处于高水平一个维度处于中等水平时，即（就业满意度、职业健康、可行能力）取值为（2，3，3）、（3，2，3）或（3，3，2）时，就业质量排名第二。依此类推，当（就业满意度、职业健康、可行能力）取值为（1，1，1）时，就业质量排名第十，即就业满意度、职业健康和可行能力三个维度均处于低水平时，个体就业质量最低。就业质量排名等级见表10.1。

表 10.1 就业质量排名等级

就业质量排名	(就业满意度、职业健康、可行能力) 得分	就业质量水平
1	(3, 3, 3)	高水平
2	(2, 3, 3)、(3, 2, 3)、(3, 3, 2)	
3	(2, 2, 3)、(2, 3, 2)、(3, 2, 2)	
4	(2, 2, 2)	中等水平
5	(1, 3, 3)、(3, 1, 3)、(3, 3, 1)	低水平
6	(1, 2, 3)、(1, 3, 2)、(2, 1, 3)、 (3, 1, 2)、(2, 3, 1)、(3, 2, 1)	
7	(1, 2, 2)、(2, 1, 2)、(2, 2, 1)	
8	(1, 1, 3)、(1, 3, 1)、(3, 1, 1)	
9	(1, 1, 2)、(1, 2, 1)、(2, 1, 1)	
10	(1, 1, 1)	

进一步，将就业质量排名简化为高水平、中等水平和低水平三类。从就业质量排名等级中可以看出，就业质量排名 1~3 中，就业质量三维度中至少有一个维度处于高水平，而没有维度处于低水平，说明当就业质量排名在前三名时，就业对劳动者的福祉总体上来说呈现提升作用，故可归为高水平就业质量。当就业质量排名第四时，就业质量三维度均处于中等水平，就业既没有提升也没有损害劳动者的福祉，故可归为中等水平就业质量。而就业质量排名 5~10 中，就业质量三维度中至少有一个维度处于低水平，就业对劳动者的福祉有损害作用，故归为低水平就业质量。

算术平均法加总方式假设就业质量各维度间存在补偿作用，状况较好的维度可以补偿较差的维度。算术平均又包括简单算术平均和加权算术平均两类。简单算术平均假定就业质量的各维度具有同等的重要性，而加权算术平均则假定各维度的重要性不同。关于加权算术平均法，利用变异系数法确定各维度的权重，这种基于实际数据的客观赋权法，可以避免研究者判断的主观性。变异系数法赋权的基本思路是：对取值差异越大的指标赋予更高的权重，以很好地反映被评价单位之间的差异。各项指标取值的差异程度由各项指标的变异系数衡量，各项指标的变异系数公式如下：

$$V_i = \frac{\sigma_i}{\bar{x}_i} \qquad (i = 1, 2, 3) \qquad (10.1)$$

式（10.1）中 V_i 是第 i 项指标的变异系数，也称为标准差系数；σ_i 是第 i 项指标的标准差；$\bar{x}_i$ 是第 i 项指标的平均数。

各项指标的权重计算公式为：

$$W_i = \frac{V_i}{\sum\limits_{i=1}^{3} V_i} \qquad (10.2)$$

根据变异系数法计算而得的就业满意度、职业健康和可行能力各维度的权重分别为 0.2922、0.3421 和 0.3657，可以看出就业质量三维度中可行能力维度权重最高，就业满意度维度权重最低。

四、就业质量总体分析

（一）全部样本分析

针对以上两类就业质量维度加总方式，本书利用不同的统计分析方法对就业质量进行分析。对就业质量排名进行百分比分析，对算术平均就业质量进行均值分析。图 10.1 为就业质量排名分布图。从图 10.1 可以看出，就业质量排名 1 所占比例最低，为 2.85%，仅有极小部分大学毕业生工作者的就业质量三维度均处于高水平。类似地，仅有 3.77% 的大学毕业生的

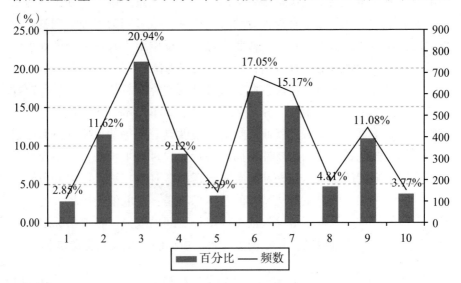

图 10.1　就业质量排名分布

就业质量三维度均处于低水平。即就业质量最高和最低的比例均较少，大部分大学毕业生处于就业质量最高和最低之间的状态。所占比例最高的是就业质量排名3，占比20.94%，即大约1/5的大学毕业生的就业质量三维度中一个维度处于高水平，两个维度处于中等水平。所占比例依次递减的是就业质量排名第6、7、2、9位，所占比例均超过10%。

图10.2就业质量水平统计图更直观地显示了我国大学毕业生就业质量状况。超过一半的大学毕业生的就业质量处于低水平，即对于超过一半的大学毕业生而言，就业对他们的福祉造成了程度不等的损害。有35.42%的大学毕业生的就业质量处于高水平，就业提升了这部分大学毕业生的福祉。

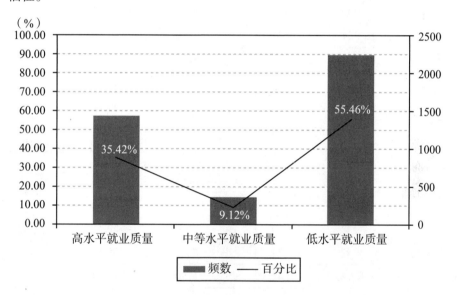

图 10.2 就业质量水平统计

对算术平均就业质量的描述性统计表明，我国大学毕业生简单平均就业质量得分为2.0094，加权平均就业质量得分为1.9863。考虑就业质量各维度的补偿作用，综合来看，我国大学毕业生就业质量整体处于中等水平。

（二）分群体比较分析

对于不同大学毕业生群体，就业质量的高低可能会有所不同。本书对不同性别、年龄、婚姻状况、政治面貌、学历、所有制群体的就业质量进

要素市场的转型升级

行了比较分析，如表 10.2 和表 10.3 所示。其中，表 10.2 为就业质量分群
体列联表分析结果，呈现了不同群体的就业质量高水平、中等水平和低水
平所占比例及卡方检验结果。表 10.3 是就业质量分群体均值差异分析结
果，呈现了不同群体就业质量简单平均值和加权平均值及均值差异显著性
检验结果。

表 10.2　　　　　　　就业质量分群体列联表分析

变量名称		高水平就业质量（%）	中等水平就业质量（%）	低水平就业质量（%）	P 值
性别	男性	34.16	8.93	56.91	0.2625
	女性	36.69	9.29	54.02	
年龄	18~24 岁	37.50	7.56	54.94	0.0394
	25~29 岁	32.98	10.04	56.98	
	30~34 岁	35.77	7.95	56.28	
	35~55 岁	40.00	10.40	49.60	
婚姻	已婚	35.82	9.10	55.08	0.9049
	未婚	35.06	9.12	55.82	
政治面貌	党员	38.73	8.83	52.44	0.0831
	其他	34.48	9.10	56.42	
学历	专科	30.35	10.45	59.20	0.0001
	本科	34.79	9.27	55.94	
	硕士及以上	43.79	6.90	49.31	
所有制	国有部门	39.75	7.51	52.74	0.0000
	非国有部门	30.84	10.79	58.37	

表 10.3　　　　　　　就业质量分群体均值差异分析

变量名称		就业质量简单平均值	P 值	就业质量加权平均值	P 值
性别	男性	2.0068	0.7507	1.9851	0.8890
	女性	2.0121		1.9875	

202

变量名称		就业质量简单平均值	P 值	就业质量加权平均值	P 值
年龄	18～24 岁	2.0286	0.0180	2.0048	0.0165
	25～29 岁	1.9860		1.9627	
	30～34 岁	2.0074		1.9849	
	35～55 岁	2.0649		2.0430	
婚姻	已婚	2.0112	0.8407	1.9873	0.9129
	未婚	2.0078		1.9854	
政治面貌	党员	2.0450	0.0096	2.0214	0.0099
	其他	1.9966		1.9732	
学历	专科	1.9502	0.0001	1.9264	0.0001
	本科	2.0111		1.9891	
	硕士及以上	2.0730		2.0463	
所有制	国有部门	2.0551	0.0000	2.0328	0.0000
	非国有部门	1.9614		1.9375	

分性别来看，表10.2表明女性就业质量处于高水平的比例大于男性，而处于低水平的比例小于男性，表10.3表明女性就业质量简单平均值和加权平均值均高于男性，即总体来看女性的就业质量优于男性的就业质量，但表10.2的卡方检验结果和表10.3的均值差异显著性检验结果均显示男性和女性的就业质量差异并不显著。分年龄比较，表10.2和表10.3的结果显示年龄与就业质量的关系呈"U"形，即随着年龄增加，就业质量先下降后上升，而且这种差异是显著的。从婚姻状况来看，已婚者就业质量略高于未婚者的就业质量，但差异并不明显。从政治面貌来看，党员的就业质量显著高于非党员的就业质量。分学历比较，随着学历从专科、本科上升到硕士及以上，高水平就业质量的比例逐渐增加，低水平就业质量的比例逐渐减少，同时，就业质量简单平均值和加权平均值均逐渐增大，而且，这种差异是显著的。即表10.2和表10.3表现出学历越高，就业质量越高的基本规律。分所有制比较，从表10.2和表10.3可以看出，国有部门的就业质量显著高于非国有部门的就业质量。

五、就业质量各维度分析

（一）全部样本分析

以上是对就业质量的整体分析，本书进一步考察就业质量的各维度状况。表10.4是就业质量三维度的相关性检验结果。由表10.4可以看出，尽管就业满意度、职业健康和可行能力三维度间存在显著的相关性，但 Kendall's tau-b 等级相关系数较小，说明就业满意度、职业健康和可行能力测度了就业质量的不同方面，它们含有反映就业质量的不同信息。因此分别考察就业满意度、职业健康和可行能力状况是具有统计学意义的。

表10.4　　　　　就业质量三维度相关性检验结果

变量名称	就业满意度	职业健康	可行能力
就业满意度	1.0000 ***	0.1247 ***	0.2201 ***
职业健康	0.1247 ***	1.0000 ***	0.2041 ***
可行能力	0.2201 ***	0.2041 ***	1.0000 ***

注：相关系数为 Kendall's tau-b 等级相关系数，*** 表示双尾（2 – tailed）检验在1%显著性水平上显著。

图10.3是就业满意度、职业健康和可行能力的描述性统计结果。可以看出，总体来看大学毕业生就业满意度较高，超过一半的大学毕业生的就业满意度处于高水平，而且就业满意度均值为2.3731，为中等偏上水平。关于职业健康，仅有15.31%的大学毕业生职业健康处于高水平，职业健康均值为1.8550，为中等以下水平。可行能力状况最差，仅有15.15%的大学毕业生拥有高水平的可行能力，而高达35.14%的大学毕业生的可行能力处于低水平。可行能力均值为1.8001，为中等以下水平，而且在三维度中最低。

（二）分群体比较分析

考虑到不同群体间的差异，本书进一步对就业质量各维度进行分群体

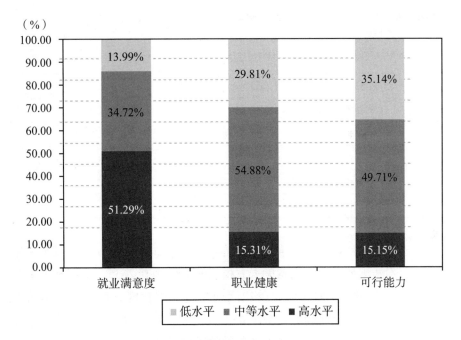

图 10.3　就业质量各维度统计

比较分析。首先，分性别比较。表 10.5 是性别在就业质量各维度上的差异
分析结果①。可以看出，女性就业满意度处于高水平的比例大于男性，而
处于低水平的比例低于男性，同时，女性就业满意度均值略高于男性，但
卡方检验和独立样本 t 检验结果均显示这种差异是不显著的。关于职业健
康，男性职业健康处于高水平的比例高于女性，但低水平的比例也高于女
性，卡方检验结果显示差异是显著的。但这无法综合判断男女两性在职业
健康方面的优劣，由均值比较可以看出，女性职业健康均值略高于男性，
但差异不显著。可行能力方面，列联表分析和均值差异分析结果均显示男
性可行能力显著高于女性的可行能力。男性的可行能力高于女性，说明就
业更利于男性实现其追求的生活方式。这可能由于女性更以家庭为中心，
承担着更多照顾家庭的责任，而就业在一定程度上不利于其平衡工作生
活，实现其追求的生活方式。

---

① 因篇幅限制，将列联表分析结果和均值差异分析结果合并，表 10.6 ～ 表 10.10 相同。

表 10.5　　　　　　性别在就业质量各维度上的差异分析

变量名称	性别	高水平 （%）	中等水平 （%）	低水平 （%）	P 值	均值	P 值
就业满意度	男性	50.00	35.42	14.58	0.3159	2.3542	0.1364
	女性	52.64	33.99	13.37		2.3926	
职业健康	男性	15.97	52.15	31.88	0.0072	1.8409	0.2244
	女性	14.62	57.71	27.67		1.8696	
可行能力	男性	17.17	48.16	34.67	0.0053	1.8251	0.0369
	女性	13.04	51.32	35.64		1.7740	

关于年龄在就业质量各维度上的差异分析，如表 10.6 所示。就业满意度方面，不同年龄段就业满意度卡方检验的 P 值为 0.2635，单因素方差分析的 P 值为 0.2477，即不同年龄段之间在就业满意度方面不存在显著差异。年龄与职业健康之间存在显著的"U"形关系，随着年龄的增加，职业健康先下降后上升。可行能力随年龄的增加呈显著的上升趋势。

表 10.6　　　　　　年龄在就业质量各维度上的差异分析

变量名称	性别	高水平 （%）	中等水平 （%）	低水平 （%）	P 值	均值	P 值
就业满意度	18~24 岁	50.73	36.77	12.50	0.2635	2.3823	0.2477
	25~29 岁	49.72	35.47	14.81		2.3490	
	30~34 岁	52.94	32.43	14.63		2.3831	
	35~55 岁	55.47	32.00	12.53		2.4293	
职业健康	18~24 岁	20.20	53.20	26.60	0.0005	1.9360	0.0007
	25~29 岁	13.60	57.05	29.35		1.8426	
	30~34 岁	13.67	51.83	34.50		1.7917	
	35~55 岁	15.47	54.93	29.60		1.8587	
可行能力	18~24 岁	13.37	50.00	36.63	0.0052	1.7674	0.0006
	25~29 岁	14.32	48.00	37.68		1.7664	
	30~34 岁	16.85	51.03	32.12		1.8474	
	35~55 岁	18.67	53.33	28.00		1.9067	

表10.7呈现的是婚姻在就业质量各维度上的差异分析结果。可以看出，已婚者在就业满意度方面显著优于未婚者。而在职业健康方面，未婚者显著优于已婚者。可行能力方面，由表10.7可以看出，已婚者可行能力处于高水平的比例略高于未婚者，同时，处于低水平的比例低于未婚者，即已婚者的可行能力优于未婚者，但卡方检验结果显示，这种差异是不显著的。同时，已婚者可行能力均值高于未婚者，独立样本t检验的P值为0.0883，仅在10%的显著性水平上显著。综合表10.7，可以认为已婚者和未婚者在可行能力方面的差异不稳健。

表10.7 婚姻在就业质量各维度上的差异分析

变量名称	性别	高水平（%）	中等水平（%）	低水平（%）	P值	均值	P值
就业满意度	已婚	53.51	33.17	13.32	0.0818	2.4019	0.0427
	未婚	49.47	36.00	14.53		2.3494	
职业健康	已婚	12.61	55.66	31.73	0.0004	1.8087	0.0004
	未婚	17.53	54.23	28.24		1.8929	
可行能力	已婚	15.83	50.65	33.52	0.2099	1.8231	0.0883
	未婚	14.59	48.94	36.47		1.7812	

政治面貌在就业质量各维度上的差异如表10.8所示。表10.8的结果表明党员在就业满意度和可行能力方面均显著优于非党员。而在职业健康方面，非党员优于党员，但差别并不显著。这进一步说明，党员的就业质量高于非党员，与就业质量总体分析的结论一致。

表10.8 政治面貌在就业质量各维度上的差异分析

变量名称	政治面貌	高水平（%）	中等水平（%）	低水平（%）	P值	均值	P值
就业满意度	党员	56.07	31.26	12.67	0.0104	2.4341	0.0062
	非党员	50.03	35.50	14.47		2.3556	
职业健康	党员	14.64	54.00	31.36	0.3825	1.8328	0.1665
	非党员	16.22	54.50	29.28		1.8694	
可行能力	党员	16.82	53.17	30.01	0.0003	1.8681	0.0001
	非党员	13.96	48.56	37.48		1.7648	

分学历比较。从表10.9可以看出，随着学历从专科上升到本科、硕士及以上，就业满意度和可行能力高水平的比例逐渐增加，低水平的比例逐渐减少，同时，就业满意度均值和可行能力均值逐渐增加，而且差异是显著的。这表明，随着学历的上升，就业满意度和可行能力表现出了显著的上升趋势。相反，在职业健康方面，随着学历的上升，职业健康高水平的比例逐渐减少，低水平的比例逐渐增加，同时职业健康均值也逐渐减少，而且不同学历之间的差异是显著的。即表现出了学历越高，职业健康越差的基本规律。这提醒我们关注高学历劳动者的职业健康状况。

表10.9　　　　　　学历在就业质量各维度上的差异分析

变量名称	学历	高水平（%）	中等水平（%）	低水平（%）	P值	均值	P值
就业满意度	专科	44.61	39.30	16.09		2.2852	
	本科	50.71	34.69	14.60	0.0000	2.3610	0.0000
	硕士及以上	61.54	29.39	9.07		2.5247	
职业健康	专科	15.92	59.70	24.38		1.9154	
	本科	15.71	53.78	30.51	0.0075	1.8520	0.0090
	硕士及以上	13.02	53.45	33.53		1.7949	
可行能力	专科	8.95	47.10	43.95		1.6501	
	本科	16.57	48.89	34.54	0.0000	1.8202	0.0000
	硕士及以上	16.96	56.02	27.02		1.8994	

分所有制比较分析。由表10.10可知，国有部门就业满意度和可行能力处于高水平的比例高于非国有部门，处于低水平的比例低于非国有部门，同时，国有部门就业满意度均值和可行能力均值都高于非国有部门，而且差异是显著的。这说明国有部门在就业满意度和可行能力方面均显著优于非国有部门。在职业健康方面，表10.10表明国有部门职业健康处于高水平的比例高于非国有部门，但处于低水平的比例也高于非国有部门，差异显著。但这无法判断国有部门和非国有部门在职业健康方面的整体优劣状况。进一步由均值比较可以看出，国有部门职业健康均值略高于非国有部门，但独立样本t检验结果表明这一差异是不显著的。

表 10.10 所有制性质在就业质量各维度上的差异分析

变量名称	所有制	高水平（%）	中等水平（%）	低水平（%）	P 值	均值	P 值
就业满意度	国有部门	55.65	30.66	13.69	0.0000	2.4196	0.0002
	非国有部门	46.72	38.98	14.30		2.3243	
职业健康	国有部门	16.85	52.74	30.41	0.0176	1.8644	0.4146
	非国有部门	13.70	57.11	29.19		1.8451	
可行能力	国有部门	18.11	51.92	29.97	0.0000	1.8814	0.0000
	非国有部门	12.04	47.39	40.57		1.7148	

六、结论与建议

本章在分析就业质量内涵的基础上，基于阿玛蒂亚·森的可行能力理论，构建了就业满意度、职业健康和可行能力三维度的就业质量指标。利用大学毕业生就业质量微观调查数据，从整体就业质量和分维度两大方面对我国大学毕业生就业质量状况进行了比较分析。研究发现，35.42%的大学毕业生的就业质量处于高水平，而超过一半的大学毕业生的就业质量处于低水平。考虑就业质量各维度的补偿作用，我国大学毕业生就业质量整体处于中等水平。我国大学毕业生就业质量总体水平仍有待提高。分群体比较结果表明，男性与女性、已婚和未婚大学毕业生的就业质量没有显著差异，年龄与就业质量间呈现显著的"U"形关系。学历越高，就业质量越高，党员比非党员的就业质量更高。就所有制而言，国有部门的就业质量显著高于非国有部门的就业质量。

关于就业质量的三维度，我国大学毕业生的就业满意度较高，而职业健康状况较差，为中等以下水平。三维度中最差的是可行能力，仅有15.15%的大学毕业生认为就业能够实现他们追求的生活方式。分群体比较结果显示，男性和女性在就业满意度与职业健康方面差异不显著，而男性的可行能力显著高于女性。随着年龄的增加，就业满意度变化不明显，可行能力呈上升趋势，而职业健康先下降后上升。已婚者在就业满意度方面显著优于未婚者，而在职业健康方面明显劣于未婚者，在可行能力方面已婚者和未婚者差异不明显。党员的就业满意度和可行能力均明显好于非党员，而职业健康方面二者差异不大。随着学历的升高，就业满意度和可行能力显著更高，而职业健康状况更差。国有部门在就业满意度和可行能力方面均显著优于非国有部门，而在职业健康方面无明显差异。

基于上述研究结论，本书的对策建议如下：

第一，提高我国大学毕业生的就业质量，需要对就业满意度、职业健康和可行能力三方面进行全面提升，三者都是就业质量的重要维度，不可偏废。本书调查结果显示，我国大学毕业生的职业健康和可行能力较差，因此，要重点改善我国大学毕业生在工作中的健康状况，并促进他们实现自己适度追求的生活方式。

第二，关注就业对女性可行能力的影响，提高女性在工作生活中的平衡度，促进女性实现其追求的生活方式。例如，通过实行弹性工作时间制度，使女性可以自由选择工作的具体时间安排，从而更好地平衡家庭和工作，实现追求的生活方式。

第三，要为劳动者提供公平的受教育机会，以提高就业质量的公平性，特别是就业满意度和可行能力方面。同时，高等教育层次越高，劳动者职业健康状况反而越差的现象应引起我们的注意。高学历劳动者在获得高收入的同时，付出了健康的代价。他们应该注重提高自身的职业健康状况，以实现真正的高质量就业。

第四，针对我国当前劳动力市场上存在的所有制分割，在发挥市场调节作用的同时，应通过宏观调控来打破所有制之间的分割状况，提高非国有劳动者们的就业质量。

第二节　工作特征对健康的影响研究

运用有序 Probit 方法考察工作特征对大学毕业生健康的影响。研究发现，就业给我国大学毕业生健康带来积极影响的比例低于消极影响的比例。收入越高的女性其健康状况越差，为此高收入女性工作者要特别注重提高自身健康水平。工作时间和工作安全风险对健康有显著的负向影响，而工作控制、组织公正和工作意义对健康有显著正向影响。上级支持水平越高、晋升机会越大，健康状况越好，特别是对女性大学毕业生工作者。根据工作特征对健康影响的实证结果，本节为用人单位提升员工健康水平提出了相应的对策建议。

一、引言与文献综述

随着我国劳动力市场竞争压力的加大，职业病、过劳死、亚健康等员工健康问题日益普遍。《2009 中国城市健康状况大调查》之《中国城市"白领精英"人群健康白皮书》[①] 显示，我国主流城市的白领亚健康比例达76%，接近六成处于过劳状态，真正意义上的"健康人"不到3%。近八成青年人睡眠质量差，过八成青年感觉压力大，青年白领的健康状况并不十分乐观。员工健康问题日益引起社会及学术界的关注，研究的热点之一是工作特征对健康影响的研究。研究工作特征对健康的影响状况为员工健康问题的政策干预提供理论指导，对改善员工的身心健康具有重要意义。本节旨在利用大学毕业生微观调查数据实证分析工作特征对大学毕业生健康的影响，探索工作特征与员工健康的关系，具有理论意义和实践意义。

已有研究表明，工作特征与健康相关（Martikainen，1999；Power，1998）。其中，工作特征是工作本身所具有的属性，它包含的范围广泛，凡是与工作有关的因素或属性都可称之为工作特征。如西肖尔（Seashore，1975）等指出，工作特征包括工作性质、工作环境、薪资福利、工作安全性、工作反馈性、工作技能、工作自主性、工作挑战性、工作中学习和发展的机会、人际关系以及工作内在报酬（满足感、成就感、荣誉感、自我实现）等。沃伦（Warren，2004）等将工作设计、职业压力和工效学文献中重要的工作因素概括为心理工作特征和物理工作特征，其中心理工作特征包括：工作内容（如多样性、挑战性），工作控制，工作要求（如工作负荷、认知要求），工作安全性，社会和组织方面（如社会支持）；物理工作特征包括身体努力和安全等。

国外关于工作特征对健康影响的研究起步较早，在工作设计、职业压力和工效学文献中，大量研究表明工作特征积极或消极地影响就业人员的健康（Carayon，2000）。沃伦（2004）等通过构造物理工作特征指数和心

---

① 《中国城市"白领精英"人群健康白皮书》于2009年8月由中国医师协会、中国医院协会、北京市健康保障协会、慈铭体检集团、时尚健康五大权威机构联合发布。

理工作特征指数研究发现，工作特征可以调节社会经济状况（Socioeconomic Status，简称 SES）与自测健康、心血管和肌肉骨骼的健康问题之间的关系。弗莱彻（Fletcher，2011）等使用 5 年期加总的工作特征（体力要求和环境条件）数据证实，工作特征对健康具有累积效应，而且影响程度随性别、年龄、种族而变化。一项基于荷兰数据的研究发现有害的工作环境和低的工作控制水平与低的自评健康相关（Schrijvers，1998）。柏格等（Borg et al.，2000）对丹麦雇员的研究发现，重复性工作、工作要求高、社会支持水平低、工作安全性低等可以预测较差的自评健康状况。凯斯（Case，2003）等的研究结果表明，相比高工资、技术工作，低工资、体力工作更容易损害健康。科马克等（Karmakar et al.，2008）研究发现工作特征可以调节教育与健康之间的关系，与工作相关的较低的社会支持水平和不规则的轮班工作与低的自评健康相关。

国内关于工作特征对健康影响的研究相对较少。李翠萍（2008）研究了护理人员工作特征与自测健康的关系，发现影响护理人员自测健康的工作特征包括：任务重要性、任务完整性、工作反馈和他人反馈。隋艾汝（2012）研究了山东省县级公立医院卫生人员工作特征与健康相关生命质量的关系，研究结果显示工作特征各维度中的工作自主性、工作反馈、工作意义和技能多样性四个因素对健康有正向的影响，而情绪表达要求和工作负荷对健康有负向的影响。国内相关研究较少且研究对象集中在护理人员、卫生人员等特定职业工作者，而本书试图利用我国大学毕业生工作者的微观调查数据实证分析就业对健康的影响，丰富了工作特征对健康影响的研究。

二、理论背景

关于工作特征与身心健康关系的作用机制，不同学者提出了不同的模型予以解释。其中，影响极为广泛的两种模型是卡拉塞克（Karasek，1979）提出的工作要求－控制模型（Job Demand-Control Model，JDC 模型）和德蒙鲁缇（Demerouti，2001）等提出的工作要求－资源模型（Job Demands-Resources Model，JD-R 模型）。

JDC 模型认为两种工作特征会影响就业者的身心健康。其一是工作要求，即员工在工作中感受到的压力源，包括工作负荷、时间压力、角色冲突和问题解决要求等；其二是工作控制，也称为工作决策幅度，即员工能够控制工作活动的能力。JDC 模型假设较高的工作要求和较低的工作控制水平将会使员工产生工作压力，即工作要求和工作控制对健康各自有直接效应。JDC 模型也考虑了工作要求和工作控制的交互效应，认为工作要求和工作控制的不同组合会预测健康的不同状况：高要求—低控制预测高工作压力，高要求–高控制预测积极工作。在 JDC 模型的基础上，约翰逊（Johnson，1988）将社会支持维度加入模型，将其发展为工作要求—控制—支持模型（Job Demand-Control-Support Model，JDCS 模型）。工作场所的社会支持是来自上级主管和同事的帮助性社会互动行为，一般分为上级支持和同事支持两类。社会支持与工作控制的作用类似，本身可能对压力反应有直接效应，也可能对压力具有缓冲或强化的效应（史茜等，2010）。

JDCS 模型只考虑了工作特征中的工作要求、工作控制和社会支持，未能全面考察各项工作特征对工作者的影响。JD-R 模型在 JDCS 模型的基础上关注工作特征中不同变量的作用，将与工作压力相关联的工作特征分为两类：工作要求和工作资源。工作要求指在身体、心理、社会和组织层面上需要持续付出体力与心理努力或成本的工作因素，主要操作指标有工作负荷（工作时间、工作变化）、情感要求、工作环境和突发事件等（张春雨等，2010）。工作资源是能够降低工作要求所付出的体力和心理成本、达成工作目标、促进个体发展的工作因素，主要操作指标包括工作控制、社会支持、薪资福利、职业发展机会、任务重要性和组织公正等（吴亮等，2010）。关于工作要求和工作资源对健康的影响机制，该模型认为过高的工作要求可能耗损工作者的身心资源，引起倦怠、情感枯竭、健康受损等问题，即工作要求的作用过程是一个"疲劳过程"。而工作资源具有促进员工成长、学习、发展的激励作用，而且能缓解工作要求对工作压力的影响（Bakker，2007）。

由以上对 JDCS 模型和 JD-R 模型的理论回顾，可以发现后者是对前者的丰富和完善。JD-R 模型中的工作要求和工作资源维度涵盖了 JDCS 模型中的工作要求、工作控制和社会支持维度，它所包含的工作特征因素更为广泛，能够更全面地考察工作特征对健康的影响。因此，本书参照 JD-R 模型将工作特征分为工作要求和工作资源两类，考察它们对工作者健康的影响状况。

三、数据来源与变量定义

(一) 数据来源

本书利用 2014 年国家社科基金项目"大学毕业生就业质量与政策研究"的部分调研数据考察工作特征对大学毕业生健康的影响。该调研于 2014 年 6~9 月在中国东、中、西部地区共 18 个省市进行，东部地区包括北京、天津、辽宁、河北、上海、江苏；中部地区包括黑龙江、吉林、河南、安徽、湖北、湖南和江西；西部地区包括陕西、甘肃、贵州、四川和重庆。本次调查对象为具有专科及以上学历的大学毕业生就业人员，收回问卷 4242 份。剔除信息缺失较多的样本后，有效问卷 4035 份，有效率为 95.12%。该调研旨在了解与研究大学毕业生就业质量，调查信息包括大学毕业生的就业状况信息、就业满意度信息、就业对健康的影响信息等内容。相比于研究健康问题的常用数据，如中国健康和营养调查 (china health and nutrition survey, CHNS) 数据和中国健康与养老追踪调查 (china health and retirement longitudinal study, CHARLS) 数据，本书所用的"大学毕业生就业质量与政策研究"项目调查数据有以下几个特点：第一，该调查数据中的健康信息突出了就业对健康的影响，而且调查数据包括详细的就业信息，故可以有针对性地、更准确地研究就业对健康的影响；第二，与 CHARLS 收集中国 45 岁及以上中老年人的健康数据不同，"大学毕业生就业质量与政策研究"调研主要收集了中国 18~55 岁青年及中年群体的健康数据；第三，本书所用数据的调查对象特针对中国大学毕业生就业群体。因此，"大学毕业生就业质量与政策研究"项目的微观调查数据为本书分析就业对大学毕业生健康的影响以及影响因素提供了良好的数据基础。

(二) 变量定义及描述性统计

1. 健康变量

关于健康状况的测度，本书使用自评健康状况作为度量健康的指标。使用自评健康指标有以下几个原因：第一，自评健康与发病率、死亡率等健康状况客观指标高度相关 (Idler, 1997; Kaplan, 1983)；第二，自评健康同时包含了生理健康和心理健康，是测度健康状况的完整且稳健的指标（Manderbacka，1998）；第三，自评健康包括了对疾病的主观体验和对福祉的感受，即它测度的是世界卫生组织所定义的广义健康："不仅仅是没有疾病，而是生理、心理、福祉的完美状态"（Ross，1999）。

本书自评健康状况由调研问卷中"您的工作对您的健康是否有影响"来测量，应答选项分为"消极影响""没有影响"和"积极影响"，分别赋值为1、2和3。需要注意的是，调查问卷中不是让被调查者直接报告自己健康状况的优劣，而是专门询问被调查者工作对其健康的影响状况。与一般自评健康变量相比，就业对健康影响的自评变量更适用于本文分析就业对健康的影响，而且一定程度上避免了因健康的就业效应和收入效应等导致的就业变量的内生性问题。描述性统计结果显示，约一半的大学毕业生认为就业对健康既无积极影响也无消极影响，29.81%的大学毕业生认为就业对健康造成了消极影响，而报告就业对健康有积极影响的比例仅为15.31%。这说明，总体上，就业对中国大学毕业生的健康状况带来的积极影响较小。

2. 社会人口学特征变量

本书考察的社会人口学特征变量主要包括性别、婚姻状况、年龄和学历变量。性别变量分为男性和女性，男性赋值为1，女性赋值为0。调查样本中男性占50.97%，女性占49.03%。婚姻状况分为已婚和未婚，已婚赋值为1，未婚赋值为0，两类群体分别占45.09%和54.91%。受教育程度分为专科、本科、硕士和博士，相应的受教育年限分别赋值为15、16、19和23。调查样本中博士样本量较少，将其与硕士合并为硕士及以上。样本中专科、本科、硕士及以上学历群体分别占19.48%、64.15%和16.37%。年龄变量均值为28岁，将年龄变量按年龄段划分为18~24岁、25~29岁、30~34岁和35~55岁，在样本中分别占比22.22%、45.35%、20.32%和12.11%。可见，80%以上的样本年龄在35岁以下，即调查对象主要为青年大学毕业生，也包括部分中年群体。

3. 工作特征变量

根据JD-R模型，本书将工作特征变量分为工作要求和工作资源两类，考察它们对工作者健康的影响状况。根据已有文献及调查问卷所含信息，所用的工作要求变量包括工作能力要求、工作时间、工作安全风险和工作不规则变化四个变量，工作资源变量包括薪资福利（绝对收入、相对收入和福利待遇）、工作控制性、工作场所的社会支持（上级支持和同事支持）、工作稳定性、晋升机会、组织公正和工作意义等变量。

关于工作要求变量。首先，工作能力要求变量衡量的是工作对员工的能力要求，当员工感觉到自己缺乏完成工作的能力时，工作能力要求高，反之，工作能力要求低。工作能力要求变量由调查问卷中"您目前工作能力现状"这一问题来刻画，应答选项分为"需要进一步的培训""现在的能力足以应对我的工作"和"有能力应对更高要求的工作"。本书将回答"需要进一步培训"的定义为"高工作能力要求"，赋值为1，将回答"现在的能力足以应对我的工作"和"有能力应对更高要求的工作"的定义为"低工作能力要求"，赋值为0。调查样本中高工作能力要求和低工作能力要求所占比例分别为42.46%和57.54%，即近一半的大学毕业生工作者认为自己在工作能力方面存在不足，仍需要进一步培训。工作时间变量由是否超时工作来表示。《中华人民共和国劳动法》（以下简称《劳动法》）规定"平均每周工作时间不超过四十四小时"，本书将每周平均工作小时数超过44小时的定义为"超时工作"，赋值为1，将每周平均工作小时数不超过44小时的定义为"未超时工作"，赋值为0。每周工作小时数由调查问卷中每周平均工作天数与每天平均工作小时数乘积得来，调查样本中每周工作小时数的平均值为44.03小时，超出了《劳动法》规定的范围。其中，34.08%的大学毕业生工作者每周平均工作时间超过了44小时，为超时工作。工作安全风险变量根据问卷中"您的工作是否存在安全的隐患及风险"这一问题整理而来，将回答"有"的定义为高工作安全风险，赋值为1，将回答"没有"的定义为低工作安全风险，赋值为0。调查样本中有29.81%的大学毕业生认为所从事的工作存在安全隐患及风险。工作不规则变化变量衡量的是工作安排的不规则变化，由调查问卷中"您的工作安排会经常改变吗，会提前得到通知吗？"这一问题整理而来，将回答"是的，即时得到通知"定义为高工作不规则变化，赋值为1，将回答"是的，提前得到通知"和"不会"的定义为低工作不规则变化，赋值为0。高工作不规则变化和低工作不规则变化在样本中所占的比例分别为59.12%和40.88%，即近六成的大学毕业生在工作中面临较高的工作不规则变化，工作安排随时可能发生变化。

关于工作资源变量中的薪资福利变量，本书同时考察了绝对收入变量、相对收入变量和福利待遇变量。绝对收入变量由被调查者当前月收入表示，月收入在3500元以下、3500～5000元、5000～7500元、7500～10000

元和 10000 元以上的比例分别为 40.31%、31.27%、16.02%、6.46% 和
5.94%。约七成的中国大学毕业生月收入在 5000 元以下，相对较低，这可
能与调查样本的年龄层次有关，调查样本平均年龄为 28 岁，调查对象大部
分是参加工作年限较少的青年群体，初始收入相对较低。本文的相对收入
变量衡量的是相对于工作中付出的努力就业者收入的高低程度。相对收入
变量由问卷中被调查者对"就技能和工作中付出的努力，对自身收入满
意"这一陈述的看法整理而来，应答选项分为"非常不同意""一般不同
意""有点不同意""有点同意""一般同意""非常同意"。本书将回答
"有点同意""一般同意"和"非常同意"的定义为"高相对收入"，赋值
为 1，将回答"非常不同意""一般不同意"和"有点不同意"的定义为
"低相对收入"，赋值为 0。统计结果显示，高相对收入和低相对收入的比
例分别为 55.59% 和 44.41%。福利待遇变量由问卷中被调查者对"我对单
位提供的福利待遇满意"这一陈述的看法整理而来。将回答"有点同意"
"一般同意"和"非常同意"的定义为"高福利待遇"，赋值为 1，将回答
"非常不同意""一般不同意"和"有点不同意"定义为"低福利待遇"，
赋值为 0。统计结果表明，福利待遇高的比例为 57.69%，比福利待遇低的
比例高 15.38%。工作控制变量衡量的是员工对工作的自主控制能力，在
工作中是否受到制度或程序的严格束缚。工作控制变量由问卷中被调查者
对"我的工作很少被制度和程序打断"这一陈述的看法整理而来。本书将
回答"有点同意""一般同意"和"非常同意"的定义为"高工作控制"，
赋值为 1，将回答"非常不同意""一般不同意"和"有点不同意"的定
义为"低工作控制"，赋值为 0。调查样本中高工作控制和低工作控制所占
比例分别为 50.16% 和 49.84%。工作相关的社会支持是员工从主管和同事
之中获得的社会互动，分为上级支持和同事支持两类。上级支持变量由问
卷中被调查者对"我喜欢我的上级"这一陈述的看法整理而得。本书将回
答"非常不同意""一般不同意"和"有点不同意"的定义为"低上级支
持"，赋值为 0，将回答"有点同意""一般同意"和"非常同意"的定义
为"高上级支持"，赋值为 1。高上级支持和低上级支持所占比例分别为
72.90% 和 27.10%。同事支持变量由问卷中被调查者对"我喜欢和我共事
的人"这一陈述的看法整理而得。本书将回答"有点同意"、"一般同意"
和"非常同意"的定义为"高同事支持"，赋值为 1，将回答"非常不同
意""一般不同意"和"有点不同意"的定义为"低同事支持"，赋值为

0。高同事支持和低同事支持所占比例分别为 86.43% 和 13.57%。工作稳定性变量衡量的是雇佣关系的稳定性，该变量由问卷中被调查者对"我从事的工作具有稳定的雇佣关系"这一陈述的看法整理而得。本书将回答"有点同意""一般同意"和"非常同意"的定义为"高工作稳定性"，赋值为 1，将回答"非常不同意""一般不同意"和"有点不同意"的定义为"低工作稳定性"，赋值为 0。调查样本中高工作稳定性和低工作稳定性的比例分别为 75.68% 和 24.32%。晋升机会变量由问卷中被调查者对"我对我的晋升机会感到满意"这一陈述的看法整理而来。本书将回答"有点同意""一般同意"和"非常同意"的定义为"高晋升机会"，赋值为 1，将回答"非常不同意""一般不同意"和"有点不同意"的定义为"低晋升机会"，赋值为 0。调查样本中高晋升机会和低晋升机会的比例分别为 52.91% 和 47.09%。组织公正变量由工作是否被客观评价来测度，根据问卷中"一般情况下，您的工作更倾向于被客观评价吗?"这一问题整理而来。本书将回答"是"的定义为"高组织公正"，赋值为 1，将回答"部分是"和"否"的定义为"低组织公正"，赋值为 0。调查样本中有 42.17% 的大学毕业生认为他们的工作更倾向于被客观评价，具有较高的组织公正性。工作意义变量测度员工对所从事的工作的喜爱程度，是否在内心认为自己从事的工作有价值、有意义。工作意义变量由问卷中被调查者对"我有一种对自己从事工作的自豪感"这一陈述的看法整理而得。本书将回答"有点同意""一般同意"和"非常同意"的定义为"高工作意义"，赋值为 1，将回答"非常不同意""一般不同意"和"有点不同意"的定义为"低工作意义"，赋值为 0。调查样本中 66.31% 的大学毕业生对自己从事的工作有自豪感，认为具有较大的工作意义。

四、实证分析结果

本书控制社会人口学特征变量和地区变量，将工作特征变量作为解释变量，以自评健康为被解释变量进行有序 Probit 回归分析。

本书同时考察了工作特征对健康影响的有序 Probit 模型的两种形式。其中，在表 10.11 有序 Probit 模型（A）中，社会人口学特征变量中性别和婚姻状况为虚拟变量，以女性和未婚为参照组。受教育年限变量为不同学历对应的数值变量，同时将年龄和年龄平方变量纳入模型。此外，控制了区域变量，以西部地区为参照组。工作要求变量的四个变量（工作能力要求、工作时间、工作安全风险和工作不规则变化）均为虚拟变量。工作资源变量中的绝对收入为被调查者月收入区间中值，其他九个变量（相对收入、福利待遇、工作控制、上级支持、同事支持、工作稳定性、晋升机会、组织公正和工作意义）均为虚拟变量。

表 10.11　　工作特征对健康影响的有序 Probit 回归结果（A）

变量	总体		男性		女性	
	系数	P 值	系数	P 值	系数	P 值
性别	−0.0054	0.9014				
婚姻状况	−0.0800	0.1677	−0.1140	0.1517	−0.0281	0.7472
受教育年限	−0.0591	0.0003	−0.0454	0.0469	−0.0479	0.0566
年龄	−0.0657	0.0877	−0.0267	0.6341	−0.0842	0.1281
年龄平方	0.0010	0.0767	0.0004	0.6336	0.0015	0.0765
工作能力要求	0.0644	0.1472	−0.0171	0.7836	0.1525	0.0185
工作时间	−0.2614	0.0000	−0.3025	0.0000	−0.1759	0.0121
工作安全风险	−0.3659	0.0000	−0.2544	0.0001	−0.5268	0.0000
工作不规则变化	−0.0197	0.6559	0.0274	0.6581	−0.0551	0.3890
绝对收入	−0.0000	0.3416	−0.0000	0.1791	−0.0001	0.0081
相对收入	0.0815	0.1040	0.1072	0.1247	0.0818	0.2697
福利待遇	0.0543	0.2885	0.1040	0.1379	0.0275	0.7143
工作控制	0.2181	0.0000	0.2650	0.0000	0.1428	0.0289
上级支持	0.1439	0.0071	0.0775	0.2929	0.2509	0.0015
同事支持	−0.1092	0.1096	−0.0902	0.3150	−0.1363	0.1991
工作稳定性	−0.0759	0.1616	−0.1053	0.1539	−0.0058	0.9424
晋升机会	0.1102	0.0293	0.0619	0.3780	0.1660	0.0249
组织公正	0.1613	0.0002	0.1950	0.0013	0.1189	0.0636
工作意义	0.2166	0.0000	0.2066	0.0047	0.2528	0.0010
西部	参照组	参照组	参照组	参照组	参照组	参照组
东部	0.0025	0.9728	0.0945	0.3292	−0.1062	0.3363
中部	0.0057	0.9358	0.1109	0.2421	−0.1565	0.1503

考虑到学历、年龄和绝对收入对健康的影响可能为非线性，表 10. 12 有序 Probit 模型（B）中学历、年龄和绝对收入采用了虚拟变量的形式，分别以专科、18～24 岁和 3500 元以下为参照组。表 10. 12 中的其他变量与表 1 有序 Probit 模型（A）相同。另外，表 10. 11 和表 10. 12 也列示了分性别的有序 Probit 回归结果。

表 10. 12　　工作特征对健康影响的有序 Probit 回归结果（B）

变量	总体		男性		女性	
	系数	P 值	系数	P 值	系数	P 值
性别	− 0. 0126	0. 7737				
婚姻状况	− 0. 1037	0. 0266	− 0. 1049	0. 1770	− 0. 0568	0. 5068
专科	参照组	参照组	参照组	参照组	参照组	参照组
本科	0. 0094	0. 8502	− 0. 0517	0. 5310	− 0. 2156	0. 0095
硕士及以上	− 0. 1280	0. 1299	− 0. 2068	0. 0604	− 0. 3112	0. 0078
18～24 岁	参照组	参照组	参照组	参照组	参照组	参照组
25～29 岁	− 0. 0286	0. 6287	− 0. 0941	0. 2754	0. 0674	0. 4409
30～34 岁	− 0. 0398	0. 6506	− 0. 0893	0. 4466	0. 0030	0. 9808
35～55 岁	0. 0333	0. 7507	− 0. 1140	0. 4133	0. 2357	0. 0896
工作能力要求	0. 0669	0. 1301	− 0. 0183	0. 7691	0. 1595	0. 0137
工作时间	− 0. 2541	0. 0000	− 0. 3046	0. 0000	− 0. 1908	0. 0070
工作安全风险	− 0. 3673	0. 0000	− 0. 2522	0. 0001	− 0. 5276	0. 0000
工作不规则变化	− 0. 0196	0. 6573	0. 0267	0. 6671	− 0. 0579	0. 3663
3500 元以下	参照组	参照组	参照组	参照组	参照组	参照组
3500～5000 元	− 0. 0477	0. 4269	− 0. 1077	0. 1591	0. 0350	0. 6486
5000～7500 元	0. 0309	0. 7094	− 0. 0330	0. 7213	− 0. 0417	0. 7001
7500～10000 元	− 0. 1639	0. 1836	− 0. 1525	0. 2253	− 0. 4070	0. 0136
10000 元以上	− 0. 4076	0. 0037	− 0. 1975	0. 1408	− 0. 3075	0. 0850
相对收入	0. 0864	0. 0858	0. 1072	0. 1252	0. 0824	0. 2693
福利待遇	0. 0558	0. 2758	0. 1033	0. 1420	0. 0230	0. 7596
工作控制	0. 2157	0. 0000	0. 2561	0. 0001	0. 1288	0. 0498

变量	总体		男性		女性	
	系数	P 值	系数	P 值	系数	P 值
上级支持	0.1413	0.0083	0.0787	0.2863	0.2556	0.0013
同事支持	-0.1094	0.1096	-0.0814	0.3666	-0.1352	0.2058
工作稳定性	-0.0816	0.1300	-0.1030	0.1644	0.0008	0.9921
晋升机会	0.1056	0.0369	0.0610	0.3865	0.1727	0.0197
组织公正	0.1477	0.0008	0.1987	0.0011	0.1141	0.0764
工作意义	0.2146	0.0000	0.2116	0.0040	0.2525	0.0011
西部	参照组	参照组	参照组	参照组	参照组	参照组
东部	-0.0159	0.8242	0.0860	0.3785	-0.1118	0.3104
中部	-0.0180	0.7984	0.1019	0.2856	-0.1638	0.1313

关于工作要求变量对健康的影响，表 10.11 和表 10.12 的回归结果均显示，无论是总体样本还是分性别样本，工作时间和工作安全风险对健康有显著的负向影响，而工作不规则变化对健康影响不显著。关于工作能力要求，表 10.11 和表 10.12 的回归结果表明，总体样本和男性样本中工作能力要求对健康影响不显著，而在女性样本中，工作能力要求对健康有显著的正向影响。可能对于女性大学毕业生工作者而言，工作能力要求是挑战性工作要求。这种工作要求不同于障碍性工作要求，障碍性工作要求会产生消极的压力结果，损害员工健康，而挑战性工作要求既包含能量消耗也包含激励和促进（夏福斌等，2014）。较高的工作能力要求对女性大学毕业生工作者产生了较大的激励，反而提升了其健康状况。

关于工作资源变量对健康的影响，其中，薪资福利对健康的影响在表 10.11 和表 10.12 的回归结果中表现并不完全一致。从表 10.11 来看，相对收入和福利待遇在总体样本与分性别样本中均不显著，而绝对收入仅在女性样本中对健康有显著负向影响。绝对收入对健康的负向影响与以往研究的结论不一致，赵忠等（2005）实证发现收入或工资水平对健康的影响不显著，张琳（2012）对我国中老年人健康需求的实证研究发现收入水平对健康的影响显著为正。本书认为女性绝对收入对健康的负向影响可能与获得高收入的女性往往伴随较高工作压力有关。从表 10.12 来看，在男性样本中不同绝对收入组对健康的影响不显著，而在总体样本中，与收入在3500 元以下的基准组相比，收入在 10000 元以上的群体的健康状况显著更差，在女性样本中，收入在 7500~10000 元和 10000 元以上的群体的健康状况均显著更差。福利待遇在总体样本和分性别样本中均不显著，相对收入在总体样本中对健康有显著的正向影响，但在分性别样本中并不显著。综合表 10.11 和表 10.12 的回归结果，薪资福利变量中对健康影响较稳健的是绝对收入对女性健康的影响，获得较高收入的女性其健康状况较差。工作资源中的其他变量对健康的影响在表 10.11 和表 10.12 的回归结果中表现一致，在总体样本和分性别样本中工作控制、组织公正和工作意义均对健康有显著的正向影响，即较高的工作控制水平、较高的组织公正性和较大的工作意义预测良好的健康状况。上级支持和晋升机会变量在总体样本和女性样本中对健康有显著正向影响，而在男性样本中影响不显著。同事支持和工作稳定性在所有样本中对健康均无显著影响。

关于社会人口学控制变量，从表 10.11 和表 10.12 的回归结果来看，性别对健康的影响均不显著。婚姻状况对健康的影响基本不显著，只有表10.12 总体样本的回归结果显示，相较于未婚，已婚对健康有负向的影响。婚姻对健康的负向影响可能是由于已婚从业者面临更多家务劳动、照料活动等家庭责任。表 10.11 显示受教育年限对健康有显著的负向影响，具体到不同学历对健康的影响，从表 10.12 可以看出，对男性而言，与专科学历相比，硕士及以上学历的自评健康显著更差，对女性而言，与专科学历相比，本科学历和硕士及以上学历的自评健康均显著更差。这一结果与以往研究得出的教育对健康具有正向影响（李珍珍等，2006）的结论不一致，这可能与本书所用的样本集中在大学毕业生群体，而没有包括非大学生即受教育程度在专科以下的群体有关。从表 10.11 总体回归结果可以看出，年龄系数显著为负，年龄平方项系数显著为正，即年龄对健康的影响呈现"U"形。但年龄对健康影响的这一"U"形关系并不稳健，在表 10.11分性别回归结果和表 10.12 回归结果中，年龄对健康的影响基本不显著。

五、结论与启示

本章利用 2014 年"大学毕业生就业质量与政策研究"的部分调研数据考察工作特征对大学毕业生健康的影响。研究发现，总体而言就业对中国大学毕业生健康状况的积极影响的比例低于消极影响的比例。社会人口学特征中教育对健康呈现负向影响，这可能是由于本书仅考察了中国大学毕业生就业群体，即仅考察了不同层次的高等教育对健康的影响。高等教育层次越高，健康状况反而越差，这一研究发现应引起我们的注意。高等教育在直接生产人力资本的同时，应注重健康知识的普及和健康水平的提高。

工作特征对我国大学毕业生健康状况有重要的影响。其中，工作要求变量中工作时间和工作安全风险对健康有显著的负向影响。对此，用人单位应尽量减少超时工作，降低工作安全风险，以此改善工作者的健康状况。对女性大学毕业生工作者而言，较高的工作能力要求是一种挑战性工作要求，一定程度上利于其健康状况的提升。

工作资源变量中的薪资福利变量对健康影响较稳健的是绝对收入对女性健康的影响。收入越高的女性其健康状况越差，这可能是由于获得高收入的女性往往伴随较高的工作压力。这一研究发现提醒我们要特别注重高收入女性的健康状况。对男性和女性大学毕业生工作者而言，工作控制水平越高、组织公正性越高、工作意义越大，健康状况越好。因此，用人单位应注重提高员工在工作过程中对工作的控制性，增强员工在工作中的自我掌控水平，避免制度和程序对员工的过度束缚，以此缓解员工的压力和疲劳。用人单位保证组织公正，客观评价员工的工作，提高员工在工作中的公平感，对于提高员工的健康水平也是非常重要的。另外，用人单位应有意识地培养员工的职业认同感，增强员工对工作意义的感知，让员工对自己从事的工作产生自豪感，这有利于员工健康状况的改善。上级支持和晋升机会对健康有显著正向影响，特别是对女性大学毕业生工作者。为此，用人单位应特别注重领导对女性员工的情感关怀和帮助性行为，并为她们建立合理公平的晋升渠道和晋升机会，以改善女性员工的健康状况。

第十一章

结论和政策建议

第一节　主要结论

一、人力资本对大学毕业生就业存在多元化影响

传统经济学和现代人力资本理论强调教育投资具有提高劳动生产率的功能，筛选理论认为教育投资具有信号功能，社会化理论决定了教育具有社会化功能，实际上教育投资对劳动者就业的影响是综合的，既有提高劳动生产率的功能，也有信号功能，同时在一定程度上也具有社会化功能。

20 世纪 70 年代筛选理论出现以后，人力资本的代表人物明塞尔和贝克尔等对该理论强调的教育投资具有信号功能表示认可，但它们否定教育投资仅具有信号功能。明塞尔在《人力资本研究》一书中指出在不完全信息的世界中，学校教育的提高劳动生产率功能与信号功能并不是完全相悖的。认为二者的根本矛盾在于学校教育的提高劳动生产率功能与筛选功能对个体收入影响的相对重要性。有学者指出教育的信号效应对个人收入的影响是很小的，占个人收入不足 1/10，教育的绝大部分价值仍体现在对劳动生产率的提高上。

贝克尔在其《人力资本理论》一书中也间接地承认了教育投资的信号功能，他认为个体的能力与人力资本投资呈正相关关系，能力强的人更愿意提高自身的教育投资水平。具有高等教育学历与具有中等教育学历的企业职工之间的收入差异并不仅仅是由高等教育带来的，同时也存在能力差异。接受高等教育的人更有能力，即使他们没有接受高等教育，他们的收

入也会很高。

20世纪70年代美国出现较高的青年失业率、大学毕业生与中学毕业生之间平均收入差距的缩小的现象，经济学家弗里曼针对这种现象撰写了一篇题为《过度教育的美国人》的研究报告，人力资本理论中关于教育促进劳动生产率的功能以及教育与工资收入的正相关关系的论述受到挑战。随后墨菲和韦尔奇（Kevin Murphy & Finis Welch）在1989年发表的一篇文章中指出，大学教育的货币收入于20世纪80年代大幅上升，中学毕业生和中学辍学生之间的收入差距拉大了，至此关于市场中过度教育的隐忧消失了。

筛选假设理论的代表人物思朋斯（Spence）在其后续研究中也对教育信号理论中片面强调教育的信号功能，忽视其对劳动生产率和技能水平的提高的观点进行反思，并对这种观点加以修正。思朋斯于2002年发表了一篇题为 *Signaling in Retrospect and the Informational Structure of Markets* 的论文，在该论文中对教育信号模型进行改进，提出了教育的人力资本效应，即承认教育投资具有提高个体劳动生产率和技能水平的功能，并将其引入模型进行分析。

人力资本理论中，过分强调教育的提高劳动生产率和技能水平的功能，而忽视教育对劳动者个性特征的影响的观点是错误的。教育结构受经济结构的影响，为经济结构服务。经济结构不平等是社会不平等的根源，教育在培养出适应于经济结构需求的人才的同时，也再生产了社会生产关系。此外，在现代生产中，大部分工作对个体的认知技能水平要求并不高，并且有许多知识技能是在在职培训中习得的，学校教育仅提供一般的理论基础知识。在生产过程中，雇主更加重视的是工人的团队合作精神，接受工作指示，进而保证生产的顺利进行。从这个角度看，求职者必须具有一定的个性特征才能得到雇主的赏识，因此，教育的社会化功能也是很重要的。

二、过度教育现象明显

依据标准差法，2014年样本中教育过度、教育适度和教育不足发生率分别为16.4%、64.1%和19.5%，与2012年相比，两种测量教育过度的方法均表明，劳动者教育适度发生率有所增加，教育不足发生率明显减少，这说明近两年来劳动力市场人才配置效率有所增加。

其一，在各学历层次中，专科学历人才主要表现为教育不足，绝大多数本科学历人才是教育适度的，硕士和博士学历人才普遍表现为教育过度。这说明当前劳动力市场中各工作岗位上就业的本科学历的劳动者占比较大。

其二，从年龄结构来看，相比较而言，样本中25岁以下和40岁以上的劳动者教育过度发生率较低，教育不足发生率较高，这是由于处于这两个年龄段的劳动者以专科学历居多所导致的。

随着调研对象年龄的减小，教育适度发生率基本上是不断增大的，同时与2012年相比，2014年样本中25岁以下劳动者的过度教育发生率明显减小，这进一步说明近年来我国劳动力市场上人才配置效率逐年提高。另外，2014年样本中25岁以下劳动者的教育不足发生率明显较2012年增大，反映出劳动力市场上劳动者学历水平是普遍增加的。

其三，从性别比较来看，与2012年相比，2014年样本中女性劳动者的过度教育和适度教育发生率显著低于男性劳动者，而教育不足发生率显著高于男性。

其四，从企业所有制差异来看，事业单位、政府部门和国有企业的教育过度发生率较高，教育不足发生率较低；而民营企业和三资企业的教育过度发生率相对较低，教育不足发生率相对较高。这说明在市场化程度较低的部门人才配置效率较低，而在市场化程度较高的部门人才配置效率较高，事业单位、政府部门和国有企业相对较高的福利水平是吸引劳动者愿意在低于其实际教育水平的工作岗位上就业的主要原因。

2012年样本数据显示在三资企业就业的劳动者过度教育发生率明显高于内资企业，而2014年情况则明显好转，样本中三资企业的教育过度发生率相对减少，教育适度发生率和教育不足发生率相对增大，这说明近两年劳动力市场上求职者对三资企业的热衷程度有所减退。

其五，从各行业来看，垄断程度较高的行业，如科学研究和技术服务业、金融业、交通运输、仓储和邮政业、房地产业的过度教育发生率较高，适度教育发生率较低；而市场化程度较高的行业，如批发零售业、建筑业、制造业及IT业的教育过度发生率相对较低，适度教育发生率相对较高。由于在垄断程度较高的行业，企业的营业利润较高，劳动者获得的收入水平相对高些，因此，学历较高的劳动者宁愿在这些行业从事比自己实际学历水平要求低的工作，以获取高额报酬，教育过度是人们对稀有的、高报酬工作的竞争。

其中科学研究和技术服务业的教育过度发生率高达45.0%（标准差法）和45.4%（众数法），这是因为与其他行业相比，在科学研究和技术服务领域对人才的需求比较小众，相对而言在该领域就业的人员数量较少，且对人才的技术和知识素养要求较高，随着我国人才学历层次的逐渐提高，该领域人才结构是不断优化的，且由于就业人数相对较少，这种优化效果也比较明显。例如，十年前硕士研究生毕业就有机会留在高校从事科研工作，而现今即使博士毕业也很难进入高校从事科研工作。

另外，与2012年相比，2014年除交通运输、仓储和邮政业外，教育适度发生率明显增加；除金融业与交通运输、仓储和邮政业变动不大外，其他行业的教育过度发生率明显减小；除建筑业变动幅度不大外，其余行业的教育不足发生率也明显降低。这说明近两年来整体上各行业中不同工作岗位上的人才学历层次差距有减小的趋势。

在个体特征中，年龄是显著影响个体教育过度的重要变量，模型的回归结果表明，年龄越大的劳动者越容易发生过度教育。同时，过度教育发生率没有明显的性别差异。在各不同所有制企业中，综合来看，民营企业劳动者过度教育发生率显著低于国有企业，集体企业劳动者的过度教育水平也低于国有企业，政府部门、事业单位与三资企业中就职的劳动者过度教育水平与国有企业不存在显著差异。

我国的市场经济体制改革是在政府主导下进行的，具有独特的"双轨制"经济格局的特征，一方面市场经济蓬勃发展，民营企业成为经济发展的重要力量；另一方面原有的国有经济和行政命令体制在国有企业及事业单位内依然存在，有学者指出"双轨制"经济格局导致不同所有制企业的经营目标、外部环境和内部管理体制等层面存在较大差异，这又进一步使不同所有制企业为职工提供的工资水平、福利待遇及工作稳定性等方面差异较大。国有企业、政府部门及事业单位由于具有福利待遇高、社会保障好及工作稳定等优点，是吸引高学历求职者就业的热门单位，为了能够进入这些部门工作，他们宁愿从事低于自身学历水平的工作。

国外发达经济体中由于其市场化历史悠久，其企业内部相关制度和管理体制已经发展的较为规范与成熟，而我国市场化历程不足40年，仍属于起步和摸索阶段，尚未形成成熟的市场经济体系，在这样市场中生存的民营企业面临着外部环境不稳定与内部治理不健全的局面。因此，与三资企业相比，我国大多数民营企业相对较难获得求职者的青睐，即使出现过度教育也在所不惜。

在纳入模型的 12 个行业中，有政府垄断背景的 8 个行业会促进过度教育水平增加，分别为科学研究与技术服务业、金融业、电力、热力、燃气和水的生产及供应业、社会公共管理服务业、房地产业、教育业、交通运输、仓储和邮政业，而在市场化程度相对较高的行业——制造业、建筑业、批发零售业和 IT 业对过度教育的影响是统计不显著的。

我国在市场化经济的建设过程中，对部分行业进行市场化改革，引入民间资本，同时一些涉及国计民生的行业仍由政府垄断管理包括：首先，提供全国性公共产品的行业，如邮电业、铁路运输业和电力制造业；其次，直接关系到宏观调控的产业，如银行和其他金融机构；最后，与文化意识形态有关的行业，如学校教育、大众传媒事业等。政府垄断的存在使劳动力市场上出现了行业分割，与市场化程度较高的行业相比，垄断行业内部的劳动者工资收入水平较高以及工作稳定。因此，为了能进入这些垄断行业，劳动者宁愿从事低于自身技能水平的工作。

三、经济增长对大学毕业生就业的拉动作用有待增强

基于奥肯定律分析总量经济增长对大学生的拉动作用，结果发现我国 1998～2013 年经济增长数据与大学生失业率没有得到任何一种形式的奥肯定律的验证，这说明我国经济的高速增长并没有带来大学毕业生失业率的降低，奥肯定律"失灵"。

经济增长与充分就业是一国宏观经济发展的主要目标，二者之间关系密切，一般来说某一时期的就业水平取决于经济增长速度，经济的快速增长使劳动力市场的需求增大进而带动就业率增加；而经济增速放缓将导致劳动力市场需求量相对减少进而引起就业率降低。另外，经济增长仅仅是拉动大学生就业的必要而非充分条件，陈帧指出经济增长的就业效应取决于宏观经济环境及经济增长方式。尽管我国的经济增长速度令世界惊讶，但由于自 20 世纪 90 年代末以来，我国主要以发展资本密集型重工业及扩大投资的方式来驱动经济增长，这种经济发展模式并没有引致很多就业需求，故而对就业的拉动作用十分微弱。

通过分析高校毕业生群体在各行业的分布结构，以及各行业对高校毕业生的比较劳动生产率和就业弹性指标，发现各产业部门对大学生的吸纳能力存在较大差异。

首先，第一产业对高校毕业生就业的吸纳能力最弱，2012年在该领域就业的高校毕业生占比不足1%，且表现出随学历层次的提高而减少。第一产业对高校毕业生就业的拉动作用有限，甚至出现在产业发展过程中对高校毕业生的就业"排挤"效应。HP滤波分解结果表明，第一产业对专科和本科学历劳动者长期就业的拉动效应不断增强且富有弹性，而对研究生学历劳动者长期就业的拉动效应并不明显。

其次，在第二产业中，工业对高校毕业生就业的吸纳能力明显高于第一产业，2012年在该行业就业的专科、本科和研究生学历劳动者分别占13.3%、16.5%和17.2%。工业对高校毕业生就业的吸纳作用也不断增加且富有弹性，其对专科人才的就业拉动作用明显高于本科和研究生；高校毕业生在建筑业就业的人数仅多于第一产业，当前其对各学历层次的高校毕业生就业吸纳能力由强到弱依次是专科、本科、研究生，而在长期该行业对各学历层次高校毕业生的就业拉动效应将与当前正好相反。

最后，第三产业吸纳绝大多数的高校毕业生，2012年在领域就业的高校毕业生占70%以上，该产业内各行业对高校毕业生就业的吸纳能力由高到低依次为社会服务业、生产性服务业和流通性服务业。其中，（1）高校毕业生在社会服务业中的分布较为稳定，该行业对高校毕业生就业拉动效应，按学历层次划分由高到低依次为研究生、本科、专科，且均表现为缺乏弹性，而在长期其对专科和本科学历劳动者的就业吸纳效应增强并富有弹性，对研究生学历劳动者就业的吸纳效应逐渐减弱；（2）高校毕业生在生产性服务业的分布也较为稳定，按该行业对高校毕业生就业的吸纳效应，按学历层次划分由高到低依次为研究生、本科和专科且也表现为缺乏弹性，而在长期生产性服务业对高校毕业生就业的吸纳能力不断增强且富有弹性。（3）高校毕业生在流通性服务业的分布也相对较为稳定，该行业对高校毕业生就业的吸纳效应，按学历层次由高到低划分依次为专科、本科和研究生，其对专科和本科学历劳动者的就业拉动效应富有弹性，而在长期对专科学历劳动者就业的拉动作用缓慢增加，对本科学历劳动者的就业拉动效应有所减弱，而对研究生学历劳动者就业的拉动效应由富有弹性转变为缺乏弹性。

在各行业中，我国工业行业对高校毕业生就业的吸纳作用微弱。由于工业是国民经济的核心，对 GDP 的贡献度较高，相比之下其对高校毕业生提供的工作岗位却与其生产规模差距悬殊，工业行业亟待产业转型与升级，增加行业的技术含量进而拉动高校毕业生就业；同时，高校毕业生在第三产业的分布结构失衡，尽管第三产业是吸纳大学生就业的领主领域，但我国高校毕业生主要集中于社会服务业，该行业是政府或各种非营利组织向社会提供服务的部门，不参与社会生产创造经济利益。而生产性服务业与生产直接相关，能够为商业运作提供生产支持，但高校毕业生在该领域分布数量相对较少。这说明我国生产性服务业发展滞后，高校毕业生更多从事参与社会财富的再分配，而从事财富创造的人数较少。

四、经济和生源地因素影响大学毕业生省际流动

与其他学者的研究结论相同，样本中大学生省内就业的比例较高为 73.46%，这种现象产生的原因除了上面提到的心理成本和制度因素的影响外，由于我国高校大多集中在经济较为发达的省会城市或直辖市，这些能够提供较多的就业机会，使得高校毕业生可以留在当地就业。

结合独立样本 T 检验和 Logistic 模型的回归结果，本书发现劳动者的年龄、学历以及经济因素和生源地因素均是影响其发生跨省就业的显著变量。其中，（1）大学生跨省就业发生率与年龄变量的关系是"倒 U 形"，拐点出现在 36 岁；（2）学历层次对跨省就业的影响显著为正，在各学历层次的比较中，只有本科学历劳动者的跨省就业率显著高于专科学历劳动者；（3）经济发展变量对劳动者跨省就业的影响是负的，说明大多数劳动者由人均 GDP 水平相对较高的城市流向人均 GDP 水平相对较低的城市；（4）与中部地区相比，毕业于东部地区和西部地区的高等院校的劳动者跨省就业发生率更高；（5）生源地因素对劳动者跨省就业发生率的影响是正的，这说明生源地与毕业院校不在同一省份（自治区、直辖市）促使劳动者发生省际流动；（6）尽管独立样本 T 检验结果表明，劳动者的跨省就业发生率存在显著的性别差异，但是 Logistic 模型回归结果表明，在控制了其他因素不变的情况下，性别对劳动者省际流动的影响不显著。多因素方差分解结果表明，整体样本中劳动者的年龄和学历变量对其跨省就业发生率的解释力度有限，主要影响因素为经济因素（包括经济发展变量和区域

变量）和生源地因素，其中经济因素对跨省就业的驱动作用更强一些。

但是值得注意的是，样本中大学生的跨省流动主要流向人均 GDP 水平低于院校所在地的城市，笔者认为产生这种现象的原因主要在于"向下流动"拉力较大和"向上流动"途径受阻。首先，由于当前我国高等院校管理体制以省级管理为主，与经济欠发达地区相比，经济发达的省份（直辖市、自治区）提供的教育经费较多进而举办的高校数量也较多，因此在我国东部地区，如北京、上海、广州集中了大量的高等院校，人才供应充足，甚至随着近年来高校招生规模的逐渐增大，出现当地人才供给过剩，而在西部地区高校数量较少，人才相对匮乏，由于人才供给过剩一部分经济发达地区的高校毕业生不得已被倒逼至经济发展水平相对落后但人才匮乏的地区就业；其次，由于经济发达地区人才供应充足，加之地方政府往往采取一些"地方化"行为限制外来人口流入，如户籍制度、地方性的社会福利和就业政策等，导致高校毕业生在这些地区的进入成本较高而就业概率较低，大学生进入比毕业院校所在地的经济实力更大的城市阻力较大。

不同学历劳动者的跨省就业发生率存在显著差异，且随劳动者学历层次的提高而增大。经济因素和生源地因素都是影响劳动者跨省流动的显著变量，二者对各学历层次劳动者的影响程度不同，具体表现在经济因素对跨省就业的影响随劳动者学历层次的提高而增大；而生源地因素对跨省就业的影响随劳动者学历层次的提高而降低。

与其他学历层次的劳动者相比，专科学历的劳动者跨省就业发生率最低为 16.98%，这说明这些劳动群体更倾向于留在毕业院校所在的省份工作；从影响其跨省就业的驱动因素来看，生源地因素对跨省就业的解释力度大于经济因素，即生源地与毕业院校是否在同一省份（自治区、直辖市）是影响专科学历劳动者跨省就业的主要因素，一般来说，专科学历劳动者的生源地与毕业院校不在同一省份（自治区、直辖市）时，更容易出现省际流动。

本科、硕士和博士学历劳动者跨省就业发生率依次递增分别为 26.83%、36.53% 和 49.06%，且三者之间的差异是统计显著的，总体上这三类劳动群体大部分也留在毕业院校所在省份工作；从各影响因素对跨省就业的解释力度来看，经济因素的驱动作用要高于生源地因素，即工作地点与毕业院校所在市的人均 GDP 差异以及毕业院校所在区域，是影响本科以上学历群体跨省就业的主要因素。其中经济发展变量的系数是负值，表现为工作所在市的人均 GDP 水平大于毕业院校所在市时，劳动者的跨省就业发生率更大；劳动者的跨省就业发生率关于毕业院校所属区域的差异是显著的，由低到高依次为中部地区、东部地区和西部地区。

五、森框架下大学毕业生职业健康与可行能力有待提升

在分析就业质量内涵的基础上，基于阿玛蒂亚·森的可行能力理论，构建了就业满意度、职业健康和可行能力三维度的就业质量指标。利用大学毕业生就业质量微观调查数据，从整体就业质量和分维度两大方面对我国大学毕业生就业质量状况进行了比较分析。研究发现，35.42%的大学毕业生的就业质量处于高水平，而超过一半的大学毕业生的就业质量处于低水平。考虑就业质量各维度的补偿作用，我国大学毕业生就业质量整体处于中等水平。我国大学毕业生就业质量总体水平仍有待提高。分群体比较结果表明，男性与女性、已婚和未婚大学毕业生的就业质量没有显著差异，年龄与就业质量间呈现显著的"U"形关系。学历越高，就业质量越高，党员比非党员的就业质量更高。就所有制而言，国有部门的就业质量显著高于非国有部门的就业质量。

关于就业质量的三维度，我国大学毕业生的就业满意度较高，而职业健康状况较差，为中等以下水平。三维度中最差的是可行能力，仅有15.15%的大学毕业生认为就业能够实现他们追求的生活方式。分群体比较结果显示，男性和女性在就业满意度和职业健康方面差异不显著，而男性的可行能力显著高于女性。随着年龄的增加，就业满意度变化不明显，可行能力呈上升趋势，而职业健康先下降后上升。已婚者在就业满意度方面显著优于未婚者，而在职业健康方面明显劣于未婚者，在可行能力方面已婚者和未婚者差异不明显。党员的就业满意度和可行能力均明显好于非党员，而职业健康方面二者差异不大。随着学历的升高，就业满意度和可行能力显著更高，而职业健康状况更差。国有部门在就业满意度和可行能力方面均显著优于非国有部门，而在职业健康方面无明显差异。

六、工作特征是影响大学毕业生健康的重要变量

利用 2014 年"大学毕业生就业质量与政策研究"的部分调研数据考

察工作特征对大学毕业生健康的影响。研究发现，总体而言就业对中国大学毕业生健康状况的积极影响的比例低于消极影响的比例。社会人口学特征中教育对健康呈现负向影响，这可能是由于本书仅考察了中国大学毕业生就业群体，即仅考察了不同层次的高等教育对健康的影响。高等教育层次越高，健康状况反而越差，这一研究发现应引起我们的注意。高等教育在直接生产人力资本的同时，应注重健康知识的普及和健康水平的提高。

工作特征对我国大学毕业生健康状况有重要的影响。其中，工作要求变量中工作时间和工作安全风险对健康有显著的负向影响。对此，用人单位应尽量减少超时工作，降低工作安全风险，以此改善工作者的健康状况。对女性大学毕业生工作者而言，较高的工作能力要求是一种挑战性工作要求，一定程度上利于其健康状况的提升。

工作资源变量中的薪资福利变量对健康影响较稳健的是绝对收入对女性健康的影响。收入越高的女性其健康状况越差，这可能是由于获得高收入的女性往往伴随较高的工作压力。这一研究发现提醒我们要特别注重高收入女性的健康状况。对男性和女性大学毕业生工作者而言，工作控制水平越高、组织公正性越高、工作意义越大，健康状况越好。因此，用人单位应注重提高员工在工作过程中对工作的控制性，增强员工在工作中的自我掌控水平，避免制度和程序对员工的过度束缚，以此缓解员工的压力和疲劳。用人单位保证组织公正，客观评价员工的工作，提高员工在工作中的公平感，对于提高员工的健康水平也是非常重要的。另外，用人单位应有意识地培养员工的职业认同感，增强员工对工作意义的感知，让员工对自己从事的工作产生自豪感，这有利于员工健康状况的改善。上级支持和晋升机会对健康有显著正向影响，特别是对女性大学毕业生工作者。为此，用人单位应特别注重领导对女性员工的情感关怀和帮助性行为，并为她们建立合理公平的晋升渠道和晋升机会，以改善女性员工的健康状况。

七、大学毕业生的就业质量存在学历与单位性质差异

（一）学位层次与大学毕业生就业质量之间存在正相关关系

通过上述的比较分析发现，从专科、本科、硕士到博士，随着学位层次的提高，大学毕业生综合就业质量得分也随之增加，这说明对于大学毕

业生来说，毕业后选择继续进行人力资本的教育投资，是可以从整体上提高其就业质量水平的。

（二）学位层次在工资与福利因素上所体现的组间差别较大，博士毕业生在劳动关系因素上出现了低就业质量的特殊情况

随着学位层次的不断提高，大学毕业生的收入和福利所体现的就业质量水平会得以较大幅度的提高。这个结果的产生主要源自不同学历的大学生月收入水平差距较大，若以专科生月收入均值为基数，本科生、硕士生和博士生的月收入分别是其1.68倍、2.49倍和3.86倍。因此，这也就成为很多大学毕业生选择继续深造的主要原因之一。另外，与其他学位层次相比较，博士毕业生在劳动关系上出现了低就业质量的情况。这是一个比较特殊的表现，与学历和就业质量综合得分之间的正相关关系相背而驰。究其原因，一方面，可能是博士生投入了大量的金钱和时间成本，所以对管理和制度因素以及自身在单位所处的地位期望过高，反而造成了主观评价上的就业质量偏低的情况。另一方面，很多博士生一直对于知识的学习投入精力较多，可能会忽略人际交往能力的提高，导致在劳动关系方面的就业质量得分较低。

（三）大学毕业生就业质量在单位性质上存在比较明显的组间差距

首先，大学毕业生由于所在单位的性质不同，其整体就业质量存在比较明显的区别。其中，国有企业的大学毕业生就业质量最高，其次是三资企业，然后事业单位、政府部门、民营企业和集体企业依次降低。近些年，国企和外企一直是大学毕业生就业首先考虑的就业选择，这与得出的就业质量排序结果是一致的。但是比较反常的是"考公务员热"也一直是温度不减，但结果显示就业于政府部门的大学毕业生就业质量并不高，究其原因是由于官本位的思想和铁饭碗的求稳模式，使得了大批毕业生加入了考取公务员的大军，但是在实际就业中却发现政府部门虽然稳定，但是工资待遇却远低于国企和外企，并且个人晋升与职业发展方面也受到限制，因此就业于政府部门的大学毕业生就业质量整体偏低。

其次，单位性质在一些因素上的就业质量也存在比较明显的差别。其中，国有企业和三资企业的工资与福利待遇因素就业质量最高，这也是大学毕业生们首选国企的主要原因之一；政府部门的职业发展因素体现的就

业质量最低，由于政府部门的管理和晋升制度与企业有所区别，很多大学毕业生在这些方面不具优势，自身的发展往往会受到诸多限制，因此导致了此因素上的低就业质量的存在；政府部门和事业单位的就业稳定性体现的就业质量最高，这个结果也是与实际情况相一致的，同样也是二者吸引大学毕业生就业的主要优势所在。

八、客观表现欠佳、学历和性别差异明显、主观满意度有待提高

（一）大学毕业生的收入水平较低，且存在学历和性别差异

大学毕业生的收入构成较为单一，主要为工资收入，月平均收入为3500~5000元，这部分人的比例仅为37.0%，说明多数大学毕业生的月工资低于3500元，且劳动者收入水平随学历层次的增加而提高，同时男性劳动者的收入水平高于女性。与上一年相比，收入增加的劳动者占比43.2%，且对于专科、本科和硕士学历的劳动者而言，男性收入增加的机会高于女性，而对于博士学历劳动者而言女性收入增加的机会高于男性。

（二）工作强度较大且女性的工作强度明显大于男性

整体上有49.3%的大学毕业生每周工作时间在6天以上，加班现象十分明显，其中女性劳动者每周工作6天以上的占比远远高于男性。大学毕业生平均每年能享受实质性带薪休假10.5天，低于5天的32.9%，没有休假的占23.1%，可见带薪休假制度还没有真正落实。这表明，员工最想提升的福利为职位晋升或者加薪。

（三）相当一部分员工的工作环境较差，且存在性别差异

有63.8%的劳动者认为其工作对身体健康有消极影响，且女性劳动者所占比重高于男性；36.2%的劳动者认为其工作存在安全隐患，且男性劳动者工作面临安全隐患的比例高于女性。

（四）一部分大学毕业生工作压力较大，且存在性别差异

样本中仅有16.8%的劳动者没有职业危机感，33.9%的劳动者经常有职业危机感，49.3%的劳动者偶尔有职业危机感，且男性劳动者中有职业

危机感的比重高于女性劳动者；从每周倾诉次数来看，整体上劳动者的倾诉次数较少，且女性劳动者的倾诉次数高于男性。

（五）相当一部分劳动者的技能水平与工作岗位不匹配且可替代性较高

仅有36.2%的劳动者所学专业与工作岗位对口，46.3%相关，而17.5%不对口，且对于专科、本科和硕士劳动者而言，女性劳动者的专业不对口所占比重明显高于男性；仅有不到50%的劳动者技能水平与工作岗位相配，20%左右的劳动者技能水平高于工作岗位的需求；仅有11.7%的劳动者的工作岗位是不可替代的，39.8%的劳动者的工作很容易被替代，且男性劳动者工作的不可替代性明显高于女性。

（六）一部分劳动者的劳资关系较为紧张

有38.1%的大学毕业生工作安排会发生变动不会得到通知，会得到提前通知的比重仅占31.8%；仅有39.4%的劳动者认为他们的工作会得到客观评价。有50%以上的劳动者不止1次转换工作，且女性劳动者转换工作的次数明显高于男性。

（七）工作稳定、工资收入与升职加薪是劳动者择业主要考虑的因素

样本中有近半数的劳动者认为工作稳定是择业时最主要的考虑因素，其中女性劳动者择业时看重稳定的比例明显高于男性；升职加薪与带薪休假是劳动者最想提升的两种福利，其中男性劳动者更偏爱升职加薪，而女性劳动者更偏好带薪休假；工资激励是使劳动者安心工作的主要方式，并且女性劳动者对工资激励的反映更加敏感。

（八）一部分劳动者对工作认同感有待提高

由半数以上劳动者的工作内容没能实现其所追求的生活方式；发工资与晋升是劳动者工作中最快乐的时刻，这也说明工资激励与合理的职业晋升渠道对劳动者意义重大；样本中劳动者对其工作强度和工作环境是较为满意的，而管理方式、员工与领导之间及同事之间的关系有待进一步提高。

（九）就业满意度分析

由就业满意度分析可知对同事满意度排在首位，均值为4.73，而薪酬

满意度排在第二位，均值为 4.30，表明目前大学毕业生在对就业质量满意度中，与薪酬满意度相比较，更为关切的是与同事之间是否和谐相处。对工作整体满意度、工作内容满意度、晋升机会满意度、福利待遇满意度、操作程序满意度等均值接近于 4，表明大学毕业生对以上这些方面较为满意；管理者满意度和工作稳定性满意度的均值接近于 3，表明在实际工作中领导对大学毕业生的意见不够重视致使大学毕业生对领导主观满意度不高。因此，企业的领导层要认识到新一代大学毕业生的特点，了解他们个性化的需求；尊重大学毕业生的表达权，允许他们提出不同的意见和建议，对于意见要予以及时的回应，对于合理的建议要予以认可、采纳；应制定有效的工资奖励机制，合理界定解雇风险及注重构建上下级之间和谐的沟通交流和人际关系。

九、劳动力市场存在性别歧视

本书对男女大学生在就业性别差异、基层就业意愿两个方面进行了对比分析，并剖析了不同类型女大学生的就业歧视、基层就业意愿以及婚恋生育等专属性问题，得出如下结论：

同等条件下，女生比男生遭受歧视的概率高 20 个百分点以上。最容易受到就业歧视的是来自于普通院校、农村等地区的女硕士毕业生，她们遭遇就业歧视的概率为 73.24%；而全国重点院校、省会及以上大城市的非硕士男生遭遇歧视的概率最低，为 26.11%。由于性别歧视的存在，更多的女生转而选择基层就业，不同群体女生的基层就业意愿均比同类男生高 3 个百分点以上。见表 11.1。

表 11.1　　　　男女大学生就业相关问题对比结果

分析因素	是否受到就业歧视	是否愿意接受基层就业岗位
性别	△	△
民族	O	O
全国重点院校	△	△
区域知名院校	O	△
本科毕业生	O	△

分析因素	是否受到就业歧视	是否愿意接受基层就业岗位
硕士毕业生	△	O
来自省会及以上大城市	△	△
来自中小城市	△	△

注：△代表显著性影响，O代表影响不显著。

院校层次高的女生，研究生学历及来自中小城市的女生更加担心婚恋对就业的影响。相对于女硕士生和女博士生，女本科生对生育的负面影响担心较小。此外，当代女大学生的自我满意度普遍不低，女硕士生的自我评价高于非硕士女生。对比结果见表11.2。

表11.2　　　　　　　　不同类型女大学生就业对比结果

分析因素	是否容易遭遇就业歧视	是否愿意去基层就业各位	是否担心婚恋影响	是否担心生育影响	自我评价
民族	O	O	O	O	O
全国重点院校	O	O	△	O	O
区域知名院校	O	△	△	O	O
本科毕业生	△	△	O	△	O
硕士毕业生	O	△	△	O	△
省会及以上大城市	△	△	O	O	O
中小城市	△	O	△	O	O

注释：△代表显著性影响，O代表影响不显著。

女性劳动人权作为女性人权体系中的重要组成部分，对于广大女性群体来讲具有极为重要的价值与深远的意义。劳动力市场中性别歧视的存在造成了福利和经济效率的双重损失，并与人力资本投资之间产生交互作用，严重阻碍女性群体对劳动人权的公平享有，影响女性人才资源的合理利用，而且导致社会人力资源的闲置和浪费。从经济学角度分析了劳动力市场性别歧视带来的危害，并揭示出我国现有法律法规存在的不足。

工资和就业越来越具有竞争性，市场中也同时普遍存在有着深厚历史渊源的工资和就业差别，经济理论要想清楚地解释歧视行为，单靠假设是远远不够的。除了根植于文化的观念难以动摇，在劳动力市场上，被歧视群体因其缺乏资源禀赋而无力抵抗以至深受其害，而强势的歧视群体掌握大量的"资源禀赋"，受损甚微，并且偏好得到了极大的满足，被歧视群体与歧视群体所分担的歧视成本是不成比例的，前者负担得多，后者负担得少。市场虽然没有实现效率的最大化，无论是雇主、雇员或顾客，只要他们的歧视偏好存在，就必然会有不同程度的福利损失，而相比于弱势群体而言，强势群体的福利流失只占其总消费支出很少的部分，因此，由强势群体主导的市场形势与方向，自然使歧视这种"劣根性"的行为难以杜绝。就业存在性别歧视现象是人力资本投资出现性别倾向的主要原因，这会增加社会经济成本，降低人力资本投资的效率。这种低效率的资源配置方式形成了一个"就业性别歧视—人力资本投资性别倾向—就业性别歧视"的恶性循环。

中华人民共和国成立以来，我国政府非常重视"男女平等"问题，并相应地制定了一系列法律法规加以保护妇女权益，这些法律与法规在维护和保障女性权益方面发挥了重要作用，但是，随着经济社会的发展，法律本身相对滞后以及法律的执行和实施仍存在一些问题需要改进：第一，我国很多法律法规相对滞后，界定不够严格；第二，现存法律执行存在问题；第三，法律实施机构不健全，缺少专设机构。

第二节　政策建议

一、人力资本教育投资的内容和结构有待优化

对产业转型和就业调整政策的认知，因样本职工受教育水平的不同而表现出差异。按学历划分，对产业转型和就业调整政策的关注程度，由高到低依次为博士、硕士、本科、高中、专科。从这个角度看，提高中国劳动者的受教育水平有助于增强劳动者人力资本的资源配置能力，加强其对经济发展形势和就业环境的整体把握，能够尽快实现就业结构对产业转型的适应性调整。

因此，中国应加大高等教育的投资力度，改善学校的教育教学环境，为更多的人提供受教育的机会，从而保证学生获得高水平教育，提升高等教育质量，为社会输送高素质人才。增加高等教育投资，能在一定程度上

缓解就业结构与产业转型不匹配的问题。

值得注意的是，样本中具有专科学历的企业职工对产业转型和就业调整政策的关注情况最差，反映出这类群体的人力资本资源配置能力最弱，这在一定程度上也说明了中国职业教育内容的缺失。而潘士远、林毅夫指出职业教育是中国减少结构性失业，促进产业转型和升级的关键。但由于中国财政仍然是培训补贴的重要渠道，劳动力培训资金多头管理现象突出，资金分散和部门利益倾向，严重阻碍了职业教育的发展。因此，我国应将职业教育纳入经济社会发展和产业规划，使职业教育规模、专业设置与经济发展相协调。优化职业教育的资源配置，注重培养实践技能和实际工作能力的应用型人才和具有一定文化水平和专业知识技能的劳动者。

当前中国正面临着巨大的技工缺口问题，职业教育发展没有实现与区域劳动力市场的需求相匹配。中国社会科学院社会学研究所副所长陈光金指出，"当前中国劳动力市场就业格局仍然是工业化中期阶段的特征，整个劳动力市场需求比较多地集中在生产运输、设备操作和一般商业服务业人员这两大类部门，这两大部门的就业用工需求占了 66.4%，接近 2/3。就业的结构性矛盾仍然很大，技术工人严重短缺的问题还没有缓解"。近期有多个省市表示其劳动力市场中存在巨大的技工缺口，例如，珠海市发布的《2012—2013 年珠海市紧缺技工工种目录》显示，珠海存在 76 个紧缺工种，技工缺口达 12 万；浙江省高级蓝领人才缺口达 50% 以上，高级技工的就业率可实现 100%；遂宁市新闻网日前公布该市企业出现"技工荒"，技能人才"青黄不接"。

中国当务之急是大力发展职业教育，建设紧贴产业需求、校企深度融合的专业，培养实践技能和实际工作能力的应用型人才和具有一定文化水平和专业知识技能的劳动者。将职业教育纳入经济社会发展和产业规划，使职业教育规模、专业设置与经济发展相协调。

另外，中国应鼓励民办教育，提升教育效率。公立学校由国家拨款，教学内容偏重于对基础学科学习和研究，课程设置的实用性不足；而私立学校依托市场，其课程设置必须满足市场需求，课程内容的应用型较强。当前中国各级各类教育处于被公立教育垄断的状态，而民办教育市场仍处于初级阶段，有待完善。因此，在保证国家对基本教育投入的基础上，应大力调动社会和市场力量，鼓励和完善私人办学，保证教育的多元化发展。私立学校能够紧贴市场需求，灵敏的"嗅到"市场上短缺的人才，并有针对性地进行教育和培训，能够迅速解决区域人才来源短缺问题，促进区域经济发展。

二、大学毕业生应优化自身的择业策略

（一）对于毕业后是否继续深造，大学生应结合自身实际情况理性选择

学位层次与整体就业质量水平是正向相关的，学位越高相对应的就业质量就越高，但这并不能说明大学毕业生就一定要选择继续深造而放弃直接就业。这是因为，继续深造会产生大量的金钱和时间成本，虽然可以得到更高就业质量的回报，但是回报率的高低却由个人能力和具体情况而定。所以不要因为逃避就业或者盲目跟风而去选择考研、考博，要综合考虑家庭和自身的情况做出适合自己的理性选择。

（二）博士毕业生应脚踏实地，充分提高各方面素质和能力

博士毕业生在教育投资方面较高成本的投入，使其在拥有了较高知识水平的同时，也存在对就业的过高期望，希望自己的高学历在单位的重视和晋升方面能有所体现。但是高学历和高知识并不一定代表高能力，由于博士毕业生把大部分精力都用在学习知识上，却容易忽略了人际关系等其他社会能力的培养和提升，当遇到与自己的期望不相符的情况，就会在主观因素上产生较低的就业质量评价。所以，对于博士毕业生来说，对于自身的学历和就业应该正确认识，脚踏实地的工作，努力提高自身的综合素质，以自己的工作能力和个人魅力来赢得单位的认可与重用，拥有更加广阔的职业发展空间。

（三）大学毕业生应采取主观与客观相结合的二元择业策略

根据就业质量在不同单位性质的比较与排序，国企和外企的整体就业质量水平最高，这与现实中大学毕业生的选择意愿是相一致的。但是国企和外企吸纳就业的能力毕竟有限，而且国家为鼓励大学毕业生到基层就业、实行自主创业所做的政策上的倾斜，可以在一定程度上促进其就业质量的提高。因此，大学毕业生应采取主客观相结合的二元择业策略，即在考虑主观意愿的同时，也应注重客观情况把握时机，放弃那些"非国企、

外企不嫁"的择业观，到一些发展前景比较好、工资待遇比较高的民营企业就业不失为一个明智的选择。而对于政府部门和事业单位的选择则需要冷静对待，虽然其就业稳定性较高，但是实际整体的就业质量却处于较低的层次，而且其竞争激烈程度不亚于国企，因此"考公务员热"确实需要冷却一下了。目前为了配合养老保险制度改革，国家计划实施机关事业单位调薪政策，希望会对其从业人员的就业质量有所改善。

三、加强制度建设，采用积极措施应对性别歧视

女性平等就业能够促进实现社会公平和正义。一个公正的社会，应该尊重每一个人的尊严，保证每个人的自由和平等。就业性别歧视及社会性别排斥剥夺了女性劳动力的公平就业权，进而剥夺了女性更多地参与社会的机会，既有违公平与正义原则，也会进一步导致社会不公和市场在低效率中徘徊，因此应该采取措施对女性劳动人权进行有效保护，以保证女性在劳动力市场中享有自由和平等的权利。

（一）女性大学毕业生应注重增加自身的人力资本投资

首先，一般来说女性的受教育水平普遍低于男性，而女性的教育回报率却比男性要高，并且就本书的研究结论来看，工作收入与教育层次是正向相关的，因此建议女性大学生可以考虑通过教育层次的提高，增强自身在劳动力市场上的竞争力与择业优势。其次，本书研究结果证明，女性大学生的在职培训上的就业质量评价低于男性，因此女性大学生还应做好自身的职业发展规划，积极参与单位提供的职业培训，提高自身的业务知识水平，为今后的个人发展做好充分的准备。

（二）政府应对产生性别收入差距的性别歧视采取政策干预

首先，政府可以对用人单位进行奖惩并用的方式，具体可以按照工作性质和特点，对雇佣超过一定比例女性员工的单位实行补贴，同时对于雇佣低于一定比例女性员工的单位进行惩罚，若有单位被举报采取了性别歧视的行为，经查属实后，对其进行经济处罚。其次，由于社会性别角色造成家庭分工的不同，女性承担了过多的家务劳动，而家务劳动的工资惩罚效应使其更趋于从事收入更低的职业和职位，因此，政府可以建立公共托

幼服务体系，将正处于婴幼儿养育期的女大学毕业生从家务劳动中解放出来，以增加其社会劳动的参与。

（三）男性大学毕业生应注重工作和家庭之间的平衡

社会性别角色的不同给男性带来过大的社会压力，使得男性大学毕业生过分注重社会地位与工作成就，并把过多的时间和精力配置在工作上，导致工作带来较差的精神感受，并使其在工作和家庭中的时间分配失衡。因此对处于事业建设期的男性大学毕业生来说，首先对于工作压力要正确面对，通过自身能力的提升、工作经验的积累以及拥有正能量的心态，积极应对工作中的诸多问题；其次，要注重工作和家庭之间的平衡，更多地参与到家庭劳动中来，既可以缓解工作压力并享受家庭生活的乐趣，又有利于增加家庭中的女性成员的社会劳动参与。

（四）降低女大学生雇佣成本

同等情况下，厂商愿意选择生产率水平高或雇佣成本相对较低的劳动力。女性因为承担了生育和抚养子女的责任，无法与男性一样全身心投入工作，且需要一定的补偿（带薪产假等），被视为雇佣成本高于男性，这成为被歧视的"正当理由"。因此，成立由政府、企业和个人共同承担的女性生育保障机制是十分必要的。改革生育保障制度，设立生育基金，由社会来承担生育成本、产假补贴等，以此来降低或消除市场中女性"额外"的雇佣成本，使理性的厂商在选择男女就业时无差别。

（五）提高女大学生劳动者的资源禀赋

教育、培训和健康保健可以直接提高劳动生产率水平。在竞争的劳动力市场中，改变性别弱势地位最有效的办法就是提高女性的劳动生产率。为此，政府应积极组织各类女性发展项目，并在政策上给予支持，包括：税收减免、低息贷款等，在制定各项政策同时，政府需要有效引导企业实施性别平等措施。同时，鼓励民间团体、企业或个人设置各类女性教育基金、女员工职业培训基金、女性健康保健基金等，是女性劳动者改变弱势地位的关键所在。

（六）提高劳动力市场歧视成本

在降低女性雇佣成本、提高女性资源禀赋的同时，建设和完善反歧视制度。建议政府制定反歧视的专门法律，对性别歧视的定义、种类、判断标准、抗辩事由等事项做出详细规定，明确不同违法行为的具体法律责任。对违反"反歧视法"者严惩不贷，并对造成的损害给予补偿，同时还要明确对被歧视者的援助措施。建议政府成立平等就业委员会专门机构，赋予其监督、仲裁和执行功能，加强违法的惩罚力度。政府的有效干预，将大大提高歧视成本，使持有歧视偏见者望而却步。

（七）建设公共政策

观念的更新是改善目前我国职业性别隔离和提高女性社会地位的一个重要前提。对于性别刻板印象的改造将是一个困难和漫长的过程，因为它与传统习俗和文化联系在一起，并以制度化或非制度化的形式存在。有关研究显示，我国的女性就业存在着两个问题：一是广泛存在的对于女性能力的怀疑；二是女性对自身能力的不自信。在传统文化、观念和习俗影响下，甚至大多数女性劳动力长期遭受歧视和社会性别排斥却反抗不足。她们就业艰难，即使同样就业却也得不到同样的待遇，他们积弱积贫，因为贫弱所以被排斥在社会各项参与的边缘，由此更加低微和不自信……这种恶性循环使性别社会角色牢牢定位，严重影响了女性的发展和社会的和谐。

当今社会对女性的角色期待和评价仍然以传统的性别分工要求为标准，要消除劳动力市场中的性别歧视和社会性别排斥，建议政府逐渐引导建立以两性全面、和谐发展为目标的先进性别文化，在全社会树立尊重妇女的进步观念。但是，过往的实践证明，单方面的宣传力量有限，激励型的制度效果却反响不凡。

除此以外，转变观念还需要女性自身的努力，建议女性劳动者积极强化自身的素质和能力，逐渐磨炼坚强的心理和顽强的意志，增加竞争和市场意识，积极主动地寻求发展机会，依靠自己的勤奋及成就改变社会的评价。

（八）建立联系网络

劳动力市场性别歧视导致女性劳动者在经济方面就业和发展机会不如男性，在社会方面表现在网络弱化，社会关系疏离、社会地位降低，被排斥于社会各项参与的边缘进而逐渐贫弱化。社会网络以及社会关系都是一种社会资源，它们提供着信息、机会和支持。特别建议政府积极地组织或建立各种女性社团，承担起更多的经济援助和社会支持的责任，帮扶那些无助的女性劳动者，使她们有基本的力量迎接一次又一次竞争的考验。当然也特别建议民间有识之士、甚至是女性劳动者自己组织和建立"互助会"，团结起来，积弱成强，勇敢地应对市场和社会的种种不如意、不公平。毕竟，世界上从来就没有什么救世主，改变经济境况也好、提高社会地位也好，最可信赖的是要靠我们自己。

（九）建立性别平等意识

公共政策对市场和社会有直接或间接的引导作用，女性劳动力是推动经济发展与社会进步不可或缺力量，公共政策不仅要赋予两性经济和社会的平等权利，也需要根据客观的生理属性给予女性以特别的保障。建议政府在社会保障制度改革的目标中纳入性别平等的意识。在各项保障制度改革中纳入性别平等的视角，以确保社会保障制度协调、维护社会成员之间公平发展目标的真正实现。世界银行的一份报告曾指出，政府的任务及其政策问题应为：采取有效的行动支持市场的有效运转，鼓励生产性投资，对受到歧视或处于不利地位的劳动者给予帮助。因而以实现社会公平为目标的政府，完全有责任将性别意识纳入决策过程中，不仅使政策在制定、执行过程中不因性别意识的缺失而产生性别歧视，还要制定向女性倾斜的政策，同时通过就业制度、社会保障制度等制度改革与创新，从根本上保障并实现我国妇女的公平就业权利并为此创造经济、社会、法律的制度环境。

（十）完善女性劳动人权保护的法律法规

我国现行立法对女性就业权的规定有些倾斜保护，但由于我国现行法律对就业歧视问题规定的缺失以及执法过程中存在的各种问题，所以有必要对现有的法律法规进行完善，增强法律法规实施上的可操作性。

对现有法律法规的完善主要包括：第一，修订和完善《劳动法》，将现有法律实施落实到位，并规定具体的赔偿条款，加大处罚力度，加强对女性的特殊保护。第二，应完善《妇女权益保障法》，将立法改为授权性立法，从消除歧视和关注弱势群体两方面强调政府社会和学校的责任和义务。第三，完善《女职工劳动保护规定》，以进一步保障女职工平等的就业权利、生育保障权利、健康权利和法律权利。第四，完善妇女生育保险制度，要完善生育保护社会化。使招用女职工特殊成本得到分摊，创造女性就业的有利环境，扩大生育保险覆盖范围。改变传统的产假养育模式，男女两性共同承担责任，给予男性一定期限的育儿假和特别的休假日，与女性共同承担养育的责任。第五，完善劳动争议调解仲裁法，具体包括完善集体争议处理机制，改革劳动争议仲裁体制及程序。

（十一）建立女性维权机构

近几十年来，各国建立专门的妇女维权机构是一个普遍的现象。很多国家设立"平等机会委员会"等专门机构，这些机构被赋予很大权力，以调解劳资矛盾、发布有约束力的命令等。如韩国 2001 年 1 月 29 日成立了性别平等部，其主要职能是制定和协调政府级的性别政策；进行性别分析和评估；消除性别歧视，根除对妇女的暴力；调查和纠正在就业、教育、资源分配、设施和服务中的性别歧视；发展与非政府组织和国际组织的合作关系。2003 年，韩国又成立了直属于总理的妇女政策协调委员会，负责性别平等政策的制定和修订。美国成立了"公平就业委员会"（简称 EEOC），负责调查歧视申诉和代表申诉者进行起诉。EEOC 的建立极大地加强了联邦政府推行公平就业机会法律的能力。

我国没有"公平就业委员会"这样的准司法机构，因此建议国家设立专门的妇女维权机构，强化政府保障妇女人权的责任，把妇女人权纳入各级政府的优先事项，设立专门的性别平等政策评价、监督机构。在全面评价和监督国家和地方政府在政治、经济、社会、文化各领域男女平等参与的政策的制定及实施状况时，将劳动力市场上的性别平等作为重要评价和监督内容。劳动部、人事部连同全国妇联及工会设立专门的性别就业权利监督机构，这一机构的职能可以仿效美国的平等就业机会委员会，对就业平等进行主动的监督，要求有一定规模的用人单位提供周期性的汇报，并接受举报和投诉，定期检查性别就业比例的落实情况，及时处理性别歧视的行为，从而切实保障妇女的就业权利。

（十二）加强女性劳动人权保护的法律监督

随着市场经济的快速发展和就业压力的不断增大，必然导致就业过程中存在的就业歧视问题也会愈加突出，这就必然要求作为我国专门监督劳动法律执行情况的劳动保障监察部门应该顺应社会形势，加大执法监察力度，以保障女性劳动者免受就业歧视的侵害，维护就业领域的公平公正。另外，除了专门机关的法律监督，还应该加强其他社会主体的监督，如其他国家机关、社会组织和公民个人的法律监督，以便从各个方面去监督用人单位对劳动保障有关法律的实施情况，最大限度地避免企业对女性职工劳动人权的侵害。

（十三）加强国际合作，提高我国女性劳动人权的保护水平

为提高我国女性劳动人权的保护水平，我们必然要在立足国内社会的基础上，借鉴美国等其他发达国家的经验并且努力学习贯彻国际公约所传达的精神，加强国际交流与合作。从而能够多角度的观察研究问题，做到取长补短，全面考量及统筹规划，最后落实到我国法律建设的实处。力争建立起一套完善而切合实际的法律体制，使我国的人权保护水平更加接近于国际社会的趋势，使我国女性的劳动人权真正获得有效的法律保护。

四、增强人际关系与工资激励提高就业满意度

其一，在大学毕业生就业质量满意度中，对同事满意度排在就业质量满意度权重分析的首位，超过了薪酬满意度，这打破人们以工资薪酬为重的传统观点，表明新一代大学毕业生更加看重与同事之间的关系。因此，企业应充分认识到同事之间关系的重要性，充当好组织者、协调者的角色，为大学毕业生提供更多交流合作的机会；同时，大学毕业生也要提升自身的交流沟通能力，善于与同事进行日常工作中的沟通，构建出和谐健康的人际关系。

其二，企业满意度中的领导对下属意见重视度和下属对领导的主观满意度的排名均较低，表明在实际工作中领导对大学毕业生的意见不够重视致使大学毕业生对领导主观满意度不高。因此，企业的领导层要认识到新一代大学毕业生的特点，了解他们个性化的需求；尊重大学毕业生的表达权，允许他们提出不同的意见和建议，对于意见要予以及时的回应，对于合理的建议要予以认可、采纳；可通过建立与大学毕业生进行定期座谈的制度，及时了解他们的动向，加强沟通交流。

其三，薪酬满意度对大学毕业生就业质量满意度中的个人满意度有重

要影响，说明大学毕业生还是很看重薪酬的，这可能与大学毕业生的起薪较低、涨薪机会较少等有关。对于大学毕业生较低的起薪，企业不应因为大学毕业生初进工作岗位就给较低的工资，而应根据他们能力水平的高低来制定相应的工资标准；企业应根据大学毕业生的工作绩效、公司的业绩及时调整他们的工资水平，使其工资得到合理的增长，工资增幅符合自身的预期。

其四，他人晋升机会对大学毕业生发展机会满意度的影响超过自身晋升机会，表明大学毕业生更加在意他人是否得到了晋升，如果他人得到晋升而自身未得到晋升，则会降低就业质量的满意度水平，即存在一定的攀比心理。因此，企业应建立公平合理的职位晋升机制，让那些真正有能力的大学毕业生得到提拔，任人唯贤，降低因晋升不公导致的对发展机会的不满；同时，大学毕业生应树立良好的心态，拒绝盲目攀比，立足自身实际，不断提升业务水平和工作能力，依靠实力赢得上级和同事的认可，从而得到职位上的晋升。

结　语

关于就业质量问题，国外无论理论还是经验研究都渐为成熟，而国内的研究则方兴未艾。"十二五"乃至未来更长一段时间内，我国劳动力市场发展趋势将发生一系列变化：一方面，以劳动力数量密集、成本低廉为前提的经济增长模式难以为继；另一方面，随着产业结构的升级，提升劳动者就业质量日趋成为迫切需要。本书作为一项应用性研究，希望以研究成果的形式，为政府有关部门制定和调整有关推动实现更高质量的就业提供新思路、新选择，为我国构建政府、用人单位、劳动者三位一体提升就业质量整体设计提供思路和可操作的方法。

本书通过四篇内容来研究大学生就业质量问题，包括研究背景与理论基础，宏观经济因素与大学生就业质量，微观视角下大学生就业质量问题研究，结论及与政策建议共计四部分。主要得到以下几方面的结论：

第一，人力资本对大学毕业生就业存在多元化影响。教育投资对劳动者就业的影响是综合的，既有提高劳动生产率、技能水平的功能，也有信号功能，同时在一定程度上也具有社会化功能。

第二，过渡教育现象明显。在各学历层次中，专科学历人才主要表现为教育不足，绝大多数本科学历人才是教育适度的，硕士和博士学历人才普遍表现为教育过度。样本中 25 岁以下和 40 岁以上的劳动者教育过度发生率较低，教育不足发生率较高；与 2012 年相比，2014 年样本中女性劳动者的过度教育和适度教育发生率显著低于男性劳动者，而教育不足发生率显著高于男性；从企业所有制差异来看，事业单位、政府部门和国有企业的教育过度发生率较高，教育不足发生率较低；而民营企业和三资企业的教育过度发生率相对较低，教育不足发生率相对较高。

第三，经济增长对大学毕业生就业的拉动作用有待增强。各产业部门对大学生的吸纳能力存在较大差异，具体来看，第一产业对高校毕业生就业的吸纳能力最弱；在第二产业中，工业对高校毕业生就业的吸纳能力明显高于第一产业，2012年在该行业就业的专科、本科和研究生学历劳动者分别占13.3%、16.5%和17.2%；第三产业吸纳绝大多数的高校毕业生，2012年在领域就业的高校毕业生占70%以上，该产业内各行业对高校毕业生就业的吸纳能力由高到低依次为社会服务业、生产性服务业和流通性服务业。

第四，经济和生源地因素影响大学毕业生省际流动。二者对各学历层次劳动者的影响程度不同，具体表现在经济因素对跨省就业的影响随劳动者学历层次的提高而增大，样本中大学生的跨省流动主要流向人均GDP水平低于院校所在地的城市，不同学历劳动者的跨省就业发生率存在显著差异，且随劳动者学历层次的提高而增大。而生源地因素对跨省就业的影响随劳动者学历层次的提高而降低，劳动者的跨省就业发生率关于毕业院校所属区域的差异是显著的，由低到高依次为中部地区、东部地区和西部地区。

第五，森框架下大学毕业生职业健康与可行能力有待提升。基于阿玛蒂亚·森的可行能力理论，实证研究发现男性和女性在就业满意度和职业健康方面差异不显著，而男性的可行能力显著高于女性。随着年龄的增加，就业满意度变化不明显，可行能力呈上升趋势，而职业健康先下降后上升。已婚者在就业满意度方面显著优于未婚者，而在职业健康方面明显劣于未婚者，在可行能力方面已婚者和未婚者差异不明显。随着学历的升高，就业满意度和可行能力显著更高，而职业健康状况更差。

第六，工作特征是影响大学毕业生健康的重要变量。总体而言，就业对中国大学毕业生健康状况的积极影响的比例低于消极影响的比例，社会人口学特征中教育对健康呈现负向影响；工作要求变量中工作时间和工作安全风险对健康有显著的负向影响。对女性大学毕业生工作者而言，较高的工作能力要求是一种挑战性工作要求，一定程度上利于其健康状况的提升。工作资源变量中的薪资福利对健康影响较稳健的是绝对收入对女性健康的影响，收入越高的女性其健康状况越差，工作控制水平越高、组织公正性越高、工作意义越大，健康状况越好。

第七，大学毕业生的就业质量存在学历与单位性质差异。学位层次与大学毕业生就业质量之间存在着正相关关系；学位层次在工资与福利因素上所体现的组间差别较大，博士毕业生在劳动关系因素上出现了低就业质量的特殊情况。大学毕业生就业质量在单位性质上存在比较明显的组间差距，国有企业的大学毕业生就业质量最高，其次是三资企业，最后事业单位、政府部门、民营企业和集体企业依次降低。

第八，大学毕业生客观表现欠佳、学历和性别差异明显、主观满意度有待提高。大学毕业生的收入水平较低，且存在学历和性别差异；工作强度较大且女性的工作强度明显大于男性；一部分大学毕业生工作压力较大以及劳资关系较为紧张，且存在性别差异；相当一部分劳动者的技能水平与工作岗位不匹配且可替代性较高，其对工作认同感和就业满意度有待提高。

第九，劳动力市场存在性别歧视。同等条件下，女生比男生遭受歧视的概率高20个百分点以上。最容易受到就业歧视的是来自于普通院校、农村等地区的女硕士毕业生，院校层次高的女生，研究生学历及来自中小城市的女生更加担心婚恋对就业的影响。

在此研究结论基础上，我们有针对性地提出了以下建议：政府和高校应该加大高等教育的投资力度，改善学校的教育教学环境，提升教育质量，优化人力资本教育投资的结构和内容，保证教育的多元化发展，能在一定程度上缓解就业结构与产业转型不匹配的问题。政府应对产生性别收入差距的性别歧视采取政策干预，制定反歧视的专门法律，对性别歧视的定义、种类、判断标准、抗辩事由等事项做出详细规定，明确不同违法行为的具体法律责任。政府应当改革生育保障制度，设立生育基金，由社会来承担生育成本、产假补贴等，以此来降低或消除市场中女性"额外"的雇佣成本，使理性的厂商在选择男女就业时无差别。

对于企业而言，遵守《劳动法》《女职工劳动保护规定》等相关制度及法律法规，保护女性员工的合法权益不受侵害，充当好组织者、协调者的角色，为大学毕业生提供更多交流合作的机会；企业可通过建立与大学毕业生进行定期座谈的制度，及时了解他们的动向，加强沟通交流，充分尊重大学毕业生的表达权，对于合理的意见和建议要予以及时回应、认可及采纳。企业应当制定相应合理的工资标准，如应根据大学毕业生的工作绩效、公司的业绩及时调整他们的工资水平，使其工资得到合理的增长，工资增幅符合自身的预期，同时制定合理公平的职位晋升机制。

大学毕业生自身应该优化自设择业选择，采取主观和客观相结合的二元择业理念，树立良好的心态，拒绝盲目攀比，立足自身实际，不断提升业务水平和工作能力，依靠实力赢得上级和同事的认可，从而得到职位上的晋升。特别是女大学毕业生应该注重增加自身的人力资本投资，做好自身的职业发展规划，积极参与单位提供的职业培训，提高业务知识水平，积极强化素质和能力，增加竞争和市场意识，积极主动地寻求发展机会。男大学毕业生对于工作压力要正确面对，通过自身能力的提升、工作经验的积累以及拥有正能量的心态，积极应对工作中的诸多问题；同时还要注重工作和家庭之间的平衡，更多地参与到家庭劳动中来，既可以缓解工作压力并享受家庭生活的乐趣。通过采取以上措施，可以全方位、多层面的提升我国大学毕业生的就业质量，并不断推进经济社会健康稳定、可持续发展。

　　总之，大学生作为祖国未来的建设者和接班人，一定要铭记自己肩负着国家经济发展的重任，时刻提醒自己：成功没有快车道，愉悦没有高速路。所有的成功，都来自不倦的发奋和奔跑；所有的愉悦，都来自平凡的奋斗和坚持。稻盛和夫曾经说过："人生的道路都是由心来描绘的。所以，无论自己处于多么严酷的境遇之中，心头都不应为悲观的思想所萦绕。"

附录：大学毕业生就业质量调查问卷

您好！为了解与研究大学毕业生就业质量，本课题组受国家社科基金资助（项目批准号：14BSH107）开展此次调查。您可根据自身情况，在您认为最适合的选项上打"√"，所得数据仅用于学术研究，在此衷心感谢您的热心支持和参与。

一、基本信息

性别：　A. 男　　　　B. 女	年龄：
婚否：　A. 已婚　　　B. 未婚	政治面貌：A. 中共党员　　B. 其他
学历：　A. 专科　　　B. 本科　　　C. 硕士研究生　　　D. 博士研究生	
生源地：　　　　省/直辖市　　　　　地级市/区	
毕业学校及专业（请依次填写）：	
单位性质：A. 政府部门　B. 事业单位　C. 国有企业　D. 民营企业 　　　　　E. 三资企业　F. 集体企业	
从事职业：A 行政管理人员（处级或县乡科级以上干部）　　B 各类经理人员 　　　　　C 教师　　D 公务员　　E 医生　　F 专业技术人员 　　　　　G 个体工商人员　　H 商业、服务业人员　　I 私营企业主	
所属行业： A 农林牧渔业　　B 采矿业　　　C 制造业　　　D 电力、热力、燃气及水生产和供应业 E 建筑业　　F 批发和零售业　　G 交通运输、仓储和邮政业　　H 住宿和餐饮业 I 信息传输、软件和信息技术服务业　　J 金融业　　K 房地产业 L 租赁和商务服务业　　M 科学研究和技术服务业 N 水利、环境和公共设施管理业　　O 居民服务、修理和其他服务业　　P 教育 Q 卫生和社会工作　　R 文化体育和娱乐业　　S 公共管理、社会保障和社会组织 T 国际组织	

二、工作信息

1. 您大致月收入：_____。

A. 3500 元以下　　B. 3500～5000 元　　C. 5000～7500 元

D. 7500～10000 元　　E. 10000 元以上

2. 您的专业与您当前的工作是否对口_____。

A. 对口　　B. 相关　　C. 不对口

3. 您选择目前工作最主要的原因是_____。

A. 收入高　　B. 稳定　　C. 喜欢这种职业　　D. 职业发展空间大

4. 您的合同类型是_____。

A. 劳动合同（_____年制）　　B. 劳务派遣合同　　C. 临时合同

5. 与上一年相比，您的月收入：_____。

A. 增加　　B. 不变　　C. 下降

6. 过去三年中，影响您工作变化的事情_____。

A. 新的工作流程或技术被引进　　B. 大规模的重建或重组

C. 宏观经济政策　　D. 其他

7. 您每周工作的时间_____天，每天约_____小时。

8. 您的工作对您的健康是否有影响？_____

A. 积极影响　　B. 消极影响　　C. 无影响

9. 您的工作是否存在安全的隐患及风险？_____

A. 有　　B. 没有

10. 您采用何种方式通勤_____，单程需要多长时间_____分钟。

A. 自行车或步行　　B. 公交或地铁　　C. 驾车/拼车　　D. 通勤车

11. 您的工作安排会经常改变吗，会提前得到通知吗？_____

A. 不会　　B. 是的，即时得到通知　　C. 是的，提前得到通知

12. 一般情况下，您的工作更倾向于被客观评价吗？_____

A. 是　　B. 否　　C. 部分是

13. 您目前工作能力现状是_____。

A. 需要进一步的培训　　B. 现在的能力足以应对我的工作

C. 有能力应对更高要求的工作　　D. 其他

14. 您工作收入主要包括_____（可多选）。

A. 工资　　B. 津贴　　C. 分红　　D. 奖金　　E. 其他收入

15. 您的工作能否实现您适度追求的生活方式_____。

A. 能　　B. 基本能　　C. 不能

16. 您工作中感受到最快乐的时刻是（注意不是多选）_____。

A. 完成一个项目时　　B. 发工资时　　C. 下班时刻

D. 学习到新知识时　　E. 晋升时刻　　F. 被信任时

G. 意见被采纳时

17. 您有职业危机感吗？_____

A. 经常有　　B. 偶尔有　　C. 没有

18. 您职业危机的原因是_____（可多选）。

A. 年龄　　B. 收入低　　C. 能力不足　　D. 发展空间小

E. 与同事关系不和谐　　F. 目前工作不能适应你追求的生活方式

19. 您现在从事的工作是如何获得的？_____

A. 应聘　　B. 家人或朋友介绍　　C. 学校或机构推荐

20. 除工资以外您最想提升的福利是？（单选）_____

A. 少加班　　B. 带薪休假　　C. 实物或现金福利

D. 集体活动　　E. 提职或加薪　　F. 被客观评价

21. 您是否参加过目前工作的岗位培训_____。

A. 是　　B. 否

22. 以下哪种激励最能让您安心工作（注意不是多选）_____。

A. 提高工资　　B. 授予荣誉称号　　C. 物质奖励　　D. 职务晋升

E. 领导重视

23. 您对目前工作满意的方面有_____（可多选）。

A. 人性化的监管　　B. 良好的环境　　C. 和谐的同事关系

D. 工作强度适中　　E. 上下级关系融洽　　F. 开放式的管理方式

24. 在目前的工作岗位上，您是否容易被其他人替代？_____

A. 不可替代　　B. 较难替代　　C. 很容易被新入职员工替代

25. 您每年享受的实质性带薪休假_____天。

26. 您平均每周向家人或朋友倾诉_____次。

27. 您之前换过几次工作？_____次

28. 满意度量表：

就业质量满意度代码：1：非常不同意；2：一般不同意；3：有点不同意
4：有点同意；　　5：一般同意；　　6：非常同意

1. 总的来说，我对自己的工作非常满意	1	2	3	4	5	6
2. 我总是有跳槽的想法	1	2	3	4	5	6
3. 从事这份工作的人大都对它感到满意	1	2	3	4	5	6
4. 在这个工作岗位的人一般都想着跳槽	1	2	3	4	5	6
5. 就技能和工作中付出的努力，对自身收入满意	1	2	3	4	5	6
6. 薪水增加的太少	1	2	3	4	5	6
7. 我对自己涨薪水的机会感到满意	1	2	3	4	5	6
8. 那些在工作中绩效出色的人都获得了晋升机会	1	2	3	4	5	6
9. 在这工作可以和在别的地方一样发展迅速	1	2	3	4	5	6
10. 我对我的晋升机会感到满意	1	2	3	4	5	6
11. 我的上级很能胜任他（她）的职务	1	2	3	4	5	6
12. 我的上级对我不公平	1	2	3	4	5	6
13. 我的上级对下属的想法一点兴趣也没有	1	2	3	4	5	6
14. 我喜欢我的上级	1	2	3	4	5	6
15. 很多制度和程序都阻碍了工作的顺利完成	1	2	3	4	5	6
16. 我的工作很少被制度和程序打断	1	2	3	4	5	6
17. 我喜欢和我共事的人	1	2	3	4	5	6
18. 工作中经常会和同事发生口角	1	2	3	4	5	6
19. 我有时觉得我的工作一点意义都没有	1	2	3	4	5	6
20. 我有一种对自己从事工作的自豪感	1	2	3	4	5	6
21. 我的工作能使人感到愉快	1	2	3	4	5	6
22. 我面临着随时被解雇的风险	1	2	3	4	5	6
23. 我从事的工作具有稳定的雇佣关系	1	2	3	4	5	6
24. 我对单位提供的福利待遇满意	1	2	3	4	5	6
25. 我获得的福利待遇不比其他单位提供的少	1	2	3	4	5	6

参 考 文 献

［1］阿玛蒂亚·森：《以自由看待发展》，北京：中国人民大学出版社 2002 年版。

［2］包群、邵敏：《外商直接投资与东道国工资差异：基于我国工业行业的经验研究》，载于《管理世界》2008 年第 5 期。

［3］曹淑江、董克用：《我国政府之间高等教育投资责任划分问题研究》，载于《财贸经济》2007 年第 9 期。

［4］曹淑江：《高等教育体制分权问题研究》，中国教育经济年会会议论文 2006 年版。

［5］Yiu Por Chen：《财政分权下的地方经济发展、地方公共品拥挤效应和劳动力流动——以 1982~1987 年为例》，载于《世界经济文汇》2009 年第 4 期。

［6］陈海秋：《提升农民工就业质量的政策建议》，载于《湖南财经高等专科学校学报》2009 年第 1 期。

［7］陈琳、林珏：《外商直接投对中国制造业企业的溢出效应：基于企业所有制结构的视角》，载于《管理世界》2009 年第 9 期。

［8］陈韶、何绍彬：《高校毕业生就业质量评价系统的建设》，载于《广东工业大学学报（社会科学版）》2010 年第 3 期。

［9］陈弋、Stylvie Demurger、Martin Fournier：《中国企业的工资差异和所有制结构》，载于《世界经济文汇》2005 年第 6 期。

［10］陈桢：《经济增长与就业增长关系的实证研究》，载于《经济学家》2008 年第 2 期。

［11］程蹊、尹宁波：《浅析农民工的就业质量与权益保护》，载于《农业经济》2003 年第 11 期。

［12］代懋、王子成、杨伟国：《中国大学生就业匹配质量的影响因素探析》，载于《中国人口科学》2013 年第 6 期。

［13］邓峰、丁小浩：《人力资本、劳动力市场分割与性别收入差距》，

载于《社会学研究》2012 年第 5 期。

[14] 丁赛、董晓媛：《经济转型下的中国城镇女性就业、收入及其对家庭收入不平等的影响》，载于《经济学（季刊）》2007 年第 6 期。

[15] 范皑皑、丁小浩：《谁的文凭贬值了——分割的劳动力市场视角下的过度教育问题研究》，载于《教育发展研究》2013 第 17 期。

[16] 葛玉好、牟小凡、刘峰：《大学生就业地域选择的影响因素分析——基于扩展的托达罗人口流动模型》，载于《中国人民大学教育学刊》2011 年第 4 期。

[17] 葛玉好、曾湘泉：《市场歧视对城镇地区性别工资差距的影响》，载于《经济研究》2011 年第 6 期。

[18] 郭凤鸣、张世伟：《国有部门和非国有部门的性别工资差异》，载于《数量经济技术经济研究》2010 年第 12 期。

[19] 国福丽：《国外劳动领域的质量探讨：就业质量的相关范畴》，载于《北京行政学院学报》2009 年第 1 期。

[20] 何雨、陈雯：《当前博士生就业基本特征研究》，载于《青年研究》2008 年第 6 期。

[21] 黄建：《构建毕业生就业指标体系》，载于《中国统计》2005 年第 1 期。

[22] 黄娟：《家庭背景对大学毕业生就业的影响研究》，长沙：湖南师范大学硕士学位论文，2010。

[23] 黄炜、方玖胜：《基于层次分析法大学生就业质量影响因素评价研究》，载于《湖南文理学院学报（自然科学版）》2010 年第 6 期。

[24] 加里·S·贝克尔：《家庭论》，商务印书馆出版社 1998 年版。

[25] 姜献群：《提升大学生就业质量的思考——韩国的经验及启示》，载于《教育发展研究》2014 年第 17 期。

[26] 柯羽：《高校毕业生就业质量评价指标体系的构建》，载于《中国高教研究》2007 年第 7 期。

[27] 柯羽：《基于主成分分析的浙江省大学毕业生就业质量综合评价》，载于《中国高教研究》2010 年第 4 期。

[28] 赖德胜、吉利：《大学生择业取向的制度分析》，载于《宏观经济研究》2003 年第 7 期。

[29] 赖德胜、石丹淅：《我国就业质量状况研究：基于问卷数据的分

析》，载于《中国经济问题》2013 年第 9 期。

［30］赖德胜、苏丽峰、孟大虎、李长安：《中国各地区就业质量测算与评价》，载于《经济理论与经济管理》2011 年第 11 期。

［31］黎登辉：《试论大学生就业安全保障体系的构建》，载于《中国大学生就业》2013 年第 14 期。

［32］李春玲、李实：《市场竞争还是性别歧视——收入性别差异扩大趋势及其原因解释》，载于《社会学研究》2008 年第 2 期。

［33］李翠萍：《护理人员工作特征与自测健康的关系研究》，载于《太原：山西医科大学硕士学位论文》2008。

［34］李锋亮、岳昌君、侯龙龙：《过度教育与教育的信号功能》，载于《经济学（季刊）》2009 年第 2 期。

［35］李军峰：《就业质量的性别比较分析》，载于《市场与人口分析》2003 年第 6 期。

［36］李利英、董晓媛：《性别工资差异中的企业效应》，载于《经济研究》2008 年第 9 期。

［37］李实、宋锦：《中国城镇就业收入差距的扩大及其原因》，载于《经济学动态》2010 年第 10 期。

［38］李雪辉：《许罗丹．FDI 对外资集中地区工资水平影响的实证研究》，载于《南开经济研究》2002 年第 2 期。

［39］李珍珍、封进：《教育对健康的影响——基于上海家庭调查数据的研究》，载于《中国劳动经济学》2006 年第 4 期。

［40］林竹：《新生代农民工就业质量测量与分析》，载于《贵州社会科学》2013 年第 1 期。

［41］刘金菊：《中国人口的教育过度：水平、趋势与差异》，载于《人口研究》2014 年第 5 期。

［42］刘素华：《建立我国就业质量量化评价体系的步骤与方法》，载于《人口与经济》2005 年第 6 期。

［43］刘素华：《就业质量：内涵及其与就业数量的关系》，载于《内蒙古社会科学：汉文版》2005 年第 5 期。

［44］刘妍、李岳云：《2007 城市外来农村劳动力非正规就业的性别差异分析——以南京市为例》，载于《中国农村经济》2007 年第 12 期。

［45］刘瑶：《我国居民工资的所有制差异研究》，载于《数量经济技

术经济研究》2012 年第 11 期。

[46] 刘云波、钟宇平：《香港过度教育现象及其与行业发展的关系分析》，载于《北京大学教育评论》2012 年第 4 期。

[47] 路正飞、王雄元、张鹏：《国有企业支付了更高的职工工资吗？》，载于《经济研究》2012 年第 3 期。

[48] 罗纳德·伊兰伯格、罗伯特·史密斯：《现代劳动经济学——理论与公共政策（第六版）》，中国人民大学出版社 1999 年版。

[49] 罗润东、彭明明：《过度教育及其演变趋势分析——基于 CGSS 受高等教育职工的调查》，载于《经济社会体制比较》2010 年第 5 期。

[50] 马莉萍、潘昆峰：《留还是流？——高校毕业生就业地选择与生源地、院校地关系的实证研究》，载于《清华大学教育研究》2013 年第 5 期。

[51] 马莉萍、岳昌军、闵维方：《高等院校布局与大学生区域流动》，载于《教育发展研究》2009 年第 23 期。

[52] 马庆发：《提升就业质量：职业教育发展的新视角》，载于《教育与职业》2004 年第 12 期。

[53] 孟大虎、苏丽锋、、李璐：《人力资本与大学生的就业实现和就业质量——基于问卷数据的实证分析》，载于《人口与经济》2012 年第 3 期。

[54] 孟大虎、苏丽锋、李璐：《人力资本与大学生的就业实现与就业质量》，载于《人口与经济》2012 年第 3 期。

[55] 缪宇环：《我国过度教育现状及其影响因素探究》，载于《统计研究》2013 年第 7 期。

[56] 潘锦棠：《北京女学生就业供求意向调查分析》，载于《北京社会科学》2004 年第 3 期。

[57] 彭国胜：《人力资本与青年农民工的就业质量——基于长沙市的实证调查》，载于《湖北社会科学》2009 年第 10 期。

[58] 彭红玉：《政府激励与地方政府高等教育竞争》，载于《华中科技大学博士学位论文》2010 年第 6 期。

[59] 钱芳、陈东有、周小刚：《农民工就业质量测算指标体系的构建》，载于《江西社会科学》2013 年第 9 期。

[60] 钱芳：《农民工就业质量测算指标体系的构建》，载于《江西社

会科学》2013年第9期。

[61] 秦建国：《大学生就业质量评价体系探析》，载于《中国青年研究》2007年第3期。

[62] 卿石松、郑加梅：《"同酬"还需"同工"：职位隔离对性别收入差距的作用》，载于《经济学（季刊）》2013年第2期。

[63] 史茜、舒晓兵、罗玉越：《工作需求控制支持压力模型及实证研究评析》，载于《心理科学进展》2010年第4期。

[64] 史淑桃：《大学生就业质量性别差异渐显的原因与对策》，载于《湖北社会科学》2010年第12期。

[65] 史淑桃：《高校毕业生就业质量态势实证研究》，载于《商丘师范学院学报》2008年第4期。

[66] 苏丽峰：《我国新时期个人就业质量研究》，载于《经济学家》2013年第7期。

[67] 苏丽锋：《我国新时期个人就业质量研究——基于调查数据的比较分析》，载于《经济学家》2013年第7期。

[68] 隋艾汝：《山东省县级公立医院卫生人员工作特征与健康相关生命质量关系研究》，载于《济南：山东大学硕士学位论文》2012。

[69] 孙凤、谢维和：《行业吸纳大学生就业的投入产出分析》，载于《中国人口科学》2008年第4期。

[70] 孙志军：《过度教育的经济学研究述评》，载于《经济学动态》2001年第5期。

[71] 孙志军：《中国教育个人收益率研究：一个文献综述及其政策含义》，载于《中国人口科学》2004年第5期。

[72] 陶韶菁、王坤钟：《高校就业服务学生评价指标体系构建的实证研究》，载于《现代教育管理》2009年第9期。

[73] 万远英、尹德志：《大学生综合素质层次分析评价体系及其数学模型》，载于《西南民族大学学报：人文社会科学版》2003年第12期。

[74] 王邦田：《高校毕业生就业质量评价指标体系构建》，载于《医学教育探索》2009年第9期。

[75] 王邦田：《基于集值统计法高校毕业生就业质量评价指标权重的构建》，载于《中国高等医学教育》2010年第3期。

[76] 王美艳：《中国城市劳动力市场上的性别工资差异》，载于《经

济研究》2005 年第 12 期。

[77] 王秋玉、宋兆沛：《构建高校毕业生就业质量评价指标体系的探讨》，载于《沿海企业与科技》2008 年第 3 期。

[78] 王曲、刘民权：《健康的价值及若干决定因素：文献综述》，载于《经济学：季刊》2005 年第 4 期。

[79] 王旭明：《基于模糊综合评判法的高校大学生就业质量评价模型》，载于《浙江海洋学院学报（人文科学版）》2009 年第 2 期。

[80] 韦勇：《新建本科院校毕业生就业质量评价指标体系及其权重测算》，载于《鸡西大学学报》2009 年第 4 期。

[81] 文东茅：《我国高等教育机会、学业及就业的性别比较》，载于《清华大学教育研究》2005 年第 10 期。

[82] 文东茅：《我国高校扩招对毕业生就业影响的实证分析》，载于《高等教育研究》2005 年第 4 期。

[83] 吴亮、张迪、伍新春：《工作特征对工作者的影响——要求－控制模型与工作要求－资源模型的比较》，载于《心理科学进展》2010 年第 2 期。

[84] 吴愈晓、吴晓刚：《城镇的职业性别隔离与收入分层》，载于《社会学研究》2009 年第 4 期。

[85] 吴哲敏、信思金、陈琳、梁海霞：《高校毕业生质量评价体系的构建模型》，载于《武汉理工大学学报》2006 年第 7 期。

[86] 伍海泉、陈锋：《政府间高等教育投资责任划分研究》，载于《财务与金融》2009 年第 1 期。

[87] 武向荣、赖德胜：《过度教育发生率及其影响因素——基于北京市数据的分析》，载于《教育发展研究》2010 年第 9 期。

[88] 武向荣：《西方过度教育的理论综述》，载于《外国教育研究》2006 年第 5 期。

[89] 武向荣：《中国过度教育的收入效应》，载于《北京大学教育评论》2007 年第 2 期。

[90] 西蒙娜·德·波伏：《第二性（Ⅰ、Ⅱ）》，中国书籍出版社1998 年版。

[91] 夏福斌、路晓东：《工作要求——资源理论研究的新进展》，载于《特区经济》2014 年第 3 期。

［92］谢勇：《基于人力资本和社会资本视角的农民工就业境况研究——以南京市为例》，载于《中国农村观察》2009 年第 5 期。

［93］邢春冰：《不同所有制企业的工资决定机制考察》，载于《经济研究》2005 年第 6 期。

［94］邢春冰：《经济转型与不同所有制部门的工资决定》，载于《管理世界》2007 年第 6 期。

［95］徐静娴、吴克明：《大学生就业收益偏低的经济学分析：劳动力流动的视角》，载于《教育科学》2007 年第 6 期。

［96］徐倩、孙海泉：《高职教育优质就业评价指标体系初探》，载于《苏州市职业大学学报》2006 年第 1 期。

［97］许和连、亓朋、李海峥：《外商直接投资、劳动力市场与工资溢出效应》，载于《管理世界》2009 年第 9 期。

［98］雅各布·明塞尔：《人力资本研究——雅各布·明塞尔论文集（第一卷）》，中国经济出版社 2001 年版。

［99］杨德广、张兴：《关于高等教育公平与效率的思考》，载于《北京大学教育评论》2003 年第 1 期。

［100］杨河清、李佳：《大学毕业生就业质量的实证分析》，载于《中国劳动》2007 年第 12 期。

［101］杨钋、门垚、马丽萍：《高校毕业生就业流动现状的分析》，载于《国家教育行政学院学报》2011 年第 4 期。

［102］杨益成：《大学生就业质量研究综述》，载于《当代经济》2014 年第 11 期。

［103］杨泽文、杨全发：《FDI 对中国实际工资水平的影响》，载于《世界经济》2004 年第 12 期。

［104］姚先国、张海峰：《教育、人力资本与地区经济差异》，载于《经济研究》2008 年第 5 期。

［105］叶林祥、李实、罗楚亮：《行业垄断、所有制与企业工资收入差距》，载于《管理世界》2011 年第 4 期

［106］叶文振：《女大学生的"同民同工"——2002 年大学本科毕业生就业调查的启示》，载于《中国人口科学》2002 年第 6 期。

［107］尹志超、甘犁：《公共部门和非公共部门工资差异的实证研究》，载于《经济研究》2009 年第 4 期。

［108］袁红清、李荔清：《农村大学生就业质量分析》，载于《农业经济问题》2013 年第 11 期。

［109］岳昌君：《大学生跨省流动的特点及影响因素分析》，载于《复旦教育论坛》2011 年第 2 期。

［110］岳昌君、刘燕萍：《教育对不同群体收入的影响》，载于《北京大学教育评论》2006 年第 2 期。

［111］曾向昌：《大学毕业生就业率与就业质量的关联性分析》，载于《华南理工大学学报（社会科学版）》2011 年第 4 期。

［112］张车伟、薛欣欣：《国有部门与非国有部门工资差异及人力资本贡献》，载于《经济研究》2008 年第 4 期。

［113］张春雨、张进辅、张苹平、张静秋：《员工过劳现象的形成机理与管理方法——立足工作要求——资源模型的分析》，载于《中国人力资源开发》2010 年第 9 期。

［114］张丹丹：《市场化与性别工资差异研究》，载于《中国人口科学》2004 年第 1 期。

［115］张抗私：《劳动力市场性别歧视与社会性别排斥》，经济科学出版社 2009 年版。

［116］张抗私、盈帅：《性别如何影响就业质量？——基于女大学生就业评价指标体系的经验研究》，载于《财经问题研究》2012 年第 3 期。

［117］张抗私、盈帅：《中国女大学生就业搜寻研究——基于 63 所高校的数据分析》，载于《中国人口科学》2012 年第 1 期。

［118］张琳：《我国中老年人健康需求实证研究——基于性别和城乡的分析》，载于《财经问题研究》2012 年第 11 期。

［119］张勉：《城市贫困群体的就业质量研究》，载于《安徽科技学院学报》2008 年第 2 期。

［120］张晓蓓、亓朋：《我国过度教育现象研究——基于全国综合社会调查数据的分析》，载于《教育发展研究》2010 年第 17 期。

［121］赵晶晶、盛玉雪：《高校毕业生的流动路径及其对区域人才政策的启示》，载于《教育发展研究》2014 年第 23 期。

［122］赵忠、侯振刚：《我国城镇居民的健康需求与 Grossman 模型——来自截面数据的证据》，载于《经济研究》2005 年第 10 期。

［123］郑加梅、卿石松：《家务分工与性别收入差距》，载于《妇女研

究论丛》2014 年第 1 期。

[124] 周其仁:《市场里的企业：一个人力资本与非人力资本的特别合约》，载于《经济研究》1996 年第 6 期。

[125] Anker, R., "Measuring Decent Work with Statistical Indicators", *International Labor Review*, 2003, Vol. 2, 147 – 148.

[126] Bakker, A. B., Demerouti, E., "The Job Demands-Resources Model: State of the Art", *Journal of Managerial Psychology*, 2007, Vol. 22 (3), 309 – 328.

[127] Bartel, A. P., "Race Differences in Job Satisfaction: A Reappraisal", *Journal of Human Resources*, 1981, Vol. 2, 294 – 303.

[128] Beatson, M., "Job Quality and Job Security: An Exploration of the Concept of Job Quality and Ways of Measuring One of Its Aspects, Job Security", *Labour Market Trends*, 2000, Vol. 10, 102 – 110.

[129] Beatson, M., "Job quality and job security: An exploration of the concept of job quality and ways of measuring one of its aspects, job security", *Labour Market Trends*, 2000, Vol. 10, 102 – 110.

[130] Bender, K. A. and Sloane, P. J., "Job Satisfaction, Trade Unions, and Exit – Voice Revisited", *Industrial & Labor Relations Review*, 1998, Vol. 51 (2), 222 – 240.

[131] Borg, V., Kristensen, T. S., "Social Class and Self-rated Health: Can the Gradient be Explained by Differences in Life Style or Work Environment?", *Social Science & Medicine*, 2000, Vol. 51 (7), 1019 – 1030.

[132] Borjas, G. J., "Job Satisfaction, Wages, and Unions", *Journal of Human Resources*, 1979, Vol. 14 (1), 21 – 40.

[133] Brisbois, R., "How Canada Stacks up: the Quality of Work: an International Perspective", *Ontario: Canadian Policy Research Networks*, 2003, Vol. 7, 5 – 69.

[134] Bustillo, R. M. D., Fernandez-Macias, E., Antón, J. I., Esteve, F. E., "Pluribus Unum? A Critical Survey of Job Quality Indicators", *Socio-Economic Review*, 2011, Vol. 9, 447 – 475.

[135] Carayon, P., Smith, M. J., "Work Organization and Ergonomics" *Applied Ergonomics*, 2000, Vol. 31 (6), 649 – 662.

[136] Cathy, Y. L. , "Employment Concentration and Job Quality for Low-skilled Latino Immigrants", *Journal of Urban Affairs*, 2011, Vol. 33 (2), 117 – 141.

[137] Charlesworth, S. J. , Welsh, L. , Strazdins, Baird, M. , Campbell, I. , "Measuring Poor Job Quality amongst Employees: the VicWAL Job Quality Index", *Labour & Industry A Journal of the Social & Economic Relations of Work*, 2014, Vol. 2, 103 – 123.

[138] Clark, A. E. , "Job Satisfaction and Gender: Why Are Women so Happy at Work?", *Labour Economics*, 1997, Vol. 97, 341 – 372.

[139] Clark, A. , Oswald A. , Warr P. , "Is Job Satisfaction U-Shaped in Age?", *Journal of Occupational & Organizational Psychology*, 1996, Vol. 69 (1), 57 – 81.

[140] Delamotte, Y. , *Quality of Working Life in International Perspective*, International Labour Office, 1984.

[141] Demerouti, E. , Bakker, A. B. , Nachreiner, F. , Schaufeli, W. B. , "The Job Demands-Resources Model of Burnout", *Journal of Applied Psychology*, 2001, Vol. 86 (3), 499 – 512.

[142] Dharam, G. , "Decent work: Concept and Indicators", *International Labor Review*, 2003, Vol. 142 (2), 113 – 146.

[143] Doyal, L. and Gough, L. , "A Theory of Human Needs", *Critical Social Policy*, 1984, Vol. 4 (10), 6 – 28.

[144] Doyal, L. , Gough, L. "A Theory of Human Needs", *Critical Social Policy*, 1984, Vol. 4 (10), 6 – 28.

[145] Duncan, G. J. and Hoffman, S. D. , "The Incidence and Wage Effects of Over Education", *Economics of Education Review*, 1981, Vol. 1 (1), 75 – 86.

[146] Efraty, D. and Sirgy, M. J. , "The Effects of Quality of Working Life (QWL) on Employee Behavioral Responses", *Social Indicators Research*, 1990, Vol. 22 (1), 31 – 47.

[147] Faggian, A. , McCann P. , "Human Capital, Graduate Migration and Innovation in British Regions", *Cambridge Journal of Economics*, 2009a, Vol. 33 (2), 317 – 333.

［148］Feliciano, Z. , Lipsey, R. E. , "Foreign Owner-ship and Wage in the United States, 1987 – 1992", *NBER Working Paper*, 1999, Vol. 6, 9 – 23.

［149］Fletcher, J. M. , Sindelar, J. L. , Yamaguchi, S. , "Cumulative Effects of Job Characteristics on Health", *Health Economics*, 2011, Vol. 20 (5), 553 – 570.

［150］Florence, B. , Figueiredo, J. B. , Guy, S. , "A Family of Decent Work Indexes", *International Labor Review*, 2003, Vol. 142 (2), 213 – 238.

［151］Floro, M. S. and Messier, J. , "Is There A Link Between Quality of Employment and Indebtedness? The Case of Urban Low-Income Households In Ecuador". *Cambridge Journal of Economics*, 2011, Vol. 35 (3), 499 – 526.

［152］Freeman, R. , *The Overeducated American*, New York: Academic Press, 1976.

［153］Fritz, E. "Eine seltene Mißbildung Der Oberen Luftwege", *Virchows Archiv Für Pathologische Anatomie Und Physiologie Und Für Klinische Medizin*, 1933, Vol. 289 (1), 264 – 269.

［154］Gaurav, N. , "The Quality of Employment in India's Services Sector: Exploring the Heterogeneity", *Applied Economics*, 2012, Vol. 44, 4701 – 4719.

［155］Gustafsson, B. and Li, S. , "Economic Transformation and the Gender Earning Gap in Urban China", *Journal of Population Economics*, 2000, Vol. 13 (2), 305 – 329.

［156］Gustafsson, Bjorn, Shi Li. , "Economic Transformation and the Gender Earnings Gap in Urban China", *Journal of Population Economics*, 2000, Vol. 13, 305 – 329.

［157］Hamermesh, D. S. , "A Note on Income and Substitution Effects in Search Unemployment", *Economic Journal*, 1977, Vol. 87 (6), 312 – 314.

［158］Herzberg, G. , "Molecular Spectra and Molecule Structure. I. Diatomic Molecules", *J. phys. chem*, 1950, Vol. 19 (6), 23 – 35.

［159］Idler, E. L. , Benyamini, Y. , "Self-rated Health and Mortality: A Review of Twenty-seven Community Studies", *Journal of Health and Social Behavior*, 1997, Vol. 38 (1), 21 – 37.

［160］Idson, T. L. , "Establishment Size, Job Satisfaction and The Structure of Work", *Applied economics*, 1990, Vol. 22 (8), 1007 – 1018.

［161］Johnson, J. V. , Hall, E. , Job Strain M. , "Work Place Social Support, and Cardiovascular Disease: A Cross-sectional Study of a Random Sample of the Swedish Working Population", *American Journal of Public Health*, 1988, Vol. 78 (10), 1336 – 1342.

［162］Kalra, S. K. and Ghosh, S. , "Quality of Work Life: A Study of Associated Factors", *Indian Journal of Social Work*, 1984, Vol. 45 (3), 341 – 349.

［163］Kalra S K, Ghosh S. , "Quality of Work Life: A Study of Associated Factors", *Indian Journal of Social Work*, 1984, Vol. 45 (3), 341 – 349.

［164］Kaplan, G. A. , Camacho, T. , "Perceived Health and Mortality: a Nine-year Follow-up of the Human Population Laboratory Cohort", *American Journal of Epidemiology*, 1983, Vol. 117 (3), 292 – 304.

［165］Karasek, R. A. , "Job Demands, Job Decision Latitude, and Mental Strain: Implications for Job Redesign", *Administrative Science Quarterly*, 1979, Vol. 24 (2), 285 – 308.

［166］Karmakar, S. D. , Breslin, F. C. , "The Role of Educational Level and Job Characteristics on the Health of Young Adults", *Social Science & Medicine*, 2008, Vol. 66 (9), 2011 – 2022.

［167］Kodrzycki, Y. K. , "Migration of College Graduates: Evidence from the National Longitudinal Survey of Youth", *New England Economic Review*, 2001, Vol. 4, 13 – 34.

［168］Leontaridi, R. and Sloane, P. , "Measuring The Quality Of Jobs", *Lower Working Papers*, 2001, Vol. 45 (3), 31 – 39.

［169］Leontaridi R, Sloane P. , "Measuring The Quality Of Jobs", *Lower Working Papers*, 2001, Vol. 45 (3), 31 – 39.

［170］Lipsey, R. , Sjoholm, F. , "Foreign Direct Investment and Wages in Indonesia Manufacturing", *NBER Working Papers*, *National Bureau of Economic Research*, 2001, Vol. 8, 299 – 310.

［171］Liu, P. , Meng, X. , Zhang, J. , "Sectoral Gender Wage Differences and Discrimination in the Transition Chinese Economy", *Journal of Population Economics*, 2000, Vol. 13 (2), 331 – 346.

［172］Manderbacka, K. , "Examining What Self-rated Health Question is Understood to Mean by Respondents" *Scandinavian Journal of Social Medicine*,

1998, Vol. 26 (2), 145 – 153.

[173] Martikainen, P., Stansfeld, S., Hemingway, H., Marmot, M., "Determinants of Socioeconomic Differences in Change in Physical and Mental Functioning", *Social Science & Medicine*, 1999, Vol. 49 (4), 499 – 507.

[174] Maslow, A. H., "Dynamics of Personality Organization. II", *Psychological Review*, 1943, Vol. 50 (1), 541 – 558.

[175] Mauer, F. M. and Hughes, J., "The Effects of Market Liberalization on the Relative Earnings of Chinese Women", *Journal of Comparative Economics*, 2002, Vol. 30, 709 – 731.

[176] Mayo, E., H*uman Problems of An Industrial Civilization*, The Human Problems of An Industrial Civilization /. Macmillan, 1933.

[177] Mcguinness, S., "Overeducation in the Labour Market", *Journal of Economic Surveys*, 2006, Vol. 20 (3), 387 – 418.

[178] Meng, R., "The Relationship Between Unions and Job Satisfaction", *Applied Economics*, 1990, Vol. 22 (12), 1635 – 1648.

[179] Meng, X., "Male—Female Wage Determination and Gender Wage Determination in China's Rural Industrial Sector", *Labor Economics*, 1998, Vol. 5, 130 – 142.

[180] Moretti, E., "Estimating the Social Return to Higher Education: Evidence from Longitudinal and Repeated Cross-sectional Data", *Journal of Econometrics*, 2004, Vol. 12, 175 – 212.

[181] Morton, P., "Job Quality in micro and small enterprise in Ghana: field research results", International Labour Office, 2004, Vol. 7, 1 – 26.

[182] Morton, P., "Job Quality in Micro and Small Enterprise in Ghana: Field Research Results", *International Labour Office*, 2004, Vol. 7, 1 – 26.

[183] Ng, Y. C., "Overeducation and Undereducation and Their Effect on Earnings: Evidence from Hong Kong, 1986 – 1996", *Pacific Economic Review*, 2001, Vol. 6 (3), 401 – 418.

[184] Nussbaum, M., "Capabilities as Fundamental Entitlements: Sen and Social Justice", *Feminist Economics*, 2003, Vol. 2, 33 – 59.

[185] Okun, A., *Potential GNP: Its Measurement and Significance*, in American Statistics Association, Proceedings of the Business and Economics Sta-

tistics Section, 1962.

[186] Power, C., Matthews, S., Manor, O., "Inequalities in Self-rated Health: Explanations from Different Stages of Life", *The Lancet*, 1998, Vol. 351 (8), 1009 – 1014.

[187] Ridgeway, C. l., "Interaction and the Conservation of Gender Inequality: Considering Employment", *American Sociological Review*, 1997, Vol. 62, 218 – 235.

[188] Ross, C. E., Mirowsky, J., "Refining the Association between Education and Health: The Effects of Quantity, Credential, and Selectivity", *Demography*, 1999, Vol. 36 (4), 445 – 460.

[189] Rozelle, S., ed., *Gender Wage Gaps in Post—Reform Rural China*, New York: Working Paper, 2002.

[190] Ruiz – Tagle, J., *Balancing Targeted and Universal Social Policies: The Chilean Experience*, Social Development and Public Policy. Palgrave Macmillan UK, 2000.

[191] Schrijvers, C. T., Mheen, H. D. V. D., Stronks, K., Mackenbach, J. P., "Socioeconomic Inequalities in Health in the Working Population: the Contribution of Working Conditions", *International Journal of Epidemiology*, 1998, Vol. 27 (6), 1011 – 1018.

[192] Schroeder, F. K., "Workplace Issues and Placement: What Is High Quality Employment?", *Work*, 2007, Vol. 29 (4), 357 – 358.

[193] Seashore, S. E., Taber, T. D., "Job Satisfaction Indicators and Their Correlates", *American Behavioral Scientist*, 1975, Vol. 18 (3), 333 – 368.

[194] Sen, A., "Health in Development", *Bulletin of the World Health Organization*, 1999, Vol. 17 (8), 619 – 623.

[195] Sloane, P. J., "Non-pecuniary Advantages Versus Pecuniary Disadvantages, Scottish Journal of Political Economy", *Scottish Journal of Political Economy*, 2000, Vol. 47 (3), 273 – 303.

[196] Sloane, P. J., "Williams H. JobSatisfaction, Comparison Earnings, and Gender", *Labour*, 2000, Vol. 14 (3), 473 – 502.

[197] Sousa-Poza, A., Sousa-Poza, A. A., "Well-being at Work: a Cross-national Analysis of the Levels and Determinants of Job Satisfaction", *Jour-

nal of Socioeconomics, 2000, Vol. 20 (6), 517 – 538.

［198］Taylor, C. , "The Wisdom of Ben Sira. II (Continued)", *Jewish Quarterly Review*, 1903, Vol. 15 (4), 604 – 626.

［199］Tilly, C. , *Durable Inequality*, Berkeley: University of California Press. 1998.

［200］Verdugo, R. and Verdugo, N. T. , "The Impact of Surplus Schooling on Earnings: Some Additional Findings", *Journal of Human Resources*, 1989, Vol. 24 (4), 629 – 643.

［201］Verhaest, D. and Omey, E. , "The Determinants of Overeducation: Different Measures, Different Outcomes?" *International Journal of Manpower*, 2010, Vol. 31 (6), 668 – 625.

［202］Warren, J. R. , Hoonakker, P. , Carayon, P. , Brand, J. , "Job Characteristics as Mediators in SES-health Relationships", *Social Science & Medicine*, 2004, Vol. 59 (7), 1367 – 1378.

［203］Watson, C. , Nielsen, S. L. , Cobb, C. et al. , "Pathological Grading System for Hippocampal Sclerosis: Correlation with Magnetic Resonance Imaging – Based Volume Measurements of The Hippocampus", *Journal of Epilepsy*, 1996, Vol. 9 (1), 56 – 64.

［204］Weber, J. and Abt, S. , "Rack-Railway locomotives of The Swiss Mountain Railways", *ARCHIVE Proceedings of the Institution of Mechanical Engineers* 1847 – 1982 (*vols 1 – 196*), 1911, Vol. 81 (1): 539 – 577.

图书在版编目（CIP）数据

要素市场的转型升级：大学生就业质量的评价与检验/
张抗私，刘翠花著．—北京：经济科学出版社，2018.6
ISBN 978 - 7 - 5141 - 9371 - 8

Ⅰ．①要…　Ⅱ．①张…②刘…　Ⅲ．①大学生 - 就业 -
质量 - 研究 - 中国　Ⅳ．①G647.38

中国版本图书馆 CIP 数据核字（2018）第 116292 号

责任编辑：齐伟娜　杨　梅
责任校对：王苗苗
技术编辑：李　鹏

要素市场的转型升级
——大学生就业质量的评价与检验
张抗私　刘翠花　著
经济科学出版社出版、发行　新华书店经销
社址：北京市海淀区阜成路甲 28 号　邮编：100142
总编部电话：010 - 88191217　发行部电话：010 - 88191540
网址：www.esp.com.cn
电子邮件：esp@ esp.com.cn
天猫网店：经济科学出版社旗舰店
网址：http://jjkxcbs.tmall.com
北京季蜂印刷有限公司印装
710×1000　16 开　17.25 印张　290000 字
2018 年 7 月第 1 版　2018 年 7 月第 1 次印刷
ISBN 978 - 7 - 5141 - 9371 - 8　定价：52.00 元
（图书出现印装问题，本社负责调换。电话：010 - 88191502）
（版权所有　翻印必究　举报电话：010 - 88191586
电子邮箱：dbts@ esp.com.cn）